Comunicazione d'impresa

Corso di laurea triennale in Comunicazione d'impresa
e Relazioni pubbliche, Università IULM

PEARSON·TEXT·BUILDER

Impaginazione: Andrea Astolfi
Grafica di copertina: Maurizio Garofalo
Immagine di copertina: Mirko Popadic/Alamy Stock Photo
Stampa: Arti grafiche Battaia, Zibido San Giacomo (MI)

9788891916129

Printed in Italy

Prima edizione: febbraio 2020

Ristampa
00 01 02 03 04

Anno
20 21 22 23 24

Sommario

Presentazione

L'impresa contemporanea è chiamata a rispondere a un numero crescente di questioni che la investono in modo trasversale e nessuna funzione o ruolo al suo interno può dare una risposta da solo. Per esempio le sfide legate al cambiamento climatico, alla richiesta sempre più pressante di tutelare l'ambiente, all'attenzione per l'inclusione e le diversità, alla trasformazione digitale e molte altre ancora.

In questo scenario emerge il ruolo strategico della funzione comunicazione come leva per incidere sul contesto competitivo dell'azienda, sulle sue capacità di avere successo e mantenere relazioni di cooperazione con gli stakeholder. In altre parole la comunicazione nella prospettiva del management strategico.

Questa raccolta di scritti si rivolge a coloro che si avvicinano per la prima volta alla disciplina della comunicazione dell'azienda, siano essi studenti di laurea triennale o magistrale o professionisti. L'obiettivo è presentare le acquisizioni più consolidate nella letteratura e nella pratica in una forma adeguata ad avviare un processo di apprendimento e di sviluppo professionale. Ogni argomento trattato mira a coniugare due principi. Da un lato, il radicamento nel body of knowledge disponibile a livello internazionale e aggiornamento dei contenuti. Dall'altro, un taglio espositivo incentrato sulla chiarezza. Una sfida difficile: coniugare complessità dei contenuti e immediatezza della loro fruizione.

Il percorso di ricerca necessario a conseguire l'obiettivo di *presentare la materia in modo immediato preservandone la complessità* richiede un impegno pluriennale e il supporto di diverse competenze e professionalità. Al momento esso è alla fase iniziale e la raccolta di scritti qui presente ne costituisce il primo risultato.

Il percorso è ispirato ad alcuni principi chiave. Innanzitutto, la comunicazione dell'impresa contemporanea intesa in senso molto ampio, così come emerge dall'integrazione di molteplici ambiti di specializzazione professionali in precedenza considerati in modo separato. Inoltre, la comunicazione d'impresa come parte del management strategico, funzione aziendale, orientata al livello strategico delle decisioni e agli impatti per l'azienda nel suo complesso, che richiede un presidio dotato di competenze manageriali. Infine, la comunicazione d'impresa interrogata dalle sfide etiche e che si confronta con un orizzonte interculturale e internazionale.

La raccolta è aperta da un capitolo che situa la comunicazione dell'impresa contemporanea nel management strategico e ne delinea il profilo di funzione aziendale. Prosegue poi con un capitolo dedicato all'impresa come soggetto dotato di autonomia e di identità e al processo necessario a esprimere questi tratti identitari sotto forma di artefatti di comunicazione che possano essere percepiti dagli interlocutori in modo funzionale agli obiettivi di posizionamento che l'azienda si pone. I capitoli che seguono sono dedicati ad alcune aree della comunicazione dell'impresa che in particolare fanno parte di un percorso di formazione introduttivo: la comunicazione interna, la gestione delle relazioni con i media, il brand journalism, la gestione degli eventi, il business writing, il governo dei social media e la pianificazione della comunicazione.

Il team degli autori apporta un mix di competenze accademiche e professionali per assicurare il costante legame tra queste due componenti imprescindibili per la comunicazione dell'impresa.

Il percorso è alle fasi iniziali e richiederà del tempo per essere completato. Nelle intenzioni dei suoi autori questa raccolta di scritti rappresenta una base importante per sperimentare l'efficacia del metodo scelto e ispirare le fasi successive.

Alessandra Mazzei

Curatore e contributori

Alessandra Mazzei, docente di Comunicazione d'impresa presso l'Università IULM

Alberto Bottalico, cultore della materia di Comunicazione d'impresa presso l'Università IULM e Chief Strategy Officer di BCW – Burson Cohn & Wolfe

Alfonsa Butera, docente a contratto del corso di Comunicazione d'impresa presso l'Università IULM

Chiara Fisichella, cultrice della materia di Comunicazione d'impresa presso l'Università IULM

Alessandro Lucchini, docente a contratto del Laboratorio di scrittura per i social media presso l'Università IULM e fondatore della Palestra della scrittura

Daniela Poggio, cultrice della materia di Comunicazione d'impresa presso l'Università IULM e Direttore Comunicazione di Sanofi Italia

Silvia Ravazzani, docente di Corporate Communication presso l'Università IULM

CAPITOLO

1

La comunicazione dell'impresa contemporanea: tra management strategico, reputazione e stakeholder

di Alessandra Mazzei

Obiettivi di apprendimento

- Comprendere che cosa è la comunicazione d'impresa: finalità, soggetti, aree
- Avere consapevolezza delle connessioni tra la comunicazione d'impresa, il sistema aziendale nel quale essa è inserita e il management strategico
- Acquisire alcuni concetti chiave della disciplina: stakeholder, gestione delle relazioni, reputazione, aree di specializzazione, strumenti
- Ottenere una visione della funzione aziendale dedicata alla comunicazione d'impresa e di come essa interagisca con le funzioni aziendali dedicate alle risorse umane, al marketing, agli investitori e alle aree specializzate della comunicazione
- Conoscere le tappe principali dell'evoluzione della comunicazione delle imprese

Questioni in agenda per un'impresa

L'industria dei beni di largo consumo è sotto accusa perché una serie di associazioni di attivisti ha lanciato una campagna di comunicazione contro l'uso della plastica per il confezionamento dei prodotti. Fanno parte di questa industria per esempio le aziende alimentari, delle bibite in bottiglia, dei detergenti per la casa e per la persona.

Greenpeace ha scritto sul suo sito che "l'equivalente di un camion carico di plastica entra nell'oceano ogni minuto... Insieme ai nostri partner del movimento Break Free From Plastic, abbiamo chiesto l'aiuto di 10.000 volontari in 42 paesi per intraprendere il più ambizioso progetto al monto di pulizia dalla plastica e di audit dei marchi coinvolti. Nove mesi, sei continenti, 239 sessioni di pulizia e oltre 187.000 pezzi di spazzatura: ora abbiamo l'istantanea più completa a oggi su come le aziende stanno contribuendo al problema globale dell'inquinamento da plastica." (www.greenpeace.org; consultato il 7 ottobre 2019).

Una grande multinazionale del settore alimentare è citata in modo esplicito nella lista dei brand più inquinanti e si interroga su cosa potrebbe accadere.

Alcuni dei suoi consumatori potrebbero decidere di boicottarla e non comprare più i suoi prodotti.

Qualche catena della distribuzione potrebbe decidere di bandire i suoi prodotti dagli scaffali per dimostrare ai propri clienti che è attenta all'ambiente.

I suoi azionisti e gli investitori istituzionali potrebbero decidere di vendere le sue azioni con il timore che esse perdano valore o che a breve l'azienda potrebbe diminuire gli utili o peggio andare in perdita.

I più brillanti laureati e i manager migliori potrebbero decidere di non candidarsi alle posizioni aperte perché non vorrebbero andare a lavorare in un'azienda che potrebbe apparire come scorretta e priva di scrupoli e che è sotto accusa.

I collaboratori attuali potrebbero essere influenzati da questa campagna e iniziare a dubitare del buon operato dell'azienda. E se qualcuno di loro in modo aperto dicesse che è contrario all'uso che la sua azienda fa della plastica sarebbe un danno irreparabile.

I fornitori di materie prime e di semilavorati potrebbero allarmarsi e cercare di sostituirla con altri partner per non rischiare di non riuscire a vendere i propri prodotti.

Qualcuno degli atleti che l'azienda sponsorizza potrebbe decidere di non voler più fare da testimonial per timore di essere associato a un'azienda che danneggia l'ambiente.

I decisori pubblici, come il Parlamento o l'Unione Europea, sollecitati da questi attivisti potrebbero emanare qualche direttiva che limita l'uso della plastica per confezionare i prodotti di largo consumo.

Sui social network potrebbero scatenarsi gli hater a iniziare a scrivere post critici sulla pagina FB dell'azienda.

I principali giornali potrebbero seguire questo movimento e iniziare anch'essi a pubblicare inchieste di parte e mettere in cattiva luce le aziende alimentari.

I micro-influencer con migliaia di follower sui social: se postassero qualche commento negativo contro l'azienda sarebbe alquanto dannoso pur se non sono esperti della materia.

La situazione è quindi critica e l'azienda deve prendere una posizione. Potrebbe decidere di riconsiderare la sua politica produttiva e individuare materiali alternativi per confezionare i suoi prodotti. Oppure potrebbe continuare a usare la plastica. In ogni caso si tratta di una decisione strategica che coinvolge la comunicazione dell'impresa.

La situazione descritta è uno scenario reale. Con diverse varianti situazioni analoghe sono piuttosto comuni: l'azienda viene investita in modo trasversale da questioni che riguardano il rapporto con i clienti, i media, i collaboratori e così via. Non c'è nessuno in azienda che da solo potrebbe fronteggiare la questione e la situazione potrebbe diventare molto critica se l'azienda avesse una pessima nomea e non possedesse una rete di relazioni da attivare per spiegare la sua posizione.

Nel caso menzionato l'azienda potrebbe decidere di accogliere la sollecitazione degli attivisti oppure continuare a usare la plastica. In ogni caso la reputazione dell'azienda e la sua capacità di comunicare e tenere relazioni saranno una leva chiave per trovare la soluzione migliore.

Se l'azienda avesse una buona reputazione e in passato non si fosse mai trovata al centro di proteste e accuse è evidente che la soluzione sarebbe facilitata rispetto al caso di un'azienda già oggetto di riprovazione sociale.

È proprio questo tipo di situazione che ha fatto emergere la **comunicazione come una leva chiave per il successo dell'impresa contemporanea**.

L'azienda è un sistema complesso che per realizzare i propri scopi interagisce con altri sistemi complessi, che a loro volta si trovano nello stesso contesto. La sua capacità di operare con successo dipende dal fatto di essere considerata in modo positivo, di avere buone relazioni con gli altri soggetti con i quali interagisce, di far apprezzare i beni e i servizi che offre. Tale capacità è molto importante considerato che le aziende sono investite da una quantità crescente di istanze critiche e proteste che provengono sia dai media sia da gruppi di attivisti sia da singoli che trovano sui social network molto spazio per far sentire la propria voce.

Per fronteggiare tutto ciò un'azienda ha sempre più bisogno di gestire in modo strutturato, continuo e strategico la sua comunicazione. È questa la **prospettiva del management strategico della comunicazione d'impresa** (Cornelissen, 2017; Mazzei, 2015a; Siano, Vollero, Siglioccolo, 2015; Frandsen, Johansen, 2014; Goodman, Hirsh, 2010; Argenti, 2009; Christensen, Morsing, Cheney, 2008; Pastore, Vernuccio, 2008; Dolphin, 1999; van Riel, 1995) che guida l'intera impostazione di questo testo.

Questo capitolo illustra la centralità della comunicazione a partire dal concetto di **azienda orientata agli stakeholder**. Esso spiega che cosa si intende con **stakeholder** e poi illustra il concetto di **relazioni** per arrivare a dare una definizione di comunicazione d'impresa centrata sul loro **governo strategico** per sviluppare un asset cruciale: la **reputazione**.

La gestione del sistema delle relazioni richiede un presidio organizzativo assicurato da una **direzione aziendale ad hoc**. Il capitolo ne illustra le attività e le modalità di coordinamento con **altre direzioni aziendali** coinvolte in attività di comunicazione e di relazione con diversi stakeholder. Da questa analisi emerge il concetto di **gestione strategica e manageriale** che caratterizza la comunicazione d'impresa.

Il capitolo si chiude con un excursus sulle tappe principali dello sviluppo della comunicazione d'impresa per coglierne al meglio le potenzialità attuali e future.

1.1 L'azienda orientata agli stakeholder: un nuovo modello di management strategico

Le aziende sono oggi sempre più orientate agli stakeholder nel senso che ampliano il numero di soggetti che ritengono rilevanti e si aprono a interagire con loro in scambi a due vie sia di natura economica sia di natura sociale e ambientale. Questa evoluzione è legata al passaggio da una visione dell'impresa secondo la teoria economica neo-classica a quella della teoria socio-economica (Cornelissen, 2017).

L'impresa neo-classica: focus sugli shareholder e dipendenza univoca

Il modello di impresa descritto dalla teoria economica neo-classica è riconducibile alla formulazione di Milton Friedman (Friedman, 1962 e 1970) e presenta due caratteristiche rilevanti per gli scopi di questo testo.

La prima è che la responsabilità dell'azienda è generare profitto per se stessa e per i suoi azionisti e attraverso la realizzazione di questa finalità essa contribuisce al benessere della società allargata. Per cui gli azionisti, in lingua inglese **shareholder, sono il principale stakeholder dell'azienda**. Tutti gli altri stakeholder hanno una posizione di minore o di nessun rilievo.

La seconda caratteristica è che l'azienda si trova al centro di un sistema che comprende altre parti, come i fornitori e i clienti, dai quali essa riceve degli input che ripaga con dei compensi specifici. Per esempio, a fronte della fornitura di materie prime i fornitori ricevono un prezzo concordato. Secondo questo modello l'azienda ha un ruolo prevalente: le **parti con le quali l'azienda interagisce dipendono in modo univoco dalla stessa** e le relazioni sono limitate a scambi di tipo economico-finanziario (Cornelissen, 2017).

L'azienda orientata agli stakeholder: responsabilità e interdipendenza reciproca

Nella cosiddetta teoria socio-economica dell'impresa emerge invece un modello di azienda orientata agli stakeholder la cui formulazione è riconducibile a Edward Freeman (Freeman, 1984). L'azienda assume una **responsabilità verso un ampio spettro di stakeholder**: prima di tutto i consumatori, i collaboratori, i fornitori, le comunità nelle quali l'azienda opera e infine gli azionisti.

Questo elenco e il loro ordine è ripreso dalla dichiarazione sui principi fondamentali per la gestione delle aziende pubblicata dalla Business Roundtable il 19 agosto 2019 (Box 1.1) e indica nelle intenzioni delle aziende che l'hanno elaborata un passaggio epocale. La Business Roundtable (BRT) è un'associazione costituita dai Chief Executive Officer (CEO), cioè gli amministratori delegati delle più grandi aziende statunitensi. In modo periodico questa associazione elabora i principi per la corporate governance e definisce lo scopo di un'azienda, il *purpose* in inglese. La dichiarazione precedente risale al 1997 e riconosceva il primato degli azionisti su tutti gli altri stakeholder. Nella dichiarazione del 2019 invece viene affermato un principio di impegno verso cinque importanti gruppi di stakeholder e gli azionisti, non a caso, sono menzionati in chiusura e con riferimento alla generazione di valore nel lungo periodo.

Tale dichiarazione segna un punto di passaggio. Essa esprime il principio di orientamento a un ampio spettro di stakeholder già auspicato da numerosi studiosi ed esperti e fatto proprio da molte aziende. Per il fatto di provenire

BOX 1.1 **IL PURPOSE DELLE AZIENDE SECONDO LA BUSINESS ROUNDTABLE**

Statement on the Purpose of a Corporation

While each of our individual companies serves its own corporate purpose, we share a fundamental commitment to all of our stakeholders. We commit to:

Delivering value to our **customers**. We will further the tradition of American companies leading the way in meeting or exceeding customer expectations.

Investing in our employees. This starts with compensating them fairly and providing important benefits. It also includes supporting them through training and education that help develop new skills for a rapidly changing world. We foster diversity and inclusion, dignity and respect.

Dealing fairly and ethically with our suppliers. We are dedicated to **serving as good partners to the other companies**, large and small, that help us meet our missions.

Supporting the **communities in which we work**. We respect the people in our communities and protect the environment by embracing sustainable practices across our businesses.

Generating **long-term value for shareholders**, who provide the capital that allows companies to invest, grow and innovate. We are committed to transparency and effective engagement with shareholders.

Each of our stakeholders is essential. We commit to deliver value to all of them, for the future success of our companies, our communities and our country.

(Dichiarazione sui Principi di corporate governance secondo la Business Roundtable, 19 agosto 2019. Consultata il 20 agosto 2019 al link: https://www.businessroundtable.org/business-roundtable-redefines-the-purpose-of-a-corporation-to-promote-an-economy-that-serves-all-americans)

dalle più grandi aziende di una delle principali economie mondiali essa esprime la posizione di gruppo di decisori molto influenti a livello globale. I Chief Executive Officer che siedono nella Roudtable presiedono aziende che hanno sedi in tutto il mondo e prendono decisioni sulle strategie aziendali di questi colossi. La loro convinzione darà un contributo concreto alla implementazione di un principio così desiderabile.

Il modello di azienda orientata agli stakeholder riconosce inoltre che esiste una **interdipendenza reciproca** tra l'azienda e le parti con le quali essa interagisce. Nelle relazioni tra l'azienda e i suoi stakeholder c'è uno scambio di risorse materiali e immateriali dal quale traggono entrambi vantaggi fino a rendersi conto che ciascuno stakeholder è indispensabile, come viene esplicitato dalla dichiarazione della Business Roundtable.

Si tratta di un vero e proprio nuovo modello di management strategico nell'alveo del quale è maturata la comunicazione d'impresa.

Per comprendere più a fondo la natura degli stakeholder e arrivare a capirne la rilevanza per la comunicazione d'impresa, le pagine che seguono ne danno una descrizione.

Gli stakeholder dell'azienda

Gli stakeholder dell'azienda sono individui o gruppi che vengono interessati dalle azioni, decisioni e politiche dell'azienda o le cui azioni possono influenzare l'azienda (Cornelissen, 2017; Pastore, Vernuccio, 2008; Grunig, Repper, 1992; Freeman, 1984). Essi sono quindi **portatori verso l'azienda di legittimi interessi di diverso tipo**: finanziari, di mercato o altro. Essi in-

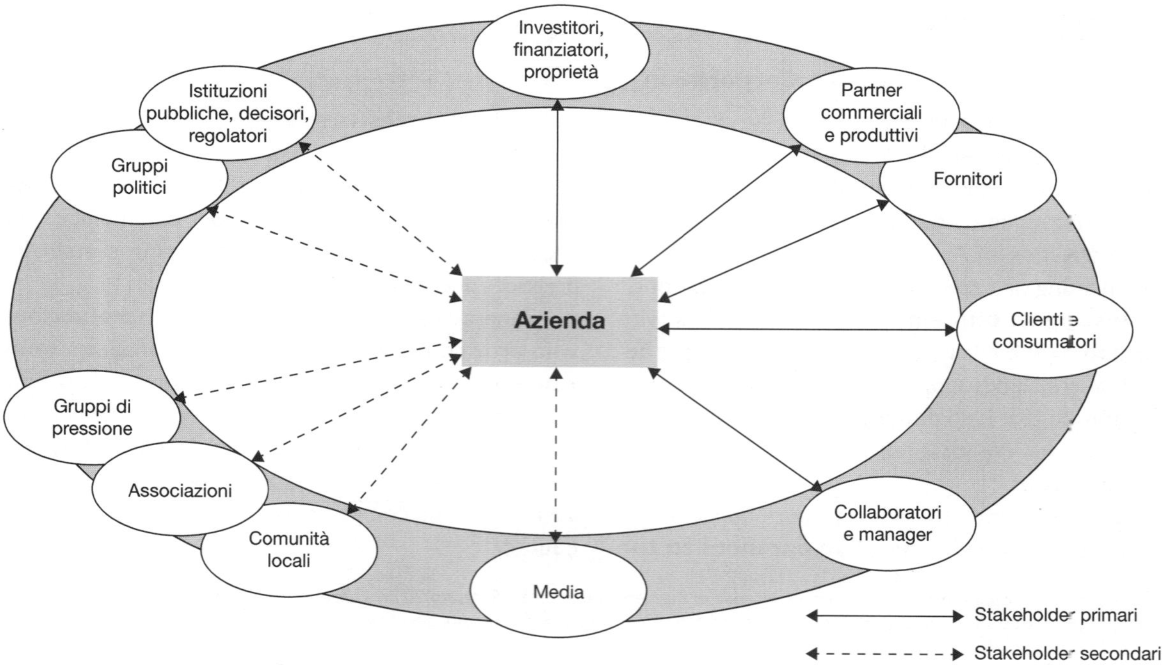

Figura 1.1 Gli stakeholder dell'azienda.
Fonte: elaborazione propria.

cludono i clienti, i collaboratori, i fornitori, le comunità nelle quali l'azienda opera e gli azionisti secondo la lista della BRT. In maggior dettaglio gli stakeholder sono: gli investitori, i finanziatori, la proprietà, i partner commerciali e produttivi e i fornitori, i clienti e i consumatori, i collaboratori e i manager, i media, le comunità locali, le associazioni, i gruppi di pressione, i gruppi politici, le istituzioni pubbliche, i decisori e i regolatori (Figura 1.1). I gruppi di stakeholder sono contigui tra di loro e ogni soggetto può far parte allo stesso tempo di più gruppi di stakeholder: per esempio essere un cliente e allo stesso tempo far parte della comunità locale. Per esprimere tale concetto nella Figura 1 i diversi stakeholder sono inseriti in un'unica cornice. L'azienda influenza gli stakeholder e a sua volta può esserne influenzata: ecco perché le relazioni sono di interdipendenza reciproca e nella Figura 1.1 vengono rappresentate con una freccia bidirezionale.

Gli stakeholder dell'azienda possono essere classificati in primari e secondari a seconda del tipo di interessi che essi portano verso l'azienda stessa (Cornelissen, 2017; Pastore, Vernuccio, 2008; Clarkson, 1995).

Gli stakeholder primari e secondari

Gli **stakeholder primari** intrattengono con l'azienda delle relazioni di tipo economico e senza di essi la stessa nemmeno esisterebbe e non potrebbe funzionare. Senza intrattenere relazioni con questi stakeholder, l'azienda non potrebbe esistere, funzionare e sopravvivere.

Essi comprendono:

- i clienti finali, cioè **consumatori** dei beni e dei servizi, e **clienti intermedi**, cioè soggetti che acquistano beni e servizi per poi rivenderli come per esempio le catene di distribuzione, che sempre di più si aspettano personalizzazione, flessibilità e interattività (Pastore, Vernuccio, 2008)
- gli **azionisti**, cioè soggetti che apportano risorse economico-finanziarie sotto forma di capitale di proprietà, e gli **investitori**, che apportano finanziamenti
- i **collaboratori** e i **manager** dell'impresa, cioè le risorse umane, un gruppo di stakeholder che diventa sempre più importante per la comunicazione dell'azienda (Heide *et al.*, 2018a)
- i **fornitori**, che molto spesso sono altre aziende e con cui si configurano quindi delle relazioni business-to-business. Qualche volta i fornitori sono individui, come per esempio i consulenti. Questi soggetti tendono a diventare dei partner che supportano un'azienda a realizzare il suo business e costituiscono la filiera produttiva o catena del valore. Tali **partner** possono essere legati alla produzione oppure alla commercializzazione dei beni o dei servizi. Sempre più queste filiere si configurano come reti e le imprese che ne fanno parte tendono a condividere le rispettive risorse materiali e immateriali (Pastore, Vernuccio, 2008).

PRIMARI

Gli **stakeholder secondari** non intrattengono con l'azienda delle transazioni di carattere economico e ciononostante sono interessati a essa e possono a loro volta avere un'influenza sull'azienda. In senso molto ampio costituiscono le comunità dove l'azienda opera menzionate nel documento della BRT. Essi comprendono i gruppi di pressione che le pongono richieste e che a volte la contestano come per esempio Greenpeace, i gruppi di rappresentanza che cercano presso di essa di far presenti i propri interessi come per esempio le associazioni dei consumatori, le istituzioni e gli attori politici che interagiscono con l'impresa per regolarne le attività o per progetti di collaborazione, i media che vigilano sugli accadimenti più importanti nella società. Essi presentano interessi morali (Cornelissen, 2017) verso l'azienda e hanno la capacità di mobilitare l'opinione pubblica a supporto oppure contro l'azienda.

La gestione delle relazioni con essi è indispensabile per accrescere la credibilità, l'accettazione sociale, la reputazione dell'impresa (Pastore, Vernuccio, 2008).

Tutti gli stakeholder sono indispensabili all'azienda come già affermato. Per cui le espressioni stakeholder primari e secondari non vanno intese come un ordine di importanza. La distinzione indica il legame rispetto al motivo di esistere di un'azienda che è quello di generare dei prodotti o dei servizi: questo legame è diretto per gli stakeholder primari e indiretto per quelli secondari. La diversa natura di queste relazioni viene indicata nella

Figura 1.1 con il tratteggio delle frecce. Le due espressioni, che in italiano presentano un margine di ambiguità, vengono utilizzate in questo testo perché fanno parte del linguaggio specialistico invalso nel campo della comunicazione d'impresa.

Il governo strategico del sistema delle relazioni con gli stakeholder

Nel modello orientato agli stakeholder le imprese per essere competitive sviluppano di continuo strategie relazionali. La gestione delle relazioni con tutti questi stakeholder è un **ambito del management strategico** e ha profonde implicazioni per la comunicazione d'impresa. La gestione delle relazioni infatti richiede che l'azienda pensi in modo strategico al business nel suo insieme e alle ampie responsabilità che ha verso tutti gli stakeholder e su come possa comunicare in modo efficace con questi ultimi (Cornelissen, 2017). **La visione strategica del governo delle relazioni con tutti gli stakeholder è quindi all'origine dell'attuale concetto di comunicazione d'impresa.**

La comunicazione d'impresa si occupa degli interessi strategici dell'organizzazione nel suo complesso, trascendendo uno specifico ambito settoriale come per esempio il branding o la gestione delle relazioni con i media (Cornelissen, 2017). In virtù di questa caratteristica essa è spesso oggetto di studio e di insegnamento nelle business school (Cornelissen, 2017) e beneficia della fertilizzazione con conoscenze derivanti dagli studi di strategia, di management, di organizzazione aziendale e di comportamento organizzativo (Argenti, 1996).

Le connessioni con gli studi aziendali e manageriali assicurano alla disciplina della comunicazione d'impresa la connessione con temi rilevanti per la gestione aziendale. Allo stesso tempo essa è interdisciplinare per sua natura (Mazzei, 2014a) e richiede per la sua padronanza conoscenze che derivano dalle scienze della comunicazione e dei media, dalla psicologia e più in generale dalle scienze umane e sociali (Cornelissen, 2017).

Il governo strategico delle relazioni comprende diverse attività (Pastore, Vernuccio, 2008):

- *coordinare le relazioni con la pluralità degli stakeholder* in modo che la loro gestione sia improntata a obiettivi unificanti
- *raccogliere in modo continuo informazioni e conoscenze* sugli stakeholder, tanto più quanto più rilevante è la loro possibilità di influenzare l'azienda
- *definire e implementare una strategia appropriata* di impostazione e gestione di queste relazioni in modo da farle evolvere in coerenza con gli obiettivi dell'azienda.

Il governo del sistema di relazioni è strategico perché è funzionale a *posizionare l'azienda stessa rispetto ai suoi concorrenti* e a *generare risorse di valore per l'azienda* quali fiducia, conoscenza e in particolare reputazione (Pastore, Vernuccio, 2008).

L'impresa impiega la **comunicazione per governare in modo strategico il complesso delle sue relazioni con gli stakeholder**.

1.2 Definizione di comunicazione d'impresa

Sulla base di questa impostazione di management strategico e di gestione delle relazioni dell'impresa nel suo complesso la definizione di comunicazione d'impresa elaborata in questo studio è la seguente.

La comunicazione d'impresa include il complesso delle attività di relazione con gli stakeholder finalizzate a sostenere il successo dell'azienda attraverso la generazione di risorse di valore. Le relazioni con specifici gruppi di stakeholder configurano le aree della comunicazione d'impresa: corporate, di marketing, finanziaria, di filiera.

Il management della comunicazione d'impresa è affidato alla Direzione Comunicazione o altra forma di presidio organizzativo. Essa è una **funzione manageriale** e **strategica** che offre in **ambito corporate** un framework per il **governo delle relazioni** con **gli stakeholder** dell'azienda basato sulla comprensione e la **co-creazione** di significato e di valore per stabilire e mantenere una **reputazione favorevole**. Inoltre assicura l'integrazione tra le diverse aree della comunicazione e le attività di relazione attraverso il **coordinamento**. E infine presidia in modo specifico l'area della **comunicazione corporate** che include: governo di reputazione e identità, relazioni con i media, public affairs e lobbying, corporate citizenship communication, crisis e issue management, comunicazione interna.

La definizione enunciata qui è un condensato di concetti che meritano un approfondimento al fine della loro comprensione e apprendimento.

Ambito corporate: il perimetro

La comunicazione d'impresa si riferisce al contesto aziendale: è questo il suo **perimetro**. Il termine "corporate", tradotto in questo testo con il sostantivo "impresa", indica l'ampio perimetro di cui si occupano questa disciplina e la relativa funzione aziendale. La comunicazione è quindi "corporate" perché si riferisce all'azienda in due sensi (Cornelissen, 2017).

- Al **contesto aziendale** nel quale la comunicazione emerge. Indica cioè la comunicazione relativa all'azienda, per distinguerla dalle altre accezioni di comunicazione come quella di massa o di intrattenimento o interpersonale.

- Al **corpo aziendale nel suo complesso.** Il termine "corporate" deriva dal latino "corpus" e andrebbe tradotto in italiano con il termine di "corpo" e inglese "body" (van Riel, 1995). Esso indica che la comunicazione si riferisce all'azienda nella sua interezza (Siano, Vollero, Sigliocсolo, 2015), non a una particolare area. Per sottolineare questo aspetto è stato coniato il termine di "Total communication" (Pastore, Vernuccio, 2008; Brioschi, 2002; van Riel, 1995; Jackson, 1987). La comunicazione d'impresa si fonda cioè su una visione olistica: essa ambisce a ricomprendere tutte le attività di relazione e di comunicazione dell'azienda in un unico framework (Christensen, Morsing, Cheney, 2008). Per riconoscere questa visione di interezza e di valore complessivo per l'azienda, Jackson nel 1987 e van Riel nel 1995 iniziarono a usare l'espressione "communication" al singolare eliminando la "s" da "communications".

Per tale ragione in italiano viene utilizzata anche l'espressione "corporate communication" per indicare la comunicazione riferita all'impresa e nel suo complesso.

Funzione manageriale

La comunicazione d'impresa è una **funzione manageriale** perché è costituita da processi che richiedono **l'impiego dei metodi manageriali tipici del ciclo pianificazione, attuazione e valutazione** che ne assicurano efficacia, efficienza e integrazione con le altre funzioni aziendali.

Da questo derivano due conseguenze. La prima è che i manager e gli specialisti si occupano di comunicazione d'impresa devono *padroneggiare principi e metodi consolidati nella pratica manageriale* e validati da studi scientifici. La comunicazione d'impresa è dunque basata su principi codificati e su indicazioni e prescrizioni (Christensen, Cornelissen, 2011), come è tipico di tutte le discipline manageriali.

La seconda conseguenza è che per gestire la comunicazione di un'impresa è indispensabile costituire un *presidio organizzativo*, cioè una struttura formale che faccia parte dell'organigramma aziendale e che sia dedicata alla comunicazione. Esso può essere posizionato a un livello gerarchico più o meno elevato oppure può essere anche in staff, cioè fuori dalla catena gerarchica.

Funzione strategica: l'orientamento e il livello

La comunicazione d'impresa è una **funzione strategica** nel senso che le aziende la usano in modo **orientato** a realizzare la propria missione e a raggiungere i propri obiettivi (Hallahan *et al.*, 2007). In tal senso essa è legata al **livello** delle strategie di business complessive dell'azienda. **La comunicazione d'impresa supporta l'azienda nel conseguire i suoi obiettivi complessivi di business**. In particolare, è responsabile delle strategie di gestione del sistema delle relazioni dell'azienda dal cui funzionamento dipende larga parte della sua capacità competitiva.

Il livello strategico della comunicazione d'impresa è legato alla sua capacità di essere "*strategised*", cioè contribuire più delle altre funzioni aziendali a generare valore e a supportare obiettivi e strategie aziendali (Tench *et al.*, 2017).

Il livello strategico della comunicazione implica che il presidio organizzativo che le viene dedicato deve essere "*embedded*" (ovvero integrato) nel sistema organizzativo e in grado di esercitare leadership, influenza e una posizione prominente in relazione alle altre funzioni dell'azienda (Tench *et al.*, 2017). A tal fine il presidio organizzativo dovrebbe essere affidato a una direzione, cioè al livello più alto nella gerarchia dell'organizzazione di un'azienda. Tale collocazione gerarchica assicura una visione complessiva sul business dell'azienda e la partecipazione del responsabile della funzione al Board dei Direttori con la possibilità di incidere sulle principali decisioni dell'azienda. Ciò a volte non accade perché la comunicazione nelle imprese è una funzione che è stata istituita di recente, ma in modo inequivocabile la tendenza è che la comunicazione venga istituzionalizzata in una direzione.

Tale Direzione è denominata di solito Direzione Comunicazione oppure Direzione Corporate Communication e il manager che la dirige è un senior manager che di solito porta il job title di Direttore Comunicazione oppure Direttore Corporate Communication oppure Corporate Communication Officer e in questo ultimo caso è abbreviato con l'acronimo CCO.

Governo delle relazioni con gli stakeholder

Come già illustrato, il modello di impresa orientato agli stakeholder richiede il governo strategico delle relazioni con gli stessi. Esso consiste nel coordinamento dell'insieme di queste relazioni, nel monitoraggio per raccogliere informazioni e conoscenze e nella definizione e implementazione di strategie appropriate. Al governo delle relazioni è dedicato il filone degli studi di Stakeholder Relationship Management.

L'azienda orientata agli stakeholder si rivolge a un ampio spettro di stakeholder con i quali ha rapporti di interdipendenza reciproca, per questo la comunicazione d'impresa assume una visione unitaria di questa rete. Attraverso modalità di coordinamento ad hoc integra e rende coerenti tutti questi processi di gestione delle relazioni.

Le aree della comunicazione d'impresa

I principali gruppi di stakeholder dell'azienda configurano le aree della comunicazione d'impresa: comunicazione corporate, di marketing, finanziaria, di filiera, sindacale (Cornelissen, 2017; Siano, Vollero, Siglioccolo, 2015; Goodman, Hirsh, 2010; Argenti, 2009; Pastore, Vernuccio, 2008; Guatri, Vicari, Fiocca, 1999), come sintetizzato nella Figura 1.2.

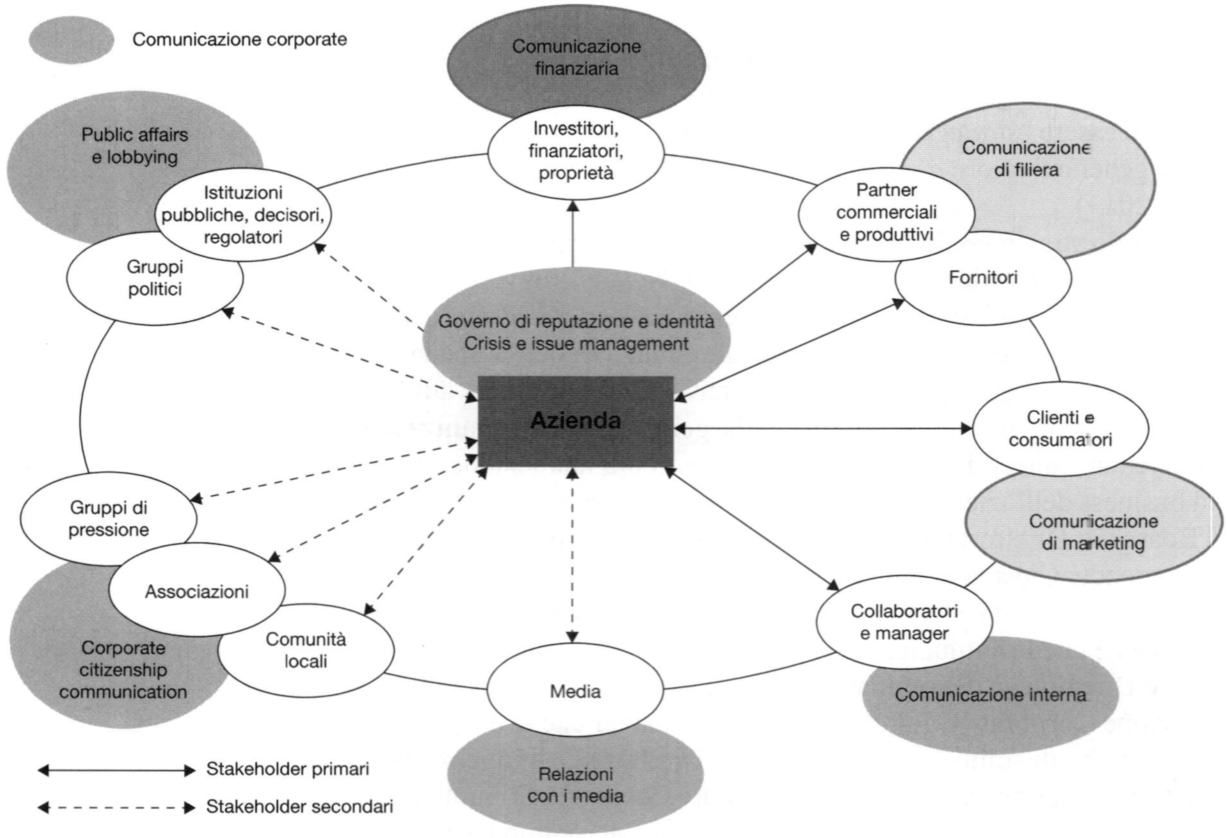

Figura 1.2 Gli stakeholder e le aree della comunicazione d'impresa.
Fonte: elaborazione propria.

Le *aree della comunicazione riferite a specifici gruppi di stakeholder* e alle relazioni con loro sono le seguenti.

- *Comunicazione di marketing*: gestisce le relazioni con i clienti finali (detti anche consumatori) e intermedi e ha la finalità di creare relazioni di fiducia con questi stakeholder.
- *Comunicazione finanziaria*: gestisce le relazioni con l'ambiente finanziario di riferimento di un'azienda quotata o in procinto di quotarsi (Mazzola, 2005). Tale comunità finanziaria comprende gli azionisti, gli investitori attuali e potenziali, gli analisti finanziari. Essa ha come oggetto sia le informazioni relative alla situazione reddituale, finanziaria e patrimoniale sia informazioni di altro genere come per esempio sui risultati conseguiti in ambito sociale e sulla struttura di governo. È affidata all'Investor Relator. La comunicazione finanziaria è una sottospecie della comunicazione economico-finanziaria. Quest'ultima non è caratterizzata

dagli stakeholder cui si riferisce bensì dal contenuto. Essa infatti veicola informazioni di natura economica in modo trasversale a tutti gli stakeholder che sono interessati a tali aspetti, come per esempio i collaboratori e i fornitori (Mazzola, 2005).

- *Comunicazione di filiera*: gestisce le relazioni con i partner commerciali e produttivi, cioè i fornitori di semilavorati e materie prime, di servizi di consulenza, di conoscenze e con i distributori. È una comunicazione di livello business-to-business.
- *Comunicazione corporate*: l'area della comunicazione di cui si occupa in modo specifico questo testo e che offre in ambito corporate un framework per governare il complesso delle relazioni con gli stakeholder e supportare la creazione di una reputazione favorevole. Essa comprende due sub-aree della comunicazione che riguardano l'azienda in quanto dotata di una propria identità e alcune sub-aree dedicate a governare le relazioni con specifici gruppi di stakeholder. Tutte queste aree richiedono una forte specializzazione.

Per completezza vanno citate anche le *relazioni sindacali* (Christensen, Morsing, Cheney, 2008): all'interno delle aziende di grandi dimensioni le relazioni con i collaboratori vengono mediate dalle rappresentanze sindacali. Di solito questa componente delle relazioni non rientra in senso stretto nella comunicazione d'impresa e viene curata dalla Direzione Risorse Umane o dalle Direzioni di stabilimento. È un ambito di comunicazione che presenta delle specificità e dei vincoli molto particolari che la rendono diversa dalla comunicazione attivata in modo volontario e diretto dall'azienda con i suoi collaboratori. In questo testo, viene citata per completezza ma non approfondita.

Le sub-aree della comunicazione corporate che riguardano l'azienda in quanto dotata di una propria identità sono:

- *Governo di reputazione e identità*: è il complesso delle attività che riguarda il governo degli elementi distintivi dell'identità dell'azienda e la loro espressione in tutte le forme
- *Crisis e issue management*: le imprese sono molto esposte a eventi che possono metterla in difficoltà. Da critiche pubbliche da parte di stakeholder insoddisfatti, a errori di produzione o decisioni sbagliate che creano problemi, a eventi naturali che compromettono il funzionamento dell'azienda come per esempio un terremoto o un'alluvione.

Le sub-aree della comunicazione corporate che riguardano invece gruppi specifici di stakeholder sono descritte qui di seguito.

- *Comunicazione interna*: rivolta a manager e collaboratori per creare relazioni di fedeltà all'interno del sistema organizzativo. A volte viene indicata anche come comunicazione organizzativa (Pastore, Vernuccio, 2008; Invernizzi, Mazzei, 1993 e 1997).

- *Relazioni con i media*: per curare la visibilità sui media, intesi come gruppo di stakeholder a sé e al contempo come intermediari fra l'azienda e altri gruppi di stakeholder.
- *Public affairs e lobbying*: è rivolta alle istituzioni pubbliche, ai decisori pubblici e ai gruppi politici ed è volta a rappresentare le istanze dell'azienda nei processi decisionali pubblici che la riguardano. Tale attività è svolta dall'azienda e molto spesso in collaborazione con le associazioni di categoria alle quali l'azienda aderisce.
- *Corporate citizenship communication*: Si tratta delle relazioni con stakeholder che rivolgono verso l'azienda degli interessi ampi e di carattere generale. Questi stakeholder sono secondari secondo la classificazione illustrata in precedenza e sono legati con l'azienda da forte interdipendenza reciproca. Sono infatti interessati al fatto che l'azienda sia rispettosa dell'ambiente, sia equa con i propri lavoratori, rispetti le regole e sia trasparente. Questa area comprende le relazioni con le comunità locali, i gruppi di pressione e le associazioni e la comunicazione della responsabilità sociale (Siano, Vollero, Siglioccolo, 2015).

Co-creazione di significato

La comunicazione tra l'azienda e i suoi stakeholder efficace deve essere interattiva (Cornelissen, 2017), basata sull'ascolto delle istanze degli stakeholder, volta alla comprensione reciproca e alla co-creazione di significati condivisi, teoria nota anche come "Co-creation of Meaning Theory" (Mazzei, Ravazzani, 2014). Secondo questa teoria tutti i soggetti coinvolti in una situazione di comunicazione contribuiscono a costruire un'interpretazione condivisa della realtà e quindi riescono ad agire in modo coordinato. Non vi è quindi un ruolo prevalente da parte di chi inizia la comunicazione, come l'azienda quando avvia una comunicazione con i suoi stakeholder. La co-creazione di significato (Heath, 1994) è basata sul paradigma della comunicazione come costitutiva dell'organizzazione e sulla filosofia del linguaggio (Mazzei, 2018a).

Co-creazione di valore

Il processo di co-creazione con gli stakeholder tramite la comunicazione con loro **genera anche valore** per l'azienda: per i clienti diventa più trasparente il beneficio che hanno dall'interazione con l'azienda e la loro propensione all'acquisto e fedeltà sono più alte; per i partner è più facile fidarsi; i collaboratori e i manager sono più ingaggiati; le comunità sono predisposte in modo più favorevole verso l'operato dell'azienda (Mattiacci, Pastore, 2014; Guatri, Vicari, Fiocca, 1999).

Integrazione e coordinamento

Per il fatto di essere riferita all'azienda nel suo complesso, la comunicazione d'impresa si situa lì dove le diverse forme di comunicazione si intersecano e hanno quindi necessità di essere integrate. Per gestire il complesso della comunicazione e le interdipendenze tra diversi flussi di comunicazione, le aziende mettono in atto dei presidi e dei sistemi organizzativi per assicurare l'integrazione e il coordinamento.

Il livello di coordinamento varia da azienda ad azienda in base alle scelte organizzative e può essere minimo oppure molto ampio (Frandsen, Johansen, 2014). Possibili modalità di coordinamento comprendono la costituzione di una direzione dedicata, di uno o più comitati composti da manager di dipartimenti diversi che in modo periodico si confrontano, di gruppi di lavoro tra funzioni diverse per realizzare particolari progetti, la stesura di linee guida condivise, fino alla comunicazione informale (Cornelissen, 2017; Frandsen, Johansen, 2014; Mazzei, 2010a).

Il principale di tali presidi è la costituzione della Direzione Comunicazione che coordina una serie di attività di gestione di relazioni e di comunicazione che per loro natura sono diffuse tra diversi dipartimenti dell'azienda che hanno interazioni dirette con gli stakeholder. Il coordinamento consente coerenza tra tutte le attività di comunicazione e attribuisce all'azienda "una voce" (Christensen, Cornelissen, 2011). L'essenza della comunicazione d'impresa è organizzare le attività di comunicazione dell'azienda come una sola entità coerente (Christensen, Morsing, Cheney, 2008).

Reputazione favorevole

Lo scopo ultimo della comunicazione d'impresa è stabilire e mantenere una **reputazione** favorevole presso gli stakeholder dai quali l'azienda dipende. La reputazione aziendale è una valutazione socialmente elaborata e condivisa della storia e dei risultati passati che descrive l'abilità prospettica dell'azienda di generare valore economico e sociale per i suoi molteplici stakeholder. Essa indica il posizionamento interno verso i collaboratori ed esterno verso gli stakeholder nell'ambiente competitivo e istituzionale (Mazzei, 2015a; Einwiller, 2013; Fombrun, van Riel, 1997).

La reputazione è quindi un giudizio positivo o negativo. Non è l'opinione di un singolo bensì ciò che emerge come elaborazione condivisa da un gruppo di soggetti. Il giudizio esprime una valutazione su ciò che l'azienda ha fatto nel passato e allo stesso tempo le aspettative sul suo comportamento futuro. È basata sulle azioni dell'azienda e solo amplificata e rafforzata dalla comunicazione. Essa ha connessioni con altri concetti come identità e visibilità.

L'azienda pianifica delle attività di comunicazione e relazione con i suoi stakeholder per essere percepita da loro in modo favorevole e creare nel tempo, ai loro occhi, la sua stessa reputazione (Christensen, Morsing, Cheney, 2008). Tali attività ruotano attorno a messaggi pianificati e inviati dall'azienda che in modo intenzionale vengono interpretati ed elaborati dagli stakeholder. La reputazione di cui l'azienda gode agli occhi dei suoi stakeholder è dunque il frutto del processo di co-creazione di significati menzionato sopra.

Il doppio legame tra relazioni e reputazione

È stato affermato fin qui che la comunicazione d'impresa governa il sistema delle relazioni e la sua finalità è generare reputazione. Tra questi due concetti, relazioni e reputazione, esiste un doppio legame.

Da un lato la comunicazione d'impresa è la base per creare delle relazioni positive con gli stakeholder e attraverso questo governo delle relazioni scaturisce la reputazione (Frandsen, Johansen, 2014; Pastore, Vernuccio, 2008; Mazzei, 2004a) insieme ad altre risorse immateriali di valore.

Dall'altro lato l'azienda impiega la comunicazione con i suoi stakeholder per ottenere presso di loro una reputazione favorevole che renda più efficace la gestione delle relazioni con gli stessi, in modo che essi agiscano in modo da supportarne il successo (Cornelissen, 2017; van Riel, 1995).

In altre parole: coltivare le relazioni consente il dialogo con gli stakeholder tramite il quale viene co-creata reputazione. Allo stesso tempo la reputazione co-creata sostiene lo sviluppo favorevole delle relazioni. Esiste quindi un legame ricorsivo tra comunicazione, governo delle relazioni e reputazione aziendale.

Coordinare in modo strategico per gli obiettivi dell'azienda e interagire per co-creare

Nelle pagine precedenti è stato affermato che la comunicazione è strategica cioè orientata a supportare l'azienda nel conseguire la propria missione e i propri obiettivi complessivi di business. Da questo punto di vista la comunicazione dell'impresa ha un obiettivo di persuadere e condurre gli stakeholder a comprendere e assumere il suo punto di vista.

Per raggiungere questo obiettivo, in un contesto nel quale gli stakeholder sono attivi ed esprimono istanze, la comunicazione d'impresa deve essere improntata al dialogo, al dare voce agli stakeholder, al negoziare, fino ad accogliere le istanze degli stakeholder per modificare i suoi stessi obiettivi.

Gli obiettivi strategici dell'azienda di invio di messaggi e costruzione della reputazione possono quindi essere conseguiti modificando il modo con il quale l'azienda si rapporta con stakeholder, che deve diventare coinvolgente, basato su trasparenza e autenticità (Cornelissen, 2017) e consapevole del fatto che la costruzione della reputazione passa attraverso le relazioni e la co-creazione con gli stakeholder (Cornelissen, 2017).

L'azienda realizza la sua comunicazione strategica attraverso il dialogo, che è basato su quell'ascolto aperto che può portare a veri cambiamenti; la discussione, che è basata su argomentazioni per difendere una posizione; e il dibattito, che usa la retorica per affermare il proprio punto di vista (Falkheimer, Heide, 2018).

In modo un po' paradossale, per raggiungere i propri obiettivi l'azienda è indotta ad adottare come strategia il dialogo con gli stakeholder.

Riflessione e autovalutazione

A questo punto rileggi la definizione sintetica di comunicazione d'impresa e rifletti su ogni singolo termine per valutare se ti è tutto chiaro. In caso contrario, torna su ciascun termine per approfondirne il significato. Ripeti il processo fino a quando il senso della definizione ti sarà del tutto chiaro.

Per completare la definizione di comunicazione d'impresa è indispensabile richiamare due dimensioni: quella etica e quella interculturale e internazionale.

La dimensione etica

Nelle pagine precedenti è stato sostenuto che l'impresa orientata agli stakeholder assume verso questi ultimi delle responsabilità sia di tipo economico sia di natura sociale, ambientale e così via in sintonia con le istanze dei suoi molteplici stakeholder. La responsabilità dell'azienda è quindi molto ampia e per essere credibile e affidabile, l'azienda è sollecitata a comunicare con i propri stakeholder seguendo alcuni principi fondati su un agire etico. Tra questi per esempio: trasparenza, veridicità e inclusione.

Trasparenza vuol dire un orientamento a comunicare ciò che accade nell'azienda. Questo implica andare oltre i limiti delle informazioni minimali che le leggi e le regolamentazioni impongono all'azienda. Scelta oggi inevitabile considerato che gli stakeholder sono molto attivi e tengono sotto osservazione le aziende.

Veridicità vuol dire che i contenuti della comunicazione rispecchiano la realtà dei fatti. Si tratta quindi di una comunicazione autentica, che solo così può essere credibile agli occhi degli stakeholder.

Inclusione vuol dire che l'azienda comunica con i suoi stakeholder prestando attenzione alle loro aspettative, richieste, pressioni. Le prende in carico e dà risposte concrete. In tal modo l'azienda include nei suoi processi decisionali gli stakeholder e le loro istanze.

La dimensione etica allontana la comunicazione d'impresa da pratiche come lo spin doctoring e la persuasione che sono stati invece centrali nei decenni scorsi durante le prime fasi di comparsa di processi di gestione della comunicazione nelle imprese, quando non esisteva la disciplina della comunicazione d'impresa e non c'era un presidio organizzativo specifico (nelle pagine seguenti una illustrazione dell'evoluzione della comunicazione d'impresa).

Il presidio sull'agire etico dell'azienda dovrebbe essere in modo naturale affidato dalla Direzione Comunicazione, la cui missione è creare un frame-

BOX 1.2 **PER APPROFONDIRE: ALCUNE DEFINIZIONI DI COMUNICAZIONE D'IMPRESA**

Lars T. Christensen, Mette Morsing e George Cheney
"Corporate communication above all is a mindset, an ambition to encompass all communications within one perspective" (Christensen, Morsing, Cheney, 2008: 3).

Joep Cornelissen
"Corporate communication is a management function that offers a framework for the effective coordination of all internal ed external communication with the overall purpose of establishing and maintaining favourable reputations with stakeholder groups which the organization is dependent" (Cornelissen, 2017: 5 e 26).

Finn Frandsen e Winni Johansen
"Corporate communication has three main aspects:

1. it is a strategic management function, that is, a function that on one hand takes a strategic approach to communication activities and on the other one ties this approach to the overall strategy of the company
2. in order to gain efficiency and effectiveness, it integrates the communications activities distributed among a series of disciplines which are selected and combined from company to company under an umbrella term
3. the purpose of integrating external and internal communication activities is to build, maintain, change or repair a positive image/reputation. This process take place inside relationships with external and internal stakeholders of the company.

Corporate communication differs from the other communication discipline by involving all types of external and internal communication activities, and by applying a strategic perspective on communication" (Frandsen, Johansen, 2014: 223).

Michael Goodman e Peter Hirsh
"Corporate communication is the term used to describe a variety of strategic management functions. Depending on the organizations, corporate communication includes: public relations; crisis and emergency communication; reputation management; community relations; investor relations; government relations; media relations; employee relations; marketing communication; management communication; corporate branding and image building; advertising" (Goodman, Hirsh, 2010: 15).

Alberto Pastore e Maria Vernuccio
"La comunicazione (d'impresa) comprende l'insieme delle attività che nutrono le relazioni biunivoche tra l'impresa e i suoi pubblici interni ed esterni e che l'impresa la utilizza per interpretare e influenzare l'ambiente interno ed esterno al fine di evolvere se stessa attraverso le relazioni (di business, di mercato, interne, sociali e istituzionali)" (Pastore, Vernuccio, 2008: 20).

Alfonso Siano, Agostino Vollero e Mario Siglioccolo
"Insieme delle attività di comunicazione, pianificate ed emergenti, che un'organizzazione rivolge ai pubblici interni ed esterni ad essa, per ottenere le risorse che occorrono per il suo adeguato funzionamento, la sua competitività, il suo sviluppo" (Siano, Vollero, Siglioccolo, 2015: 4).

Cees B.M. van Riel
"Corporate communication is an instrument of management by means of which all consciously used forms of internal and external communication are harmonized as effectively and efficiently as possible, so as to create a favourable basis for relationships with group which the company is dependent" (van Riel, 1995: 26).

Ansgar Zerfass
"Corporate communication embraces all communication processes which contribute to the definition of tasks, and to said tasks' realization, within profit-oriented economic organizations, and which, in particular, contribute to the internal and external coordination of actions and to the clarification of interests defining the relation between companies and their specific stakeholders. The basis and substance of these processes are symbolic actions which are initiated either by members of the organization (management, communication specialists) or by organizations commissioned with those tasks (agencies). Corporate communication is aimed in the first instance at informing and constructing meaning. Building upon this initial activity, it aims at influencing stakeholders. Corporate communication thereby serves both to support the ongoing provision of goods or services (success) and to create intangible assets (potential for future success) within companies" (Zerfass, 2008: 66).

Discussione:
In cosa sono simili e in cosa differiscono queste definizioni da quella elaborata in questo testo?

BOX 1.3 PER APPROFONDIRE: THE COMMUNICATIVE ORGANIZATION

Questo testo è dedicato al management della comunicazione d'impresa, considerata come una funzione aziendale che gestisce una serie di leve per supportare il conseguimento degli obiettivi di business. Una diversa visione invece evidenzia il ruolo della comunicazione per creare l'organizzazione aziendale e creare valore (Johansson *et al.*, 2019; Heide *et al.*, 2018b; Hübner, 2007).

work positivo per rendere più efficaci i processi di generazione di valore dell'azienda.

La dimensione interculturale e internazionale

La comunicazione d'impresa in modo intrinseco travalica i confini geografici e avvicina soggetti che sono anche molto lontani dal punto di vista dello spazio fisico. Ciò accade grazie alla comunicazione supportata da tecnologie informatiche, allo sviluppo di media globali e alla crescente propensione delle persone agli spostamenti. La comunicazione d'impresa presenta quindi delle sfide legate alle differenze culturali tra soggetti di diversi Paesi e all'internazionalizzazione ed è necessario che gli specialisti siano dotati di sensibilità interculturale e di competenze per gestire la comunicazione a livello internazionale (Tench *et al.*, 2017; Mazzei, Ravazzani, 2014; Gambetti, Quigley, 2012).

1.3 La Direzione Comunicazione e le altre direzioni aziendali dedicate alla comunicazione

L'impresa ha al suo interno diverse funzioni aziendali che gestiscono le relazioni con diversi gruppi di stakeholder menzionati in precedenza. La comunicazione è per sua natura diffusa e pervasiva e quindi molti soggetti intrattengono relazioni con stakeholder a nome dell'azienda. Ci sono quattro principali direzioni aziendali che svolgono attività di comunicazione mentre presidiano le relazioni con specifici gruppi di stakeholder: marketing, finanziaria, risorse umane e più di recente, con il maturare della disciplina, la comunicazione corporate (Figura 1.3).

- La *Direzione Marketing* per gestire le relazioni con i clienti finali, cioè i consumatori, e i clienti intermedi, cioè i distributori e partner commerciali. A volte la direzione marketing è abbinata alle vendite ai clienti intermedi, cioè i distributori, e alla commercializzazione business-to-business. Vi sono poi le relazioni con i partner produttivi. Al fine di schematizzare e semplificare in modo convenzionale, in questo testo questi stakeholder vengono raggruppati in una sola categoria.

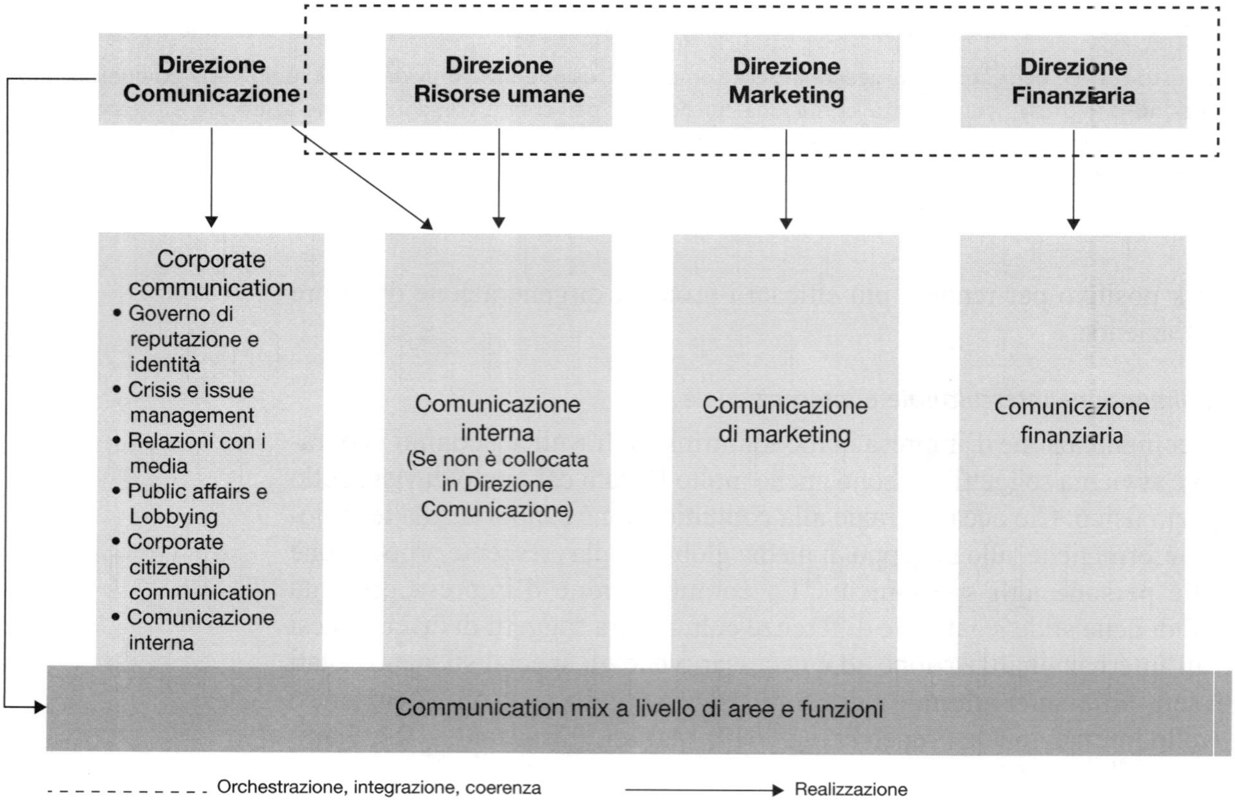

Figura 1.3 La Direzione Comunicazione e le altre Direzioni aziendali.
Fonte: elaborazione propria.

- La *Direzione Finanziaria* per gestire le relazioni con la proprietà, cioè gli azionisti, i soci, i proprietari, e con i finanziatori, cioè le banche, gli investitori individuali e quelli istituzionali. La gestione delle relazioni con gli azionisti e i finanziatori è in alcuni casi, in particolare per le aziende quotate, affidata a una funzione particolare indicata come Investor Relations.
- La *Direzione Risorse umane* per gestire le relazioni con manager e collaboratori, società di selezione, società di somministrazione di lavoro interinale. Tale direzione viene anche indicata come Human Resources e abbreviata in HR. La Direzione Risorse umane ha di solito anche il presidio delle relazioni sindacali, dette anche relazioni industriali.
- La *Direzione Comunicazione* per gestire le relazioni con istituzioni pubbliche, decisori pubblici, media, gruppi di pressione e rappresentanza, comunità locali. Molto spesso anche le relazioni con manager e collaboratori. Quando queste invece sono gestite dalla Direzione Risorse umane, è indispensabile adottare modalità di lavoro coordinato. Inoltre la Direzione Comunicazione dovrebbe avere la responsabilità di orchestrare le attività di tutte le Direzioni che svolgono attività di comunicazione.

Le funzioni della Direzione Comunicazione

La Direzione Comunicazione svolge il suo ruolo a due livelli: in riferimento ai gruppi di stakeholder specifici e in riferimento all'attività complessiva di comunicazione dell'azienda in quanto dotata di un'identità propria.

In riferimento agli stakeholder specifici con i quali si relaziona, essa realizza una serie di attività di comunicazione per produrre e disseminare contenuti e messaggi (Cornelissen, 2017). Per realizzare queste attività gli specialisti che lavorano in questa direzione o che lavorano per essa operando in agenzie specializzate, impiegano metodi, pratiche, strumenti e competenze specifiche. Spesso tali specializzazioni corrispondono a delle sotto-unità organizzative nella Direzione Comunicazione.

Le più diffuse sotto-unità afferenti alla Direzione Comunicazione corrispondono alle sub-aree della comunicazione corporate menzionate sopra. Esse costituiscono delle aree che richiedono specializzazione e sono:

- il governo della reputazione e dell'identità dell'azienda
- l'issue management e il crisis management
- la comunicazione interna (se non collocata nella Direzione Risorse umane)
- le relazioni con i media
- la corporate citizenship communication
- le attività di lobbying e public affairs

Il communication mix

Ciascuna di queste aree richiede competenze specialistiche per la loro gestione e cioè conoscenza di strumenti e tecniche particolari che compongono il "communication mix" (Pastore, Vernuccio, 2008). Queste ultime sono molto varie e in continua evoluzione. Tra di esse:

- gli eventi
- le sponsorizzazioni
- la gestione dei social media aziendali (interni ed esterni)
- il marchio e il logo e la connessa identità visiva
- l'editoria aziendale: per esempio magazine, libro bianco, annual report, bilancio sociale, codice etico
- grass root campaign
- testimonial
- influencer marketing

Le attività specializzate e gli strumenti di comunicazione che vengono gestiti dalla Direzione Comunicazione possono sia **interessare l'azienda in quanto tale** nel suo complesso sia essere **declinate a livello delle specifiche aree** della comunicazione di marketing, finanziaria o di filiera. Inoltre sia le aree sia gli strumenti possono essere declinati e adattati a specifici settori quali il non profit, lo spettacolo, l'arte e la cultura, le istituzioni pubbliche.

Sviluppare competenze per operare nel settore della comunicazione d'impresa implica dunque saper padroneggiare le singole tecniche e strumenti che in modo versatile possono essere applicati ad aree aziendali e a settori diversi. Implica inoltre possedere competenze manageriali per gestire i processi necessari a far funzionare tali processi. Le posizioni in ingresso nel mondo della comunicazione sono collocate nelle aree specialistiche mentre è tipico della maturazione professionale il consolidamento delle competenze gestionali per coprire ruoli di coordinamento.

Il coordinamento

La Direzione Comunicazione svolge inoltre un'attività di **coordinamento e orchestrazione** mirata a integrare e rendere coerenti l'insieme delle attività di comunicazione svolte da tutte le direzioni aziendali e a fare in modo che l'azienda "parli con una sola voce".

Questa attività di guida e coordinamento tra tutte le attività di comunicazione, viste e gestite nel loro complesso da una prospettiva olistica, ovvero "corporate", è l'aspetto che in modo più specifico definisce la corporate communication (Cornelissen, 2017).

La Figura 1.3 schematizza il duplice ruolo della Direzione Comunicazione: nella realizzazione di attività di comunicazione rivolte agli stakeholder gestite in maniera diretta oppure a supporto delle altre funzioni aziendali nelle relazioni con i loro stakeholder di riferimento; e nell'attività di orchestrazione, integrazione e ricerca di coerenza tra tutte le attività di comunicazione dell'azienda.

Tabella 1.1 Diverse forme di comunicazione dell'azienda

Termine in uso nella letteratura internazionale	Traduzione in italiano	Definizione e differenza da corporate communication
Business communication	Non traducibile con il letterale "comunicazione aziendale" per il significato che viene attribuito in inglese	Si riferisce alle abilità di comunicazione individuali, in particolare la scrittura, applicate nei contesti di comunicazione interpersonali tra due persone o in piccoli gruppi all'interno dell'azienda (Cornelissen, 2017)
Management communication	Comunicazione manageriale	Si riferisce alle abilità di comunicazione dei manager nei contesti gestionali all'interno dell'azienda (Cornelissen, 2017)
Public relations	Relazioni pubbliche (a volte con l'errato pubbliche relazioni)	Tradizionalmente si è concentrata sugli stakeholder esterni (Frandsen, Johansen, 2014) a esclusione dei consumatori, stakeholder principale della comunicazione di marketing
Marketing communication	Comunicazione di marketing	Disciplina di comunicazione strategica che si focalizza su un solo tipo di stakeholder: i clienti (Frandsen, Johansen, 2014)
Organizazional communication	Comunicazione organizzativa	Tradizionalmente si è concentrata sugli stakeholder interni (Frandsen, Johansen, 2014)

Differenze con altre forme di comunicazione in azienda

La comunicazione d'impresa, termine con il quale in questo testo è stato tradotto l'inglese corporate communication, ha similitudini con altre discipline e pratiche della comunicazione delle aziende. Con queste discipline essa possiede elementi in comune legati per esempio alle proprie origini, come nel caso del marketing e le relazioni pubbliche. Tuttavia la corporate communication ne è distinta. Nella Tabella 1.1 vengono presentati alcuni termini e le differenze rispetto alla corporate communication.

Le agenzie specializzate in servizi di comunicazione

I servizi delle aree specializzate della comunicazione d'impresa e i relativi strumenti e tecniche sono molto spesso offerti alle imprese da agenzie che operano come consulenti. Le agenzie di consulenza possono essere specializzate in aree o in settori specifici oppure offrire servizi di comunicazione integrata cioè su tutto l'ampio spettro della comunicazione.

Gli specialisti di comunicazione si spostano tra aziende e agenzie poiché possiedono competenze versatili spendibili in entrambi i contesti.

Le agenzie di comunicazione possono essere generaliste o specializzate (Pastore, Vernuccio, 2008). Nel primo caso offrono consulenza e assistenza operativa alle aziende per la gestione di molteplici aree della comunicazione d'impresa. Nel secondo sono focalizzate nel prestare consulenza e supporto operativo alle aziende solo in alcune aree della comunicazione, per esempio nell'area della comunicazione finanziaria e dei public affairs.

Le agenzie di comunicazione fanno leva sulle competenze di specialisti che vi operano in qualità di consulenti nei confronti delle aziende clienti. Tale consulenza può riguardare sia l'impostazione strategica del piano di comunicazione sia la progettazione di specifici interventi, iniziative o attività. Gli specialisti delle agenzie di comunicazione prestano anche supporto alle aziende clienti nella gestione operativa dei progetti, delle iniziative e delle attività a piano, realizzando i necessari strumenti.

Chi entra nel mercato del lavoro in agenzia inizia con l'affiancare i consulenti più esperti nella gestione operativa dei progetti sviluppati per i clienti, indicati col termine di account. Il coinvolgimento nelle attività di consulenza strategica cresce di pari passo con la maturazione professionale.

In conclusione: per un uso chiaro dei termini

I concetti illustrati e discussi fin qui forniscono una base di conoscenza che consente di chiarire il significato di alcuni termini chiave.

In questo testo il termine di corporate communication invalso nel linguaggio internazionale viene tradotto come comunicazione d'impresa e quello di comunicazione aziendale è inteso come un suo perfetto sinonimo. L'ambiguità nell'uso di questi termini richiede un chiarimento.

Tabella 1.2 Confronto fra i termini comunicazione d'impresa e corporate communication

	Comunicazione d'impresa (o aziendale)	Corporate communication
La disciplina	Sì	Sì
La direzione aziendale	No	Sì
L'area specializzata	No	Sì

Nel contesto italiano:

- l'espressione **comunicazione d'impresa** indica la **disciplina** accademica e manageriale che studia e si occupa di questo fenomeno
- le espressioni "**Direzione Comunicazione**" oppure "**Direzione Corporate Communication**" indicano la **direzione aziendale** che si occupa di comunicazione. Il nome specifico di questa direzione nelle aziende può essere variegato
- l'espressione **corporate communication** indica sia la direzione aziendale sia la disciplina.

La Tabella 1.2 sintetizza e confronta l'uso dei termini comunicazione d'impresa e corporate communication nel contesto italiano.

1.4 Evoluzione della comunicazione d'impresa

Dopo aver condiviso una definizione di comunicazione d'impresa a partire dalle più recenti acquisizioni, oramai consolidate negli studi accademici e nella pratica manageriale, per una sua più completa comprensione è utile ricostruirne l'evoluzione nelle aziende. La ricostruzione storica, cioè la lettura del presente a partire dal passato, è sempre un esercizio soggettivo e parziale. Gli scopi di questo volume, dedicato a giovani che iniziano a conoscere la disciplina, non consentono un'analisi ad ampio spettro del dibattito a livello accademico. La scelta è quindi quella di riportare una delle possibili ricostruzioni, scelta tra le più accreditate nel contesto accademico e di insegnamento della disciplina.

La comunicazione d'impresa è una funzione in continua evoluzione come mostra il *Rapporto IULM 2019 sulla Comunicazione d'impresa* (Codeluppi, Polesana, 2019) e tale evoluzione ha seguito un percorso che l'ha portata a essere da supporto tattico a leva strategica attraverso tre fasi: publicity, promozione e disseminazione di informazione; posizionamento dell'organizzazione; stakeholder engagement (Cornelissen, 2017).

Publicity, promozione e disseminazione di informazioni: l'epoca delle comunicazioni

La prima fase di affermazione della comunicazione nelle aziende è quella *della publicity, della promozione e della disseminazione di informazioni.*

Una fase che secondo Cornelissen, che la cita ma non la descrive, si estende dall'inizio del XX secolo fino agli anni '70. Si tratta di una fase durante la quale non si era ancora sviluppata l'area aziendale e la disciplina che oggi sono indicate come comunicazione d'impresa (o corporate communication).

In quei decenni nelle aziende erano presenti due funzioni che svolgevano comunicazione: il **marketing** e le **Public Relations**, in italiano relazioni pubbliche da non tradurre mai come pubbliche relazioni, espressione pure in uso ma errata. Questa è stata l'epoca durante la quale nelle aziende sono esistite più comunicazioni allo stesso tempo.

Le relazioni pubbliche sono poi confluite nella corporate communication secondo diversi studiosi (Invernizzi, Romenti, 2013; Pastore, Vernuccio, 2008; Argenti, 2009; Nelli, 1999; Kitchen, 1997; Oliver, Riley, 1996). Le relazioni pubbliche sono evolute verso la corporate communication in modo progressivo per via di due cambiamenti (Argenti, 2003). Il primo è stato il fatto che il contributo atteso dalla comunicazione si è ampliato dall'essere solo tattico, cioè volto a raggiungere un obiettivo circoscritto, fino a includere una componente strategica cioè volta a supportare in modo ampio e generale gli obiettivi di business dell'azienda. Il secondo è stato l'emergere dell'esigenza di integrazione con le altre forme di comunicazione (Argenti, 2003).

La storia evolutiva delle relazioni pubbliche consente quindi di comprendere come la comunicazione fosse intesa e venisse gestita nelle aziende prima che maturasse la corporate communication. La più nota e affermata ricostruzione evolutiva delle relazioni pubbliche è quella elaborata da uno dei principali autori di riferimento della disciplina, James E. Grunig, e dalla sua scuola. La ricostruzione di Grunig comprende cinque modelli che sono emersi nel tempo e si sono stratificati uno sull'altro: Press agentry- Publicity, Public information, Two-way asymmetric, Two-way symmetric, Mixed-motive model. All'apparire di un nuovo modello, quelli precedenti non sono scomparsi. Hanno invece continuato a permanere nella pratica manageriale almeno per alcuni aspetti.

I modelli Press agentry- Publicity, Public information e Two-way asymmetric coprono l'arco temporale dagli inizi del Novecento fino agli anni '70 (Grunig, Hunt, 1984).

Il modello **Press-agentry- Publicity** è quello della propaganda, secondo Grunig prevalente dal 1850 al 1900. Con lo sviluppo della stampa nascono anche i press agent, dei professionisti che si attivano per creare delle notizie che potessero trovare spazio sui giornali. Il lavoro dei press-agent era così in grado di generare la *publicity*: spazio gratuito sui media. La pubblicazione da parte dei giornali era gratuita perché si trattava di notizie interessanti dal loro punto di vista (nel capitolo 4 dedicato alla gestione delle relazioni con i media verrà illustrato il funzionamento della stampa).

L'attività dei press-agent volta a creare personaggi e leggende per attirare l'attenzione è detta "**spin doctoring**", un termine usato quindi con un'accezione negativa e da non associare alle professioni della comunicazione d'impresa basate su competenze specialistiche qualificate e guidate da principi etici e deontologici.

Tra la fine del XIX secolo e l'inizio del XX le aziende iniziarono a fare ricorso ai press agent per fare propaganda ai propri prodotti. In questa fase la verità non era considerata un criterio rilevante: meno il pubblico conosceva sulle attività delle imprese tanto più queste attività sarebbero state efficienti e profittevoli. La verità non doveva essere travisata o manipolata, piuttosto era considerato importante evitare che il pubblico scoprisse elementi non opportuni.

Il modello **Public information** è quello della diffusione di informazioni, secondo Grunig prevalente dal 1900 agli anni '20.

Fra i primi del Novecento e l'inizio della Prima Guerra Mondiale si affermano i "Muckrakers" (rastrellatori di fanghiglia). Si tratta di giornalisti che vanno in cerca di fatti di cronaca che mettano a nudo la verità. I giornalisti (*publicists*) fanno la guerra alle grandi corporation. Il secondo modello di relazioni pubbliche viene impiegato per la prima volta da Ivy L. Lee, che propone di rapportarsi con i media e i suoi muckrakers in modo aperto. Quando Lee divenne consulente della Pennsylvania Railroad Company dopo un disastro ferroviario, persuade il management a dare informazioni attendibili e rilascia dei comunicati stampa esaustivi, invece di nascondere l'accaduto come si faceva di solito a quei tempi. Dopo aver convinto i dirigenti, porta i giornalisti sul luogo del disastro su un treno speciale, fornendo loro informazioni e assistenza tecnica. Lee chiarisce che il suo intento è quello di "far comprendere l'azienda al pubblico e il pubblico all'azienda". Lee usa i comunicati stampa (*handout*) in modo nuovo: contengono l'autore e pertanto è chiara la responsabilità dei contenuti. Inoltre Lee dichiara ai giornalisti che avrebbero avuto ogni informazione aggiuntiva rispetto ai comunicati, così come avrebbero potuto verificare la veridicità delle informazioni fornite.

All'epoca di Lee molti professionisti di relazioni pubbliche sono dei giornalisti che lavorano "in casa" dell'azienda. È in questo periodo, nel 1908, che Theodore Vail, presidente di AT&T, usa il termine "public relations" per indicare il rapporto pubblicato sulle attività della AT&T.

Il modello **Two-way asymmetric** è quello della persuasione scientifica, secondo Grunig prevalente dalla fine degli anni '20 agli anni '60.

Prima della Prima Guerra Mondiale si sviluppa una forte azione di propaganda, dalla quale nasce l'approccio scientifico della persuasione di massa, sistematizzato dopo la stessa guerra e messo in atto sia dai governi sia dalle imprese. L'efficacia della propaganda per la persuasione delle masse viene sperimentata durante la Prima Guerra Mondiale per convincere l'opinione pubblica americana a sostenere l'entrata in guerra. Alla fine della guerra una serie di professionisti hanno applicato in altri contesti le tecniche della persuasione di massa. Tra questi Edward Bernays, che si era occupato delle relazioni con i media internazionali volte a enfatizzare il contributo degli USA alla vittoria degli alleati anglo-francesi.

Edward L. Bernays ha sviluppato il concetto delle relazioni pubbliche come persuasione scientifica: "*The public should be understood and its need considered*". Austriaco immigrato a New York da bambino, nipote di Freud, conosce gli studi sull'inconscio umano e capisce che comunicare facendo leva sulla parte emozionale e sui desideri delle persone può rivelarsi molto efficace. In particolare Bernays sa che il pubblico può essere persuaso solo nella direzione del suo migliore interesse e il professionista di relazioni pubbliche deve persuadere il management d'impresa a fare l'interesse del pubblico, affinché questo accetti l'azienda. Utilizza però in prevalenza la tecnica di descrivere l'organizzazione nel modo più gradito al pubblico. Bernays chiama questa strategia la "cristallizzazione dell'opinione pubblica".

Il coordinamento delle diverse specializzazioni: verso la comunicazione integrata

Negli anni '80 sono stati realizzati nelle aziende intensi programmi di riorganizzazione che hanno portato a riorganizzare aree specializzate come le relazioni con i media, la pubblicità, le promozioni, che tendevano a lavorare in modo isolato a coordinarle in dipartimenti più integrati o in pratiche manageriali.

Il coordinamento e l'integrazione hanno consentito di dare alla comunicazione una direzione strategica per la comunicazione con tutti gli stakeholder e degli indirizzi alle diverse attività di comunicazione nell'ottica degli interessi strategici dell'azienda nel suo complesso.

Allo stesso tempo il maggior coordinamento ha consentito di superare il problema derivante dalla frammentazione: la focalizzazione sugli obiettivi dei singoli dipartimenti perdendo di vista gli obiettivi generali dell'azienda.

Il coordinamento di tutte le attività di comunicazione dell'azienda è stato realizzato attraverso lo sviluppo di procedure quali i manuali di stile e le linee guida per la comunicazione, e attraverso l'adozione di meccanismi di coordinamento quali comitati per il coordinamento (Cornelissen, 2017).

L'integrazione della comunicazione è stata una tendenza rilevata e sottolineata molto negli studi di marketing sia in Italia (Guatri, Vicari e Fiocca, 1999) sia a livello internazionale (Kitchen, Schultz, 2003; Kotler, Mindak, 1978).

Le relazioni pubbliche e il marketing si sono sviluppate come due discipline e due funzioni separate fino agli anni '70 e hanno sperimentato il progressivo emergere di bisogno di integrazione come è stato sottolineato da vari studiosi: Philip Kotler (Kotler, Mindak, 1978), Kitchen e Schultz (Kitchen, Schultz, 2003) e Guatri, Vicari e Fiocca (Guatri, Vicari, Fiocca, 1999).

La separazione tra le due funzioni è originata ed è stata motivata dal fatto che esse si riferivano a due interlocutori diversi e con finalità diverse: il marketing a segmenti di clienti per comunicare i prodotti; le relazioni pubbliche in modo trasversale ai pubblici per creare il *goodwill* cioè una benevolenza verso l'azienda.

Mantenere le due funzioni separate, così come per tutte le altre specializzazioni della comunicazione, è diventato difficile per varie ragioni che hanno spinto all'integrazione. Tra queste anche l'impiego di tecniche e strumenti tipici delle relazioni pubbliche per la comunicazione di marketing: comunicati stampa ed eventi per lanciare i prodotti; o il branded content, ovvero la diffusione di contenuti legati a un prodotto, che è un aspetto di marketing, collegati a contenuti di interesse più ampio per l'azienda, che è un aspetto di relazioni pubbliche (Cornelissen, 2017).

È stato un professionista, David Bernstein, a evidenziare la necessità strategica di adottare un programma di comunicazione generale per l'azienda nel suo complesso (Bernstein, 1984). Per questo è ritenuto un pioniere della nascente disciplina della corporate communication (Brønn, 2013; Balmer, 2009) mentre il primo accademico a pubblicare un testo di corporate communication è stato Jackson nel 1987 (Jackson, 1987) e in seguito van Riel nel 1995 (van Riel, 1995) (Brønn, 2013).

In quegli stessi anni '80 Grunig ha teorizzato lo sviluppo delle relazioni pubbliche da strumento tattico a "distinctive management function which helps establish and maintain mutual lines of communication, acceptance and cooperation between an organization and its publics" (Guning, Hunt, 1984: 7). La visione proposta da Grunig è quella di relazioni pubbliche come management delle relazioni secondo una prospettiva sistemica (Falkheimer, Heide, 2018).

Il posizionamento strategico

Un ulteriore impulso all'integrazione delle diverse specializzazioni della comunicazione delle aziende è stata la consapevolezza che la comunicazione rappresenta una leva cruciale per posizionare l'organizzazione nella mente dei suoi stakeholder. Dagli anni '90 si sono infatti sviluppati e affermati concetti quali la corporate identity, la corporate reputation e il corporate brand (Cornelissen, 2017) (per la spiegazione di questi concetti si rinvia al capitolo 2).

In questa visione la comunicazione è considerata una leva che può essere progettata e pianificata in modo strategico allo scopo di raggiungere determinati obiettivi come costruire la reputazione e posizionarla nella mente degli stakeholder.

Lo stakeholder engagement

Gli stakeholder sono diventati sempre più attivi nel sostenere le proprie istanze verso le aziende anche grazie alle possibilità di usare i nuovi media per far sentire la propria voce e amplificare i propri messaggi. Inoltre richiedono sempre più alle aziende forme di comunicazione interattive e basate sul dialogo. I nuovi media e i social media in particolare sono un'opportunità per creare spazi di conversazione tra azienda e stakeholder e tra questi ultimi fra di loro, favorendo il passa-parola e le dinamiche di influenzamento peer-to-peer, con conseguenti opportunità e anche sfide e criticità (Cornelissen, 2017; Siano, Vollero, Siglioccolo, 2015).

Accanto alle nuove forme interattive e dialogiche di comunicazione rivolte a gruppi di stakeholder e audience più ampie, si afferma il principio dell'**engagement del singolo stakeholder** attraverso diverse piattaforme (Cornelissen, 2017).

La comunicazione basata sull'invio di messaggi per influenzare percezioni e opinioni, e posizionare la reputazione e i brand dell'azienda, è mediata da canali e mezzi di comunicazione. L'engagement dei singoli stakeholder invece si basa sulle interazioni tra questi e i soggetti che rappresentano e comunicano per conto dell'azienda: sia coloro che sono incaricati della comunicazione, come per esempio coloro che gestiscono i social media, sia i collaboratori che a qualunque titolo entrano a contatto con stakeholder e clienti. Per questo al fine dello stakeholder engagement l'azienda deve essere trasparente e autentica. **Trasparente** perché i soggetti che appartengono all'azienda devono essere in grado di trasmettere informazioni e messaggi corretti; **autentica** perché questi stessi soggetti devono agire in modo coerente con quanto l'azienda dichiara.

Le modalità di comunicazione tra azienda e stakeholder interattive e di dialogo sono una nuova modalità che accompagna però l'immutato principio di invio di messaggi e di gestione della reputazione in modo strategico per conseguire gli obiettivi dell'azienda (Cornelissen, 2017).

I prodromi di questa fase si possono rintracciare negli altri due modelli di relazioni pubbliche elaborati da Grunig (Grunig, Hunt, 1984): i modelli Two-way symmetric (dalla fine degli anni '60, per la comprensione reciproca) e Mixed-motive model.

Nel 1952 è Scott Cutlip il primo studioso a sviluppare un quarto modello di relazioni pubbliche, il cosiddetto Two-way symmetric, insieme a Allen Center, nel libro "Effective Public Relations". Descrive le relazioni pubbliche come "principi e pratiche di comunicazione per costruire buone relazioni con i pubblici".

Il modello Two-way symmetric evidenzia l'importanza della *comunicazione a due vie con flussi simmetrici*. L'aspetto nuovo rispetto al modello precedente Two-way asymmetric è che la rilevanza del cosiddetto ricevente aumenta: l'emittente infatti incorpora gli obiettivi del pubblico, e in particolare dei portatori di interesse, mediandoli con i propri.

I modelli Two-way asymmetric e Two-way symmetric hanno raccolto molte critiche nel tempo perché considerati troppo idealistici, soprattutto

BOX 1.4 **PER APPROFONDIRE: CONVERGENZE TRA DISCIPLINE**

Mentre sul piano operativo nelle aziende il marketing e le relazioni pubbliche e tutte le altre pratiche di comunicazione sono andate sovrapponendosi fino a configurare l'ampia area della comunicazione d'impresa, intesa come integrata e unitaria, un simile percorso si è verificato anche a livello accademico.

Tre sono le discipline consolidate da decenni a livello internazionale nel campo della comunicazione: la comunicazione di marketing, l'organizational communication e le relazioni pubbliche (Falkheimer, Heide, 2018; Cornelissen, 2017).

In Italia la comunicazione di marketing e le relazioni pubbliche hanno avuto uno sviluppo importante, mentre la disciplina della comunicazione organizzativa non si è mai sviluppata. Essa ha avuto alcuni anni di influenza intesa come ampliamento della comunicazione interna (Invernizzi, 2000; Invernizzi, Mazzei, 1997).

Dagli anni '90 in poi, a livello internazionale, i confini tra le tre discipline menzionate sono diventati via via più labili e si sono affermati dei concetti che hanno sottolineato l'integrazione tra queste discipline e **l'emergere di un nuovo ambito di ricerca e studio in questa intersezione caratterizzato da un approccio olistico**: corporate communication, communication management, total communication, integrated communication, integrated marketing communication, integrated organizational communication, strategic integrated communication e strategic communication (Falkheimer, Heide, 2018).

La principale differenza tra il concetto di corporate communication e quello di strategic communication (Frandsen, Johansen, 2017; Werder *et al.*, 2018; Hallahan *et al.*, 2007), da considerare "cugini", risiede nel fatto che nella prima prevale la prospettiva manageriale mentre la seconda studia la comunicazione da molteplici prospettive (Falkheimer, Heide, 2018). Un approccio multidisciplinare allo studio della comunicazione business-related è ben consolidato (Mazzei, 2005; 2014a e 2015a; Christensen e Cornelissen, 2011) e costituisce oramai un tratto distintivo della comunicazione d'impresa o corporate communication che dir si voglia.

rispetto alla possibilità di ottenere un perfetto bilanciamento fra gli interessi dell'organizzazione e i suoi pubblici, come auspicato nel modello di comunicazione simmetrica.

Sulla base di tali critiche, Dozier, Grunig e Grunig (1995) mettono a punto un nuovo modello di comunicazione, cosiddetto *mixed-motive*, che esprime un nuovo concetto di simmetria basato sulla teoria dei giochi. Esso teorizza un continuum che va dalla posizione dell'organizzazione alla posizione del pubblico, e un'area centrale in questo continuum: in essa tramite il dialogo e la negoziazione si possono conciliare le diverse posizioni cosicché tutte le parti coinvolte ottengono dei benefici (Falkheimer, Heide, 2018; Invernizzi, Romenti, 2013).

Questi due modelli affermano la peculiarità della prospettiva delle relazioni pubbliche: l'attenzione ai pubblici. Questi modelli esprimono l'attenzione alla gestione delle relazioni intesa come raccolta delle istanze degli interlocutori per introiettarle, tipica delle relazioni pubbliche. La corporate communication invece elabora dei modelli dove l'aspetto strategico, inteso come perseguimento degli obiettivi dell'azienda, è centrale.

Recap

Dopo aver studiato questo capitolo, lo studente conoscerà il significato dei seguenti concetti e sarà in grado a sua volta di spiegarli:

- comunicazione d'impresa
- relazioni
- impresa orientata agli stakeholder
- stakeholder
- stakeholder primari e secondari
- reputazione
- aree specializzate della comunicazione d'impresa
- funzioni della Direzione Comunicazione
- utilizzo dei termini comunicazione d'impresa e corporate communication
- fasi di evoluzione della comunicazione d'impresa

CAPITOLO

2

Dalla corporate personality alla reputazione: un percorso strategico

di Alberto Bottalico

Obiettivi di apprendimento

- Avere consapevolezza dei processi attraverso i quali l'azienda costruisce la propria reputazione
- Acquisire concetti chiave della disciplina: corporate personality e i concetti a essa collegati di missione, visione, valori e posizionamento; corporate identity come espressione della corporate personality; corporate image come percezione da parte degli interlocutori e corporate reputation come opinione sociale sedimentata
- Conoscere gli strumenti principali attraverso i quali l'azienda definisce la corporate identity e contribuisce a costruire la propria reputazione presso i suoi stakeholder

Questo capitolo analizza le modalità che un'azienda adotta per il governo strategico dell'identità e della reputazione, quella sub-area della corporate communication che gestisce tutti gli elementi distintivi dell'identità dell'azienda e la loro espressione in tutte le forme di comunicazione (cfr. capitolo 1 di questo volume). Come già illustrato nel capitolo 1 questa è una sub-area della corporate communication che riguarda l'azienda nel suo complesso in quanto soggetto dotato di una propria identità. In questa sub-area rientrano quindi i processi e gli elementi identitari che sono trasversali a tutti gli stakeholder e alle relative aree che si occupano delle relazioni con essi.

Il capitolo definisce alcuni concetti chiave per la comunicazione corporate: corporate personality, corporate identity, corporate image (o percezione) e corporate reputation (o reputazione). Prosegue poi illustrando il percorso strategico che porta dalla definizione della corporate personality fino alla costruzione della reputazione. Questo percorso traccia la linea che lega la personalità di un'azienda alle manifestazioni attraverso le quali la esprime, al modo in cui essa viene percepita fino a quel giudizio che viene sedimentato nella reputazione.

Il punto di partenza di questo percorso è la definizione della corporate personality, che include la missione e la visione dell'azienda definite da parte del top management. A partire da questo punto, attraverso il processo di posizionamento, il manager della comunicazione sistematizza i vari elementi della corporate personality partendo dai suoi elementi costitutivi di missione, visione e valori e definisce come comunicarli, cioè la corporate identity. In particolare definisce: i messaggi chiave che formano lo scheletro della narrazione dell'impresa e gli elementi della visual identity. Da ciò dipartono tutti gli strumenti di comunicazione finalizzati a comunicare la corporate personality e costruire la reputazione.

La gestione della comunicazione d'impresa è un fenomeno strutturato che dovrebbe seguire sempre alcuni principi. Che sia la scrittura di un comunicato stampa, la progettazione di un logo, la realizzazione di una campagna pubblicitaria o la pubblicazione un post su un social network, tutte le comunicazioni di un'azienda su qualsiasi mezzo e in qualsiasi luogo dovrebbero essere organizzate in maniera coerente per far sì che gli interlocutori raggiunti abbiano un'idea univoca di chi è l'azienda, cosa fa, quali sono i suoi valori.

2.1 Corporate personality, corporate identity, corporate image e corporate reputation

Questo paragrafo si sofferma sui quattro concetti chiave della comunicazione d'impresa (Siano, Vollero, Siglioccolo, 2015; Cornelissen, 2017):

- *corporate personality*: caratteristiche distintive e durevoli dell'organizzazione
- *corporate identity*: espressione della corporate personality in varie forme di comunicazione
- *corporate image*: percezione dell'azienda da parte dei suoi stakeholder in un dato momento
- *corporate reputation*: un giudizio formulato dagli stakeholder sulla base della sedimentazione delle loro percezioni in merito alla condotta dell'azienda e alla sua capacità di rispondere alle aspettative degli stakeholder stessi

Per comprendere meglio questi termini, è possibile considerare l'organizzazione alla stregua di una persona:

- *personalità*: chi sono io
- *identità*: cosa decido di comunicare di me
- *immagine percepita*: cosa viene percepito dagli altri rispetto a quello che ho comunicato
- *reputazione*: quale opinione maturano di me nel tempo i miei interlocutori

Questa similitudine aiuta a comprendere tali termini nella loro declinazione in una prospettiva aziendale.

Corporate personality o personalità dell'azienda

La *corporate personality* o *personalità dell'azienda* consiste nelle caratteristiche distintive e durevoli dell'azienda (Siano, Vollero, Siglioccolo, 2015). Distintive perché sono proprie di un'impresa specifica e ne fanno un soggetto unico. Per quanto due aziende operino nello stesso settore o abbiamo dimensioni simili o operino sugli stessi mercati, ciascuna di esse sarà unica. Durevoli perché la personalità dell'azienda include caratteristiche che perdurano nel tempo. Non si tratta di condizioni passeggere ma di tratti costanti, seppure sempre in evoluzione.

La corporate personality è data dal modo di agire e di operare dell'impresa e dai valori attorno ai quali l'azienda decide di strutturarsi e che guidano i comportamenti dell'azienda stessa. È il modo attraverso il quale l'azienda gestisce il business e sviluppa le sue attività per conseguire i suoi obiettivi (Fill, 1999; Siano, Vollero, Siglioccolo, 2015).

La corporate personality indica l'azienda in quanto soggetto collettivo dotato di una sua personalità specifica dotata di una ragione di essere e di finalità, come verrà spiegato più avanti cioè di missione, visione e valori. In quanto tale l'azienda è un'istituzione (Selznick, 1957). Essa cioè non è solo uno strumento per conseguire degli obiettivi definiti e circoscritti. L'azienda è anche un soggetto che ha la finalità di continuare ad esistere nel tempo, cioè un'istituzione.

Per tale ragione in comunicazione d'impresa vengono usate espressioni come colori istituzionali, sito web istituzionale, video istituzionale.

Corporate identity o identità dell'azienda

La *corporate identity o identità dell'azienda* include le modalità attraverso le quali l'azienda decide di tradurre la propria corporate personality in varie forme di comunicazione e quindi come l'azienda si presenta agli stakeholder.

La corporate personality si formalizza e diventa materiale attraverso *parole* (i messaggi chiave) e *segni* (visual identity) che permettono agli interlocutori di riconoscere l'azienda in tutte le sue caratteristiche organizzative e comportamentali, per esempio gli slogan, i colori istituzionali, il logo (Siano, Vollero, Siglioccolo, 2015).

La corporate identity è dunque il modo di esprimere la corporate personality e di differenziarsi nel panorama competitivo: il modo di farsi riconoscere da tutti gli stakeholder.

Corporate image o percezione

La *corporate image o percezione* è il modo in cui l'insieme delle parole e dei segni che esprimono la corporate identity vengono recepiti dagli interlocutori in un determinato momento e in una determinata situazione. E' quindi ciò che rimane impresso nella mente degli interlocutori. I segni espressi dall'azienda vengono selezionati dai filtri percettivi degli interlocutori. Leggere un articolo sull'azienda o vedere uno video che presenta l'azienda significa entrare in contatto con l'azienda che si è mostrata attraverso segni e messaggi per evocare idee e valori (Siano, Vollero, Siglioccolo, 2015).

Corporate reputation o reputazione

Come già definito nel capitolo 1 di questo volume, la *reputazione* è il consolidamento nel tempo delle percezioni dell'azienda nella mente dei suoi stakeholder.

La reputazione positiva si costruisce comunicando in modo coerente e costante nel tempo la corporate identity in maniera unica, autentica e distintiva. Al contempo la reputazione è frutto di un processo più complesso in cui l'azienda non è il solo attore. Infatti, la formazione della reputazione è influenzata dai valori e dalle convinzioni proprie degli interlocutori e da circostanze esterne quali l'ambiente, la comunicazione dei concorrenti, l'operato delle istituzioni, i messaggi che divulgano i media. La reputazione è cioè il risultato della sedimentazione di tutti gli stimoli che nel tempo l'interlocutore ha recepito a partire da comportamenti e comunicazioni dell'impresa (Birgit, Stadler, 1986).

Il manager della comunicazione d'impresa presidia l'allineamento tra corporate identity, corporate image e reputazione. Corporate personality e corporate identity sono proprie dell'azienda che gestisce il processo per la loro definizione. Corporate image e corporate reputation invece derivano dalle prime e risiedono negli schemi percettivi e cognitivi degli stakeholder.

Come già richiamato nel primo capitolo di questo volume, i tratti che dovrebbero contraddistinguere la comunicazione dell'impresa contemporanea perché essa sia efficace sono:

- *distintività*: la capacità dell'impresa di mostrarsi come diversa e distinta rispetto alle aziende concorrenti
- *autenticità*: la capacità di realizzare una comunicazione veritiera e diretta, espressione autentica dei valori e della storia
- *trasparenza*: l'attitudine dell'impresa a mostrarsi aperta verso i propri interlocutori e pronta a rispondere alle richieste che le possano essere fatte
- *coerenza*: l'univocità delle comunicazioni in tutti i luoghi e in tutti i momenti, evitando contraddizioni o dissonanze.

2.2 Dal posizionamento ai messaggi chiave: costruire una narrazione strutturata, coerente, efficace

Il management è chiamato a definire cosa l'impresa intende fare, dove vuole andare, in che direzione vede la sua evoluzione futura e dal punto di vista della comunicazione d'impresa come vuole esprimere tutto questo. Sulla base della missione, della visione e dei valori definite dal top management, è indispensabile realizzare un processo di posizionamento per definire come comunicare gli elementi distintivi della personalità dell'azienda, attraverso messaggi chiave e una visual identity che costituiranno gli elementi di base della narrazione dell'impresa stessa.

La missione

La missione è la ragione di esistere e il fine primario dell'azienda (Cornelissen, 2017). Definisce il territorio d'azione dell'azienda e rappresenta il baricentro di tutte le sue decisioni e azioni. Dà un indirizzo all'azione dell'azienda per evitare che essa si discosti da quel percorso che potrebbe rendere meno forte la sua corporate personality.

Un'azienda tuttavia può decidere di rivedere la propria missione attraverso un processo strategico che gestisca tutte le conseguenze strategiche che questo potrebbe comportare.

La visione

La visione è lo stato futuro che l'azienda desidera perseguire per se stessa. È l'aspirazione dell'azienda rispetto alla direzione verso muoversi: è formulata dal top management e richiede l'energia e l'impegno di tutte le risorse dell'organizzazione per essere perseguita (Cornelissen, 2017).

I valori

I valori detti anche corporate o core values sono i principi fondamentali sui quali un'azienda fonda il proprio essere impresa e i propri comportamenti.

Sono quei riferimenti generali per l'azione che guidano la sua condotta in tutte le attività e relazioni verso l'interno e verso l'esterno. Sono fondamenti irrinunciabili dell'azienda e devono essere espressi in maniera chiara, forte e precisa.

I valori possono essere più o meno teorici e afferire alla sfera etica o pratici e indirizzarsi alla modalità di azione dell'impresa. È importante che essi siano il meno possibile generalisti e che nascano dal confronto con la storia dell'azienda e con il proprio ambito e contesto.

Un insieme di valori strutturato e coerente può aiutare l'azienda nell'indirizzo quotidiano del proprio business e nella costruzione di reputazione sul medio periodo.

Dalle modalità di relazione con i collaboratori e i clienti, al rispetto dell'ambiente e delle comunità in cui l'impresa opera, i corporate values indicano e indirizzano i comportamenti.

Bisogna altresì ricordare che i valori sono scelte che richiederanno di prendere posizione e che consentiranno o impediranno determinate azioni dell'azienda o del singolo che ne è parte.

Questa scelta configurerà l'agire dell'azienda per un tempo lunghissimo o addirittura per sempre.

Eccellenza, integrità, attenzione al cliente, determinazione nel raggiungimento dell'obiettivo, cura per la comunità, impegno per l'ambiente sono alcuni dei valori che è frequente ritrovare in molte organizzazioni.

Il posizionamento

Il posizionamento è il processo attraverso il quale l'azienda analizza la propria personalità e identifica il proprio modo di definirsi e comunicarsi in maniera distintiva al fine di creare il modo in cui l'azienda viene percepita nella mente degli interlocutori e come questi la distinguono dalle altre aziende.

È un processo che include indagini per analizzare i valori, la storia, le percezioni esterne e interne e che messe a sistema servono a condensare in un'allocuzione più o meno breve: chi è l'azienda, perché è diversa, verso cosa rivolge il proprio impegno.

È il primo fondamentale passaggio della costruzione della corporate identity. Dal processo di posizionamento derivano:

- il corporate statement, che sistematizza missione, visione e valori
- i messaggi chiave e la visual identity alla base della corporate identity.

I messaggi chiave

I messaggi chiave sono l'insieme delle informazioni che vanno a costruire la narrazione dell'organizzazione. La definizione dei messaggi chiave implica un approccio strutturato che identifica tutti gli elementi e gli ambiti dell'espressione verbale.

In pratica l'azienda identifica tutte le declinazioni possibili degli elementi contenuti nel posizionamento, nella missione e nella visione e le fa diventare gli elementi base di qualunque comunicazione.

È un perimetro che consente la coerenza complessiva della narrazione e che facilita la vita del manager di comunicazione.

L'organizzazione viene quindi raccontata sempre nello stesso modo, con le stesse informazioni, tono e modalità.

La visual identity

La visual identity è l'insieme delle modalità grafiche e dei simboli che vanno a costruire l'espressione dell'organizzazione sul piano visivo. Anche in questo caso sussiste una strettissima necessità di coerenza e aderenza in tutte le manifestazioni dell'impresa o della marca.

La narrazione aziendale

La narrazione è il racconto che l'azienda intende fare di sé, i temi che decide di mettere in evidenza, il tono, i mezzi, le occasioni in cui comunicare. Questi costituiscono gli elementi fondamentali della propria narrazione e questa avrà sfumature e angoli diversi a seconda degli stakeholder ai quali si rivolge.

L'efficacia della narrazione è fondamentale poiché da essa deriva la capacità portare a sé l'interlocutore e attivare con esso una vera relazione.

La narrazione aziendale è il sistema complessivo di storie che l'azienda racconta. Può poi dare luogo all'individuazione di singole storie in grado di mettere in luce specifici episodi, comportamenti o messaggi dell'organizzazione.

In termini di narrazione si prendono in considerazione non tanto il complesso degli stakeholder quanto gli interlocutori, cioè coloro con cui l'azienda decide di entrare in relazione e a cui intende rivolgere la propria attenzione con le proprie comunicazioni (cfr. capitolo 9 di questo volume).

Nel suo narrarsi l'azienda deve innanzitutto identificare a chi vuole dirigere il proprio racconto. In marketing si usa il termine «target». Nella sensibilità della comunicazione d'impresa ciò viene tradotto con il termine di interlocutori.

La narrazione è il ponte in grado di congiungere l'interesse dell'organizzazione con quello degli interlocutori a cui si rivolge. La narrazione è il contenuto della relazione. La relazione funzionerà se l'azienda avrà definito in modo efficace la narrazione nel tono, nel canale, nella modalità.

Diversi interlocutori e diverse storie devono comunque necessariamente ricomporsi in un unico disegno coerente con l'identità complessiva dell'organizzazione.

La costruzione della narrazione segue alcuni passaggi che avvicinano questo processo a quello della pianificazione della comunicazione, oggetto del capitolo 9 di questo volume:

- definizione dell'obiettivo della comunicazione
- quali interlocutori voglio raggiungere e perché
- analisi degli interlocutori selezionati
- identificazione degli interessi di questi interlocutori
- individuazione delle storie che possano essere affini agli interessi degli interlocutori
- costruzione del contenuto del racconto (quali messaggi chiave da utilizzare)
- scelta del mezzo e della modalità con cui il racconto viene trasmesso agli interlocutori.

2.3 Gli strumenti: comunicazione scritta, video e multimedialità

Gli strumenti sono i mezzi attraverso i quali un'azienda realizza la corporate identity, per esprimere i tratti fondamentali della sua corporate personality e orientare la sua corporate image, cioè la sua percezione presso gli stakeholder. Gli strumenti attraverso i quali l'azienda si racconta sono molteplici e possono essere per esempio testi, immagini, video, account e pagine social.

I modi con cui un'organizzazione può comunicare la propria identità sono pressoché infiniti. L'impresa ha infatti a disposizione una serie molto vasta e in costante evoluzione di strumenti e di modalità espressive con cui trasmettere i propri valori e raccontare le proprie azioni.

Gli strumenti di comunicazione di fatto sono sempre meno analogici e sempre più digitali o immateriali. Per esempio, il video, si sta diffondendo moltissimo. Secondo Cisco, colosso globale dell'Information Technology, l'80% del traffico dati dell'Europa occidentale nel 2022 sarà generato dalla diffusione e fruizione di contenuti di tipo video (Cisco, 2018).

La parola scritta conserva un ruolo chiave soprattutto quando integrata con altri oggetti analogici: immagini, infografiche, i video e tutti gli elementi della visual identity.

Di seguito sono elencati gli strumenti più usati dalle aziende per raccontarsi ai propri interlocutori rimandando ad altri capitoli di questo volume la descrizione più dettagliata di alcuni di essi, per esempio quelli propri della comunicazione interna o della gestione delle relazioni con i media.

Monografia aziendale

La monografia aziendale è un saggio in cui l'azienda racconta la propria storia, il proprio presente, il proprio futuro, i propri valori, i propri uomini, le proprie strutture. Può avere la forma di un magazine o quella di una costosa edizione di prestigio.

Serve a presentare l'azienda a interlocutori diversi. A seconda del fatto che ci si voglia rivolgere a un interlocutore importante come istituzioni o mercati finanziari o a pubblici generalisti, l'azienda compie la scelta della veste editoriale. Per il primo tipo di interlocutore ricorrerà a un'edizione di prestigio con molte fotografie scattate anche da fotografi molto noti e con testi ricchi e accurati. In genere questo tipo di pubblicazione è in brossura e può avere anche molte pagine, talvolta volumi. La copertina è rigida o comunque di materiali importanti. Per interlocutori eterogenei l'azienda sceglierà invece uno strumento più agile con minor fogliazione, materiali meno costosi, testi meno impegnativi. Gli svantaggi di questo strumento sono il costo, la distribuzione e la difficoltà di aggiornamento dei contenuti.

Per queste ragioni la monografia ha un uso sempre più limitato ed è sempre più spesso sostituita dal sito web corporate, nei quali è possibile trovare ogni tipo di informazione sull'azienda con il vantaggio di essere aggiornabile in continuazione.

Company profile

Il company profile è un documento abbastanza snello, di una o più pagine, molto funzionale con cui l'azienda si racconta a interlocutori primari per lo più a interlocutori specializzati, per esempio analisti finanziari o media (cfr. il capitolo 4 di questo volume per approfondire l'utilizzo di questo strumento a fini di gestione delle relazioni con i media).

Può trattarsi di una versione estremamente semplificata dei contenuti della monografia aziendale o di una selezione di contenuti molto mirata per determinati interlocutori. Può essere un factsheet finanziario o il documento di base di una cartella stampa. È il modo più efficace per esporre i contenuti più importanti dell'azienda all'interlocutore che ha risorse di tempo limitate per documentarsi. Agile, veloce, informativo, efficace, di basso costo, sempre più spesso è diffuso in forma digitale.

Brochure o leaflet

La brochure è composta di poche pagine punzonate e il leaflet è un pieghevole. Sono strumenti attraverso i quali l'azienda si presenta a interlocutori di genere molto diverso e in cui il contenuto di immagini o infografiche prevale in genere sui testi. La brochure generalmente non supera le 24 facciate, il leaflet è generalmente a 2 facciate piegate in 3 o in 4.

Servono per lo più a dare una conoscenza di base e allo stesso tempo di impatto dell'azienda in occasione di eventi, fiere, manifestazioni. I contenuti sono di carattere generale e lo scopo è principalmente promuovere l'azienda e i suoi prodotti.

I costi di stampa dipendono dalle scelte grafiche e dalla tipologia del materiale cartaceo su cui sono stampati. Per la natura e lo scopo per cui sono fatti, i costi sono generalmente contenuti in modo da poterne stampare alcune migliaia.

Servono come primo contatto con l'azienda. È quindi importante mettere bene in evidenza i riferimenti di contatto e del sito web per consentire un successivo ulteriore approfondimento.

Presentazioni istituzionali

Le presentazioni istituzionali sono strumenti prodotti in genere in Power Point, Keynote o Prezi, in cui l'azienda presenta se stessa in forma più o meno concisa e molto visiva come introduzione a clienti, potenziali clienti e altri interlocutori, a supporto di un racconto dal vivo durante un meeting o per essere inviate via e-mail.

Sono lo strumento principe di presentazione di un'azienda. La cura del contenuto e della forma è fondamentale perché è il volto diretto dell'azienda.

La presentazione è divisa generalmente in: agenda, corporate statement, numeri e highlights, approfondimenti e contatti.

Una presentazione efficace non supera le 30 slide, considerando che ogni slide viene presentata in due o tre minuti. Sempre più frequente vengono inserite infografiche e video e ciò muta il flusso della presentazione.

Una presentazione con una grafica non appropriata e accurata può far percepire l'azienda nella maniera sbagliata. I template della presentazione devono essere coerenti con la visual identity aziendale e la mancanza di refusi sono simbolo di coerenza e attenzione dell'organizzazione ai dettagli, quindi indizio della sua serietà.

House organ e magazine

L'house organ o magazine è uno strumento cartaceo o digitale a cadenza periodica che serve a tenere informati collaboratori, clienti e stakeholder delle novità aziendali e come mezzo di condivisione della cultura e dei valori dell'azienda (cfr. il capitolo 3 di questo volume per approfondire l'utilizzo di questo strumento a fini di comunicazione interna).

Anche in questo caso, come per altri strumenti presi in considerazione in precedenza, sempre più spesso è prodotta in formato digitale.

Caratteristica fondamentale dell'house organ e del magazine è la ripetizione della struttura e paragrafatura per ogni numero. Come per un periodico, il lettore deve poter trovare in modo immediato la parte che gli interessa di più. È di grande efficacia perché al di là del contenuto la ricezione dell'house organ o del magazine è un'occasione di relazione continuativa con l'interlocutore. Chi lo riceve ha una sorta di attesa nel riceverlo e questa attesa è momento in cui la relazione si rinsalda. L'house organ e il magazine sono la modalità privilegiata per mantenere una relazione costante e continua con gli interlocutori di riferimento.

Newsletter

La newsletter è una pagina in formato cartaceo o digitale a cadenza periodica anche giornaliera con cui l'azienda comunica le proprie novità in modo immediato a tutti i collaboratori o agli utenti iscritti (cfr. il capitolo 3 di questo volume per approfondire l'utilizzo di questo strumento a fini di comunicazione interna).

È di fatto una versione più sintetica e immediata dell'house organ o del magazine. Anche questo tipo di strumento è sempre più spesso in formato digitale e contiene in modo crescente contenuti video. Una buona newsletter dovrebbe poter essere letta in cinque minuti, rimandando a link specifici per gli approfondimenti di eventuale interesse per il lettore.

La newsletter per interlocutori interni o esterni è di grande efficacia potenziale e tuttavia deve avere un layout grafico accattivante, essere facilmente leggibile e avere contenuti specifici e differenzianti, poiché le newsletter sono oggi molto numerose. L'interlocutore deve poter individuare subito il vantaggio che trae dal leggerla.

Video istituzionale

Il video istituzionale è un film di lunghezza dai 3 ai 20 minuti che racconta l'azienda nella sua completezza, in alcuni casi in maniera più fattuale e in altri casi in modalità più artistica. È l'alter ego video della monografia aziendale. Il video istituzionale è il racconto visivo dell'azienda e può assumere molteplici funzioni. In diversi tagli e con lunghezze differenti può diventare filmato di presentazione dell'azienda in occasioni particolari o riunioni importanti, strumento per la coesione aziendale o pillole video da usare sui social network.

Girare un video istituzionale è operazione complessa e può richiedere anche molti mesi di lavoro. Le figure professionali coinvolte sono molteplici ed è necessario ricorrere a risorse esterne: sceneggiatori, registi, operatori delle luci e del suono. Il successo del video nasce in ogni caso all'interno all'azienda e dalla capacità di condensare in pochi minuti l'essenza stessa dell'impresa selezionando gli elementi della storia più rilevanti da raccontare.

Gli investimenti richiesti sono significativi e pertanto le aziende di prassi decidono di produrre un video istituzionale con bassa frequenza, per esempio in occasione di grandi eventi, di modifiche societarie importanti o di cambi di strategia, di anniversari e celebrazioni.

Bilancio e annual report

Il bilancio è un documento legale obbligatorio che rendiconta la vita economica dell'azienda e che deve essere redatto ogni anno. Solo le aziende quotate in borsa hanno l'obbligo di pubblicazione, tutte hanno comunque l'obbligo di deposito presso la Camera di Commercio. La sua struttura è vincolata da precise normative.

È quindi un documento che ha una regolamentazione rigida e che lascia poco spazio alla creatività. Viene generalmente redatto dal dipartimento legale dell'azienda con apporti da tutte le funzioni dell'impresa. Ci sono comunque delle aree del bilancio che raccontano la vita e le intenzioni dell'organizzazione. Esse sono scritte dal manager di comunicazione insieme al top management e includono indicazioni rilevanti che contribuiscono a definire la reputazione al di là dei meri numeri.

L'annual report è una pubblicazione spesso legata alla pubblicazione del bilancio annuale che racconta tutti gli highlights della vita aziendale nell'anno di riferimento. Non è vincolato a normative, tuttavia assume spesso modalità standard. Può essere cartaceo o digitale. È in definitiva la forma narrativa del bilancio. In questo caso, la veste editoriale, la presenza di immagini di forte impatto, di infografiche e di informazioni legate alle attività di corporate social responsibility contribuiscono in maniera forte alla costruzione della reputazione aziendale.

L'annual report viene distribuito a tutti gli stakeholder per agevolare la conoscenza dei comportamenti dell'organizzazione. L'annual report ha in qualche modo sostituito la monografia aziendale ed è diventato uno strumento di comunicazione sempre più rilevante. I singoli contenuti del report sono inoltre di prassi elementi molto preziosi della comunicazione digitale e vengono distribuiti lungo l'anno attraverso i canali social corporate dell'azienda.

Bilancio di sostenibilità e sustainability report

Il bilancio di sostenibilità e il sustainability report sono strumenti cartacei o digitali che raccontano l'impegno dell'azienda sul fronte della sostenibilità economica, ambientale e sociale secondo uno schema preciso. Il bilancio di sostenibilità fa riferimento a norme internazionali, il sustainability report assume invece forma più narrativa. Dal 2017 il bilancio di sostenibilità è diventato obbligatorio per le grandi aziende con più di 500 dipendenti e attivo dello stato patrimoniale sopra i 20 milioni di euro e/o ricavi sopra i 40 milioni di euro. Sono dichiarazioni non finanziarie e rappresentano il fondamentale strumento di trasparenza verso gli stakeholder su questi temi.

Come per l'annual report, il sustainabilty report è uno strumento importantissimo per la comunicazione dei comportamenti dell'azienda sui temi legati alla sostenibilità. È lo strumento di comunicazione più importante dell'azienda su questo specifico tema genera spesso molteplici attività di comunicazione a supporto al di là della sua pubblicazione e diffusione. Il sustainability report viene presentato ogni anno tra marzo e maggio e trova visibilità in giugno, mese dedicato alla sostenibilità a livello internazionale.

Sito web istituzionale

Il sito web istituzionale è la primaria vetrina per l'azienda e principale porta d'accesso a tutte le informazioni istituzionali, che cioè riguardano l'azienda in quanto tale. Può assumere forme molto classiche e standard o avere contenuti creativi anche molto importanti, fino a diventare vero sito di informazione per il comparto di riferimento.

La storia dell'azienda, l'organizzazione, i valori, il management, i mercati, le sedi, le unità produttive, il personale sono alcuni dei temi che di frequente sono raccontati in questa tipologia di siti.

È sempre più frequente trovare aziende che decidono di adottare la forma del brand journalism (cfr. il capitolo 5 di questo volume). In tal caso i siti web gestiti dall'azienda diventano magazine digitali che raccontano le storie e i mondi della azienda attraverso articoli scritti da giornalisti o esperti del settore.

Il sito può diventare anche un portale di accesso a molteplici mini-siti che esplorano ambiti diversi dell'azienda.

Lo sviluppo di un sito corporate aziendale nasce dalla decisione dell'azienda di avere un dialogo diretto con i propri stakeholder e di essere percepita come aperta, trasparente, raggiungibile. Talvolta il sito aziendale e quello di marca coincidono. Nel caso in cui l'azienda abbia più brand o abbia una necessità forte di presentarsi come organizzazione i siti azienda/marca vivono separatamente sebbene collegati.

Account aziendali sui social media

Sempre più le aziende raccontano anche il proprio lato istituzionale attraverso i social media, in genere distinti da quelli di brand o di prodotto. I canali servono soprattutto come strumento di engagement con gli stakeholder di primo livello e gli opinion leader. A seconda dei settori produttivi, i canali più usati a questo scopo sono Linkedin, Twitter, Facebook e Instagram (cfr. il capitolo 8 di questo volume per approfondire l'utilizzo di questi strumenti).

L'account aziendale è ben più di una vetrina ed è un impegno da non trascurare. Ha senso aprire un account social solo se l'azienda ha contenuti importanti da diffondere e se accetta di mettersi in gioco e di dialogare con i propri stakeholder.

App

Talvolta le aziende possono decidere di usare le applicazioni mobili per raccontare il proprio lato istituzionale. Le app sono soprattutto legate alla fornitura di un servizio, a meno di contenuti informativi ad alto valore aggiunto. Per questo in genere hanno un successo contenuto, misurato in numero di download e di accessi.

Il costo di sviluppo è considerevole e in un'ottica di comunicazione corporate è uno degli strumenti che produce meno valore reale sulla crescita della reputazione e sulle dinamiche di dialogo con gli stakeholder primari.

Intranet

La Intranet è il mezzo più utilizzato dalle grandi aziende per la comunicazione interna per la diffusione delle informazioni in tempo reale a tutta l'organizzazione, soprattutto in caso di aziende con sedi diffuse su base geografica. È di fatto un portale il cui accesso è limitato ai collaboratori dell'azienda tramite e-mail aziendale e talvolta di autenticazione (cfr. il capitolo 3 di questo volume per approfondire l'utilizzo di questo strumento a fini di comunicazione interna).

Lo sviluppo di una Intranet coinvolge investimenti importanti e richiede continui aggiornamenti per essere uno strumento vivace e di reale efficacia. Per le aziende di maggiori dimensioni rappresenta uno strumento irrinunciabile.

Il governo della Intranet è in genere di pertinenza della Direzione Comunicazione Corporate e nello specifico della funzione Comunicazione interna, che la gestisce in coordinamento con la Direzione Risorse Umane.

Video e audio digitali

La comunicazione di qualsiasi tipo è ormai sotto forma di video. Le aziende si avvalgono in forma stabile di strutture di produzione video talora anche interne incaricate di produrre comunicazioni, interviste, storie, contenuti informativi o di intrattenimento che vengono poi diffusi attraverso i media digitali proprietari, per esempio sito web, Intranet e canali social.

È oggi indispensabile pensare la comunicazione video in maniera contemporanea alle altre forme di comunicazione e pertanto il professionista sempre più deve conoscere le dinamiche di uso e composizione dei video. Se un tempo per il manager di comunicazione era *conditio sine qua non* saper scrivere, oggi è necessario che egli sappia in aggiunta organizzare la comunicazione in ottica visiva.

A seconda della necessità, i video possono essere delle micropillole di pochi secondi per la diffusione via social media, fino a produzioni complesse utili allo storytelling aziendale. Possono dunque richiedere investimenti minimi o molto significativi.

Anche i comunicati stampa ormai vengono diffusi con il supporto di video, pensati per la diffusione attraverso i portali digitali di informazione o per le televisioni (cfr. il capitolo 4 di questo volume per approfondire l'utilizzo di questo strumento a fini di gestione delle relazioni con i media).

Molto recentemente sta prendendo sempre più piede la narrazione dei temi aziendali attraverso il solo formato audio utilizzato in funzione podcast. I podcast sono di facile utilizzo, richiedono risorse limitate, possono essere confezionati in tempi molto ridotti e diffusi sui siti, sui social media o inviati via WhatsApp. Incontrano una sempre più diffusa tendenza a usufruire di contenuti solo audio da parte di interlocutori molto variegati.

2.4 Visual identity o identità visiva

La comunicazione dell'identità aziendale passa in maniera importante attraverso la sua componente visiva. Essa costituisce spesso il primo impatto con l'interlocutore e un elemento fondamentale per la sua identificabilità. Include in primo luogo il marchio, con i suoi elementi di logo e simbolo, e il manuale di corporate identity.

Marchio, logo, simbolo

Il marchio è l'espressione grafica e simbolica dell'identità aziendale ed è l'unione di due componenti: il logo e il simbolo.

Il *logo* è la declinazione del nome dell'organizzazione secondo una forma e un lettering specifici, identificati con un processo creativo complesso che tiene in considerazione tutti gli aspetti valoriali dell'organizzazione.

Il *simbolo* è un segno grafico creativo che contraddistingue in modo inequivocabile il marchio fino a diventarne l'icona.

In casi particolari di aziende molto note si può arrivare a omettere il nome dell'azienda usando solo il simbolo, per esempio Nike, McDonald's e Mastercard.

Manuale di corporate identity

È un manuale di riferimento che presenta l'identità aziendale e di marca. Adeguarsi al manuale è obbligatorio.

Il manuale di corporate identity è un documento in formato cartaceo o digitale che riporta gli elementi dell'identità aziendale.

Il manuale di identità aziendale riporta gli elementi definiti attraverso il processo di posizionamento:

- *corporate statement*: dichiarazione che sintetizza la corporate identity definendo missione, visione e valori aziendali
- *brand o core values wheel*: è un'infografica che mette in evidenza i valori di azienda o della marca e il loro sviluppo nei vari territori di applicazione. È una modalità grafica a forma di ruota che mette il corporate statement al centro e i valori lungo le varie direttrici della ruota. Andando verso la periferia del cerchio i valori troveranno le loro applicazioni in specifici territori d'azione. Per esempio, a integrità corrisponderanno rapporti con i collaboratori e rapporti con i fornitori. Sulla quarta corona circolare del cerchio si troveranno le azioni specifiche attraverso le quali i valori prendono vita e da intenzione diventano atto.
- *caratteristiche grafiche e simboliche del marchio e loro applicazioni*: il manuale di identità aziendale codifica come è fatto fisicamente il marchio: il suo colore, la sua forma, il suo significato, la sua applicazione, i materiali con cui eventualmente costruirlo.
- *colori, pattern, sfondi ammessi o vietati*: ogni volta che il marchio viene usato o fatta qualsiasi comunicazione dell'azienda devono essere usati specifici colori, tessiture di sfondo, font. Tutti questi elementi non sono liberi bensì codificati per consentire che qualsiasi comunicazione sia immediatamente identificabile come proveniente da quell'azienda.
- *formati, aree di rispetto*: il manuale di corporate identity codifica le norme grafiche per l'esecuzione di qualsiasi materiale come carta da lettere, monografie, uso di foto o modalità video. L'elenco completo e totale delle norme tecniche di esecuzione dei materiali
- *elenco completo dei do's and dont's*: la lista delle cose delle buone pratiche e degli usi vietati di materiali, foto, video, testimonial. La summa

di cosa fare e cosa non fare nello svolgimento dell'impostazione grafica e di contenuti dell'azienda.

Conclusioni

Ogni volta che le persone hanno a che fare con un'azienda, con un prodotto o con un brand, incontrano delle sue manifestazioni: segni, parole, immagini. Ogni attività di comunicazione efficace ha alla base una serie di scelte strategiche e operative ragionate, sia essa una monografia aziendale, un video, una pubblicità, un comunicato stampa o un articolo di giornale.

Alla base della comunicazione d'impresa è necessario prevedere sempre un attento studio che parte dalla definizione del perimetro in cui si muove l'azienda, la sua sfera d'azione, la direzione verso la quale vuole orientare il proprio futuro.

È la riflessione del management che decide quali vogliono essere la missione e la visione che indirizzano i comportamenti dell'azienda. Tramite il processo di posizionamento, missione e visione sono declinati in messaggi chiave ed elementi di visual identity. È questo il volto che l'interlocutore dell'azienda vede, il primo contatto con essa: la corporate identity. L'interlocutore entra in contatto con l'identità ma dietro ad essa c'è la personalità dell'azienda: essa si riflette nella sua identità, che produrrà una percezione nell'interlocutore. Tale percezione a sua volta diventerà giudizio e nel tempo reputazione.

Dietro un canale social, dietro una cartella stampa, dietro un video promozionale, perfino dietro un gadget promozionale come un cappello da baseball è necessario dunque un lavoro sistematico e disciplinato, che investe il management, il manager di comunicazione e l'intera azienda.

Recap

Dopo aver studiato questo capitolo, lo studente:

- saprà distinguere alcuni concetti chiave della disciplina: corporate personality, corporate identity, corporate image o percezione e corporate reputation o reputazione
- conoscerà in cosa consiste il processo di posizionamento e distinguerà i concetti di missione e visione, che sono componenti chiave della corporate personality espressi tramite la corporate identity
- conoscerà i principali strumenti attraverso i quali l'organizzazione comunica la corporate identity ai propri interlocutori per generare una corporate image coerente e una reputazione positiva.

CAPITOLO

3

La comunicazione interna

di Alessandra Mazzei e Alfonsa Butera

Obiettivi di apprendimento

- Inquadrare la comunicazione interna nel contesto della comunicazione d'impresa e gli interlocutori di riferimento
- Distinguere aree e tipologie di comunicazione interna specifiche e riconoscerne le specificità
- Conoscere i principali strumenti per la comunicazione interna e i criteri per la loro scelta e gestione
- Comprendere le dinamiche di adozione e utilizzo di uno strumento emergente di comunicazione interna, i social media interni

3.1 Cosa è la comunicazione interna

Un'impresa non potrebbe esistere e funzionare senza comunicazione, in particolare al suo interno. Quindi innanzitutto esiste una comunicazione che avviene all'interno delle organizzazioni: essa esiste di fatto, perché le persone sempre comunicano fra loro per trovare uno scopo comune, concordare su obiettivi e lavorare insieme. Accanto a questa comunicazione spontanea e inevitabile, esiste quella gestita in modo strategico dai manager e dagli specialisti di comunicazione. Essa è quell'ambito della comunicazione d'impresa con cui l'azienda si rivolge ai collaboratori intesi come stakeholder di primaria importanza (Cornelissen, 2017; Men, Bowen, 2017; Yeomans, FitzPatrick, 2017; Verčič *et al.*, 2012; Heide, Simonsson, 2011; Mazzei, 2010b, 2009 e 2004b; Welch, Jackson, 2007; Kalla, 2005).

In letteratura vengono utilizzati delle espressioni sinonime in riferimento alla comunicazione interna, quali comunicazione organizzativa (Goldhaber, 1993), comunicazione con i collaboratori (Mazzei, 2018b e 2015b), relazioni interne o relazioni con i collaboratori (Men, Bowen 2017).

Ogni azienda ha interesse a gestire in modo strategico la comunicazione interna per raggiungere una serie di obiettivi.

In primo luogo, gestire la comunicazione interna in modo strategico è fondamentale per consentire ai collaboratori di conoscere e comprendere quali sono gli obiettivi dell'azienda e qual è la strategia per perseguirli. Parallelamente, essa li aiuta a comprendere come possono contribuire personalmente al raggiungimento di tali obiettivi attraverso la loro attività lavorativa.

In secondo luogo, la comunicazione interna contribuisce a stimolare il senso di identificazione con l'azienda e con gli altri collaboratori, migliorando così le relazioni interne (Yeomans, FitzPatrick, 2017).

In terzo luogo, una gestione strategica della comunicazione interna a comunicazione interna è opportuna per favorire un autentico dialogo fra l'azienda e i collaboratori e relazioni aperte e ispirate alla fiducia (Yeomans, FitzPatrick, 2017).

Infine, lo sviluppo della prospettiva della comunicazione strategica nel decennio passato (Hallahan *et al.*, 2007) ha posto l'accento sulla comunicazione interna come mezzo per sostenere i collaboratori nel dare un senso alla complessità all'interno e all'esterno dell'azienda. In questo senso la gestione della comunicazione interna è particolarmente rilevante quando un'azienda attraversa un momento di cambiamento o trasformazione (Yeomans, FitzPatrick, 2017; Mazzei, 2009 e 2014b).

Comunicare in modo continuativo ed efficace con i collaboratori genera alcuni benefici:

- favorisce il commitment e il senso di appartenenza dei collaboratori
- migliora la produttività e le performance dei collaboratori, poiché fa sì che essi comprendano meglio il senso del loro lavoro, di procedure e decisioni aziendali
- aiuta a ridurre il turnover, cioè la fuoriuscita delle persone che lasciano l'azienda.

In quest'ottica, la comunicazione interna gestita in modo strategico è uno degli elementi chiave per favorire l'*engagement* dei collaboratori (Mazzei, 2018b; Yeomans, FitzPatrick, 2017). I collaboratori *engaged* sono quelli che agiscono in modo focalizzato rispetto agli obiettivi dell'organizzazione sia nello svolgimento delle loro mansioni sia in attività che esulano dal ruolo lavorativo prescritto (Mazzei, 2018b).

> In sintesi, la comunicazione interna è definita come l'insieme delle attività, strumenti, flussi e strategie che l'azienda gestisce per essere in relazione con i propri collaboratori al fine di: far comprendere ai collaboratori quali sono gli obiettivi dell'azienda e come essi possono supportarli; favorire l'identificazione dei collaboratori con l'azienda, il loro senso di appartenenza, il dialogo e l'engagement; sostenere i collaboratori nel dare senso a ciò che avviene all'interno e all'esterno dell'azienda.

3.2 Aree e tipologie della comunicazione interna

In riferimento alla comunicazione interna, è possibile distinguere diverse aree e tipologie che ne costituiscono specifici ambiti.

Cornelissen (2017) distingue due principali *aree* della comunicazione interna:

- la *comunicazione manageriale*, che si concretizza nella relazione fra i manager e i suoi collaboratori
- la *comunicazione interna gestita dalla Direzione Comunicazione (o dall'Ufficio Comunicazione interna)*, che si concretizza attraverso i sistemi di informazione e comunicazione interni (CICS: Corporate Information and Communication Systems).

La *comunicazione manageriale* fa riferimento alla comunicazione fra il manager e i collaboratori a lui sottoposti, cioè fra un capo e i suoi collaboratori (Cornelissen, 2017). La comunicazione assolta dai top manager dell'azienda, ad esempio dall'amministratore delegato, può essere ricondotta a tale ambito e costituisce l'area più specifica della *comunicazione di leadership*.

I manager spendono molto del loro tempo comunicando, spesso in modalità face-to-face, cioè attraverso la comunicazione interpersonale. Utilizzano anche email, videoconferenze o software aziendale impiegato per la gestione delle comunicazioni aziendali.

La comunicazione manageriale è responsabilità dei manager, tuttavia i professionisti che operano nella Direzione Comunicazione sono chiamati ad assolvere al ruolo di consulenti nei confronti dei manager stessi, per aiutarli a essere comunicatori efficaci. In questo senso dovrebbero anche promuovere una vera e propria formazione nei loro confronti per aiutarli a sviluppare le abilità di comunicazione.

I manager dovrebbero impegnarsi in conversazioni con i collaboratori, essere modelli di ruolo, credere nei valori del brand per essere credibili e, soprattutto, agire come sense-makers (Mazzei, 2018b). Comunicando con i collaboratori, devono cioè aiutarli a dare senso a ciò che avviene nell'azienda e favorire l'identificazione degli obiettivi dei collaboratori con quelli dell'organizzazione (Heide, Simonsson, 2011).

La *comunicazione interna gestita dalla Direzione Comunicazione* ha un focus più allargato rispetto alla diade manager-collaboratore (Cornelissen, 2017). Essa implica il ricorso a tecnologie e sistemi di comunicazione adottati in azienda (CICS: corporate information and communication systems), che consentono di disseminare le informazioni relative all'azienda a tutti i collaboratori. Viene di norma gestita dalla Direzione Comunicazione o dall'Ufficio Comunicazione interna, che si occupa di pianificare e realizzare le iniziative di comunicazione interna in modo strategico in funzione degli obiettivi dell'azienda.

La comunicazione interna gestita può essere ritagliata sulle esigenze di particolari gruppi di stakeholder interni e assolve in particolare al compito di (Men, Bowen 2017):

- fornire informazioni rilevanti a tutti i collaboratori per sostenerli nel raggiungimento degli obiettivi di lavoro e nello svolgimento delle loro mansioni

- costruire una comunità organizzativa in cui sussistano forti relazioni fra i collaboratori e in cui essi si identifichino con l'azienda.

La comunicazione manageriale e la comunicazione interna gestita possono distinguersi a loro volta in tre *tipologie*, a seconda del senso del loro fluire:

- dall'alto verso il basso (*top-down* o *downward*)
- dal basso verso l'alto (*bottom-up* o *upward*)
- orizzontale, cioè tra colleghi di pari livello gerarchico

La *comunicazione top-down* o *downward* fa leva sia sulla comunicazione interpersonale sia su strumenti di comunicazione mediata, come magazine aziendali, email, blog e newsletter, per trasmettere informazioni sull'azienda, sulle sue performance e su come i collaboratori stessi possono contribuire a tali performance. Riguarda il flusso di informazioni che parte dall'alto della gerarchia organizzativa verso i livelli più bassi della piramide aziendale.

Sia la comunicazione manageriale sia la comunicazione interna aziendale gestita attraverso i CICS alimentano il flusso top-down. Insieme, esse contribuiscono a fornire a ciascun collaboratore sia informazioni generali che arrivano dal vertice dell'azienda (comunicazione interna aziendale) sia informazioni più specifiche che provengono dai loro capi diretti (comunicazione manageriale) (Cornelissen, 2017).

La *comunicazione bottom-up* o *upward* è quella che fluisce dai collaboratori verso i manager all'interno dell'azienda. Riguarda informazioni relative ai collaboratori stessi che la attivano, ai loro colleghi, oppure alle pratiche e alle policy organizzative. Agevolare la comunicazione dal basso verso l'alto è importante perché fa sì che i collaboratori possano esprimere le loro idee e trasferire la loro conoscenza diretta dei clienti, dei prodotti, delle pratiche e dei processi aziendali, al fine di migliorare l'azione dell'organizzazione. La comunicazione bottom-up che consente la libera espressione dei collaboratori è fondamentale ai fini dell'engagement (Mazzei, 2018b).

La comunicazione bottom-up avviene principalmente nel dialogo fra manager e collaboratori ma può essere promossa anche attraverso specifici strumenti e iniziative di comunicazione interna aziendale. Ad esempio, i CICS possono includere sistemi di comunicazione come la Intranet con funzionalità social per permettere la libera espressione dei collaboratori, oppure nel contesto degli eventi aziendali rivolti ai collaboratori può essere data a questi ultimi la possibilità di fare domande ai manager o esprimere la loro opinione sulle informazioni ricevute (Cornelissen, 2017).

La *comunicazione orizzontale* si verifica nei gruppi di lavoro e tra persone che operano in funzioni e direzioni diverse. La sua funzione è lo scambio di informazioni e conoscenze e la soluzione di problemi condivisi. Può essere di tipo formale, per esempio quando si realizza nel corso di riunioni di lavoro. Oppure informale quando avviene in modo spontaneo, per esempio nel corso di momenti di socializzazione fra i colleghi. Un tipico luogo della comunicazione orizzontale informale è la macchinetta del caffè.

Tramite la comunicazione bottom-up e quella orizzontale tra colleghi, i collaboratori sono essi stessi comunicatori. Un'ampia parte della comunicazione che si verifica dentro un'azienda è realizzata dai collaboratori, che quindi sono degli stakeholder sia destinatari sia attivatori di comunicazione (Zerfass, Franke, 2013; Frandsen, Johansen, 2011; Heide, Simonsson, 2011; Kim, Rhee, 2011; Rensburg, de Beer, 2011; Mazzei, 2010b).

3.3 Gli strumenti della comunicazione interna

Lo specialista di comunicazione interna ha a disposizione un'ampia gamma di strumenti fra cui scegliere per perseguire i propri obiettivi di comunicazione interna. Essi possono distinguersi in (Mazzei, Quaratino, 2019):

- strumenti *pull* o *push* di comunicazione
- strumenti *digitali* o *analogici*
- strumenti *partecipativi* o *bottom-up*

Gli strumenti *push* sono inviati al collaboratore su spinta dell'azienda (ad esempio una email o una newsletter recapitata a tutti i collaboratori). Gli strumenti *pull* sono invece quelli che sono resi disponibili per un uso discrezionale da parte dei collaboratori (ad esempio un video sulla intranet o un webinar, cioè un seminario digitale che può essere fruito sul portale web interno aziendale).

Gli strumenti *digitali* sono quelli supportati da tecnologie digitali, che si sviluppano online o che consentono alle persone di relazionarsi in un contesto virtuale. Gli strumenti *analogici* sono invece quelli più consolidati e includono gli strumenti *cartacei*, che implicano un processo di stampa e la riproduzione su un supporto cartaceo, e gli strumenti *face-to-face*, che implicano un'interazione fra le persone in un contesto fisico, non virtuale.

Gli strumenti *partecipativi* sono quelli che offrono una possibilità di partecipazione e interazione da parte dei collaboratori e sono gestiti dall'azienda, come ad esempio un'indagine di engagement. Gli strumenti *bottom-up* sono invece quelli attraverso cui i collaboratori possono prendere l'iniziativa per esprimere suggerimenti, opinioni e anche dissenso, come ad esempio spazi sui social media interni.

L'ampio spettro di strumenti a disposizione del comunicatore interno è in continuo divenire. In questo testo vengono illustrati i principali: eventi interni, newsletter e magazine aziendali, poster, sistemi di digital signage,

Intranet, TV aziendale, social media interni, email, comunicazione a cascata.

Gli *eventi interni* possono essere realizzati secondo molteplici formule. Fra essi è opportuno menzionare:

- le *convention* o *town hall*, eventi che si rivolgono a tutta la popolazione aziendale e coinvolgono tipicamente i top manager in prima persona come relatori. Sono utilizzate in primo luogo per condividere periodicamente aggiornamenti importanti sulla vita e la strategia aziendale. Possono assumere formule più o meno interattive ed essere trasmesse via web per consentire la partecipazione di collaboratori distribuiti in sedi o paesi diversi
- i *roadshow*, serie di eventi che vengono replicati in più sedi o per più segmenti di collaboratori
- le *celebrazioni aziendali*, eventi organizzati in occasioni di specifiche ricorrenze aziendali.

Le *newsletter* e i *magazine aziendali* sono pubblicazioni che possono assumere diversa periodicità. La newsletter è in formato digitale e viene in genere inviata via email ai collaboratori su base settimanale o mensile, rimandando in genere alla Intranet per approfondimenti e per la fruizione di particolari contenuti come i video. Il magazine o house organ è invece in formato cartaceo, ha in genere finalità di approfondire maggiormente notizie e contenuti con le tecniche dello storytelling e può avere periodicità anche molto lunga (bimestrale, trimestrale, quadrimestrale).

I *poster* consentono di comunicare in modo creativo in relazione a temi specifici presso gli uffici o gli impianti produttivi e vengono dunque impiegati in campagne di comunicazione interna su argomenti puntuali. Sono tipicamente degli strumenti cartacei, che possono essere anche riprodotti in formato digitale per la comunicazione sui canali online.

I *sistemi di digital signage* sono sistemi digitali che abilitano la comunicazione nei luoghi fisici con maggiore flessibilità rispetto agli strumenti cartacei. Sono tipicamente impiegati per trasmettere contenuti di carattere informativo, con la possibilità di apportare aggiornamenti semplici e veloci (ad esempio, quali sono gli eventi del giorno nella sede dell'azienda o aggiornamenti sul titolo aziendale in borsa). Consentono anche di veicolare contenuti digitali più complessi, ad esempio relativi a specifiche campagne di comunicazione interna, inclusi i video. Danno anche la possibilità di differenziare i contenuti trasmessi per sede aziendale o per orario.

La *Intranet* è un portale web aziendale accessibile solo ai collaboratori tramite autenticazione. Può essere inteso come portale di servizi o informativo e includere funzionalità social, blog affidati ai top manager, canali video. Può essere utilizzato anche come contesto digitale in cui attivare iniziative di *employee-generated content*, cioè iniziative in cui i collaboratori sono invitati a produrre loro stessi dei contenuti (foto, video, testi) e a condividerli online.

La *TV aziendale* è un'emittente che produce contenuti video su diversi temi di rilevanza per l'azienda, realizzati secondo formati e linguaggi televisivi. Tali contenuti sono trasmessi tipicamente via web, sulla Intranet o attraverso i sistemi di digital signage adottati nelle diverse sedi aziendali.

I *social media interni* sono piattaforme che replicano nel contesto aziendale i sistemi di social networking che i collaboratori sperimentano nella vita privata per attivare nell'azienda nuove dinamiche di collaborazione, ad esempio tramite community online e forum. Un approfondimento su queste piattaforme è disponibile nel paragrafo seguente.

Le *email* sono comunicazioni inviate tramite i sistemi di messaggistica email aziendali che è possibile inviare a tutto lo staff o a gruppi specifici di collaboratori. Tipicamente sono impiegate per trasmettere contenuti informativi.

La *comunicazione a cascata* è una particolare modalità di comunicazione manageriale strutturata, in cui le informazioni vengono trasferite lungo la catena gerarchica attraverso riunioni di team che procedono dal vertice della piramide verso il basso. In tali riunioni i responsabili di ciascun team si fanno portavoce dell'azienda nel trasferire i contenuti, attivando un confronto con i collaboratori su tali temi.

I criteri per la scelta

La scelta fra i diversi strumenti dipende dunque in primo luogo dall'*obiettivo di comunicazione*. Ogni strumento può aiutare a raggiungere diversi obiettivi, ma non tutti sono adatti per raggiungere uno specifico obiettivo. Ad esempio, se il raggiungimento di uno specifico obiettivo presume la necessità di una comunicazione interattiva con i collaboratori, saranno da escludere strumenti cartacei come il magazine aziendale, mentre saranno adatti strumenti face-to-face come gli eventi e le riunioni o quelli digitali come la Intranet con funzionalità social. Ugualmente, uno strumento push come l'email può essere più indicato quando la rilevanza dell'informazione da trasferire è tale da necessitare che tutti la ricevano, e non sia sufficiente affidarsi alla discrezionalità del collaboratore nel decidere se consultare o meno informazioni messe a disposizione in modalità pull.

La scelta dipende anche dal *tipo di collaboratori da raggiungere e dal loro numero*. Ad esempio, per comunicare agli operai di uno stabilimento produttivo che non dispongono di un'email aziendale sarà molto difficoltoso e poco efficace ricorrere a comunicazioni digitali.

Anche la *tempestività* con cui è necessario diffondere un'informazione o un contenuto guida la scelta fra le diverse tipologie di strumenti disponibili. Il magazine mensile può risultare ad esempio poco adatto a comunicare un'informazione urgente, mentre può risultare molto utile per raccontare storie aziendali che aiutino a costruire il senso di comunità e a promuovere i valori aziendali (Yeomans, FitzPatrick, 2017).

Lo specialista di comunicazione interna dovrebbe tenere in ogni caso in considerazione le preferenze dei collaboratori per tipologie di strumenti più o meno interattivi. In questo senso è da sottolineare la rilevanza dell'ascolto dei collaboratori (Yeomans, FitzPatrick, 2017), anche al fine di valutare l'efficacia dei diversi strumenti nel trasmettere specifici messaggi o contenuti.

Particolare attenzione nella scelta degli strumenti di comunicazione interna è necessaria quando essa è impiegata per sostenere e agevolare il cambiamento organizzativo (Yeomans, FitzPatrick, 2017; Mazzei, 2009) e nei casi di crisi aziendale (Mazzei, Ravazzani, 2011).

I collaboratori sono tipicamente più propensi a sostenere iniziative di cambiamento se sono coinvolti nella loro pianificazione e nel loro sviluppo. Tuttavia non è sempre pratico o opportuno coinvolgere tutti i collaboratori in tali iniziative (Yeomans, FitzPatrick, 2017).

È opportuno dunque che l'azienda identifichi i gruppi di collaboratori che è necessario coinvolgere più direttamente di altri in funzione delle loro capacità, della loro esperienza, della loro autorità e del tipo di impatto che il cambiamento avrà su di loro. In base a questo, lo specialista di comunicazione interna selezionerà e svilupperà gli strumenti più opportuni da impiegare, che potranno essere di tipo push o pull, digitali, cartacei o face-to-face, in funzione dell'intensità del cambiamento che si deve sostenere e del livello di coinvolgimento dei diversi pubblici interni in tale cambiamento (Figura 3.1).

Figura 3.1 La scelta degli strumenti per la comunicazione del cambiamento.
Fonte: Yeomans, FitzPatrick (2017)

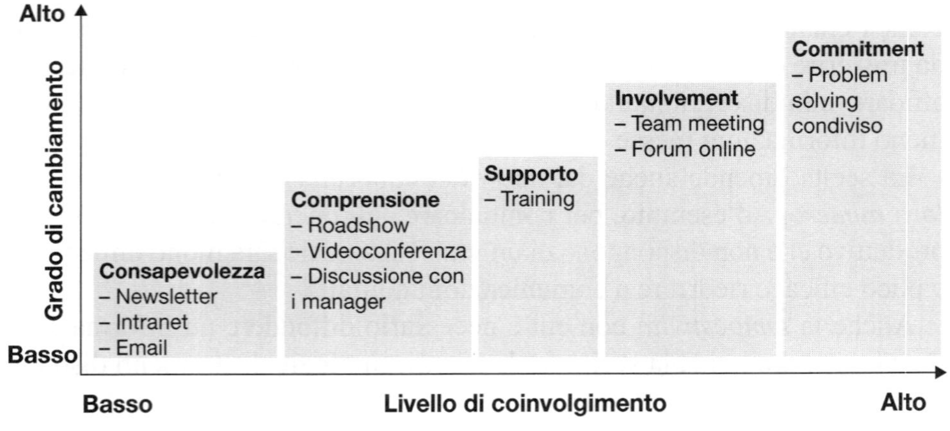

3.4 Uno strumento emergente: i social media interni

I social media sono considerati canali sempre più rilevanti per entrare in dialogo con gli stakeholder (Macnamara, Zerfass, 2012). Se molta attenzione viene riservata alla relazione con gli stakeholder esterni, è ugualmente rilevante prestare attenzione all'impiego dei social media per la gestione della relazione con gli stakeholder all'interno, cioè i collaboratori dell'impresa.

In effetti, i social media interni stanno generando molto interesse negli ultimi anni sia in ambito professionale sia in ambito accademico per via dei potenziali benefici che essi possono apportare. Si tratta di strumenti che imitano quelli disponibili nel mondo esterno, ad esempio Facebook o Twitter, con l'obiettivo di favorire le conversazioni e il dialogo interattivo fra i collaboratori (Yeomans, FitzPatrick, 2017).

Di fatto promuovono una *comunicazione orizzontale* fra i collaboratori, che non segue cioè né il flusso top-down né quello bottom-up tipici della comunicazione manageriale o della comunicazione interna aziendale.

I social media interni stanno generando l'interesse delle aziende in quanto considerati facilitatori per (Yeomans, FitzPatrick, 2017):

- la *co-creazione*, fornendo nuove modalità digitali per mettere insieme le persone al fine di trovare soluzioni nuove per una particolare sfida
- la *collaborazione*, consentendo alle persone con un problema o un'attività comune di supportarsi a vicenda con lo scambio di consigli, documenti e informazioni
- la *comunità*, aiutando le persone con interessi lavorativi o extra-lavorativi comuni a connettersi con gli altri.

I social media interni consentono di agevolare le cosiddette *community of practice*, gruppi di collaboratori accomunati da un progetto specifico o da un interesse professionale comune. Le comunità di pratiche rappresentano un "taglio" diverso della struttura organizzativa, che non riflette la tipica struttura gerarchica o funzionale dell'organigramma aziendale (Cornelissen, 2017).

Un'ulteriore ragione che spiega il maggior impiego dei social media all'interno delle aziende è la loro capacità di soddisfare una pluralità di bisogni centrali per le nuove generazioni (Mohammad, Lenka, 2018): bisogni affettivi (di collaborazione), cognitivi (di raccolta delle informazioni, condivisione delle conoscenze, apprendimento dagli altri), sociali (di relazione e comunicazione) e personali (di riconoscimento della persona e delle proprie opinioni).

L'adozione dei social media interni vuole dunque assecondare le modalità di comunicazione a cui i collaboratori più giovani sono maggiormente avvezzi, garantendo in questo modo lo sviluppo e la ritenzione dei talenti.

Tali generazioni preferiscono i social media in particolare per le attività legate a scambio di conoscenze e discussione in gruppi, mentre continuano ad apprezzare canali tradizionali come incontri con il management, intranet e newsletter per informazioni organizzative strategiche e di carattere generale (Friedl, Verčič, 2011).

A fronte dei potenziali benefici riconosciuti circa l'impiego dei social media interni, la loro adozione da parte delle aziende non è tuttavia una scelta unanime. Una serie di fattori contestuali influiscono sulla scelta di adottare i social media interni (Denyer *et al.*, 2011), ad esempio le dimensioni e le risorse organizzative, la capacità di assorbimento, che è correlata alla storia aziendale in termini di innovazione e attività di ricerca, la difficoltà nel definire il successo dell'operazione, il commitment da parte del top management, la mancanza o disponibilità di routine consolidate per la gestione di nuove pratiche, la mancanza di conoscenza procedurale vitale e la mancanza o disponibilità di competenza.

Anche quando le aziende scelgono di adottare tecnologie di social media al proprio interno, non è scontato che i collaboratori le utilizzino attivamente. Madsen (2017) sottolinea ad esempio che essi possono scegliere di non usare i social media interni se non riconoscono in essi uno strumento utile per instaurare un nuovo tipo di comunicazione orizzontale, un'efficace alternativa ai canali di comunicazione interna già esistenti o una via per migliorare il loro modo di lavorare. Non li utilizzano inoltre per esprimere le loro idee, suggerimenti, preoccupazioni, o opinioni su questioni relative al lavoro, se percepiscono che tale apertura si rivelerà inutile o controproducente per la propria immagine.

Anche la cultura organizzativa e lo stile di management, attraverso un approccio "aperto" anziché "chiuso", rappresentano fattori connessi all'uso attivo dei social media interni da parte dei collaboratori (Chin *et al.*, 2015; Baptista, Galliers, 2012). Per favorirlo, l'azienda deve alimentare un'atmosfera di fiducia: i collaboratori devono sapere di poter contribuire e il top management dimostrarsi coinvolto nell'uso di questi strumenti dando l'esempio e mettendo in pratica quanto suggerito dai collaboratori (Trimi, Galanxhi, 2014; Denyer *et al.*, 2011).

A proposito dei possibili ostacoli all'utilizzo dei social media interni da parte dei collaboratori, Yeomans e FitzPatrick (2017) richiamano infine il fatto che le persone ricordano meglio ciò che leggono quanto utilizzano un mezzo cartaceo anziché un mezzo digitale: questo ridurrebbe dunque la propensione dei collaboratori a utilizzare piattaforme digitali come i social media interni.

Il Centre for Employee Relations and Communication (CERC) dell'Università IULM ha realizzato uno studio su 143 aziende italiane per indagare a largo spettro lo stato e le dinamiche evolutive della comunicazione interna in Italia e in questo ambito hanno raccolto indicazioni sullo stato dell'adozione dei social media interni da parte delle aziende italiane. Il 63% dei responsabili della comunicazione interna delle aziende coinvolte nello studio ha affermato che la propria azienda possiede dei social media interni oppure funzionalità social nella intranet. L'indagine ha dunque fatto emergere un elevato livello di adozione da parte delle aziende italiane (Mazzei, Quaratino, 2019).

I responsabili della comunicazione interna coinvolti nell'indagine hanno inoltre indicato in che misura i social media interni consentono di raggiungere una serie di benefici, su una scala da 1 a 5, nella propria percezione. In ordine decrescente, la rilevanza dei benefici proposti è risultata: attivare nuove modalità di conversazione tra azienda e collaboratori (3,84); aumentare l'engagement dei collaboratori (3,68); favorire la gestione dei progetti fra funzioni e sedi diverse (3,60); fare emergere l'intelligenza collaborativa, cioè generare idee dal basso (3,59); migliorare la comunicazione peer-to-peer (3,59); rispecchiare il grado di innovazione tecnologica che le persone sperimentano nel privato (3,41); aumentare la produttività e la flessibilità (3,08); stare al passo con una pratica di moda, pur non avendo un'utilità specifica (2,68). I rispondenti si sono dunque rivelati consapevoli delle potenzialità dei social media interni soprattutto rispetto alla loro utilità per aprire nuove modalità di dialogo e conversazione fra azienda e collaboratori e per sostenere l'engagement di questi ultimi.

I responsabili della comunicazione interna si sono anche espressi in merito ai fattori che nella loro percezione ostacolano l'adozione dei social media interni da parte delle organizzazioni, anche al di là del caso specifico della propria azienda. Con valori medi espressi su una scala da 1 a 5, la rilevanza degli ostacoli proposti è risultata, in ordine decrescente: cultura organizzativa poco propensa (3,86); difficoltà a valutare il valore generato (3,66); timore di perdita di controllo (3,29); mancanza di conoscenze e competenze (3,09); indisponibilità di budget (2,78); timore di una riduzione dei contatti face-to-face (2,37). La cultura organizzativa è indicata dunque dai rispondenti quale principale ostacolo all'adozione dei social media interni: verosimilmente, quando essa non è aperta al dialogo, non favorisce la collaborazione ed è poco incline alla partecipazione, è più difficile che l'azienda si attivi in progetti di implementazione dei social media interni.

Infine, è stato chiesto ai responsabili della comunicazione interna coinvolti nell'indagine di indicare nella loro percezione in che misura una serie di motivi frenino l'uso dei social media interni da parte dei collaboratori, su una scala da 1 a 5, anche al di là del caso specifico della propria azienda. In ordine decrescente, sono risultati rilevanti i seguenti motivi: mancanza di sponsorship dei top manager o dei capi diretti (3,48); scarsa dimestichezza dei collaboratori più anziani con questo tipo di strumenti (3,23); rischio di interventi non pertinenti dei collaboratori (3,09); autocensura dei collaboratori (2,95); percezione dei social media interni da parte dei collaboratori come strumenti futili e non legati al lavoro (2,75); percezione di perdita di tempo (2,27); difficoltà a ricordare informazioni ricevute online (2,25). Secondo i rispondenti all'indagine, la principale barriera all'utilizzo dei social media interni è dunque lo scarso commitment del management rispetto a questi strumenti: leader che non mostrano di sposare le logiche dei social media interni e che non danno l'esempio sono il primo deterrente a un utilizzo attivo di questi strumenti da parte dei collaboratori.

In sintesi, lo studio ha fatto emergere come le aziende italiane siano consapevoli dei potenziali benefici che i social media interni possono loro offrire. In particolare, le aziende possono fare leva su questi strumenti per alimentare il dialogo fra azienda e collaboratori e per sostenere l'engagement di questi ultimi.

Dallo studio la cultura organizzativa emerge come un fattore chiave che induce le aziende ad adottare o meno i social media interni. La scelta di impiegare questo tipo di strumenti in azienda può rivelarsi in effetti inefficace se i valori organizzativi non si sposano con il tipo di comunicazione tipicamente associata a questi strumenti: interattiva, partecipativa, votata alla collaborazione e anche aperta al dissenso.

I risultati dell'indagine evidenziano inoltre che il commitment del top management e dei people manager è cruciale per favorire un fattivo e concreto utilizzo dei social media interni da parte dei collaboratori. Anche nel caso dei social media interni, l'esempio della leadership risulta fondamentale per il successo organizzativo.

Recap

Dopo aver studiato questo capitolo, lo studente:

- saprà fornire una definizione di comunicazione interna aziendale e conoscerà quali sono gli obiettivi perseguibili attraverso una sua gestione strategica
- distinguerà la comunicazione manageriale dalla comunicazione interna gestita dalla Direzione Comunicazione e la comunicazione top-down da quella bottom-up e da quella orizzontale
- riconoscerà le diverse tipologie di strumenti di comunicazione interna: push o pull, digitali o analogici, partecipativi o bottom-up
- conoscerà le principali caratteristiche dei più comuni strumenti di comunicazione interna impiegati dagli specialisti e i criteri impiegati per scegliere quali utilizzare in funzione degli obiettivi di comunicazione
- conoscerà i motivi che spingono un numero crescente di aziende a impiegare i social media interni e al contempo gli ostacoli che portano alcune imprese a non adottarli e le ragioni che frenano i collaboratori dall'utilizzarli quando disponibili.

CAPITOLO

4

La gestione delle relazioni con i media

di Alfonsa Butera

Obiettivi di apprendimento

- Comprendere come la gestione delle relazioni con i media si situa nel più ampio ambito della comunicazione d'impresa
- Comprendere gli obiettivi della gestione delle relazioni con i media
- Conoscere il concetto di notizia
- Conoscere le principali tipologie di media
- Comprendere come le caratteristiche dei media influenzano le strategie dell'azienda nella relazione con gli stessi
- Conoscere le principali teorie di riferimento per la gestione delle relazioni con i media
- Condividere principi gestionali ed etici che agevolano una proficua relazione fra azienda e media
- Conoscere i principali strumenti di gestione delle relazioni con i media e alcuni principi per il loro uso efficace

Questo capitolo approfondisce una delle aree più consolidate della comunicazione d'impresa: la gestione delle relazioni con i media. Il primo paragrafo fornisce una definizione di gestione delle relazioni con i media e ne focalizza gli obiettivi. Evidenzia poi le caratteristiche della notizia, che assume un ruolo centrale nella relazione fra azienda e media. Il secondo paragrafo fornisce quindi una panoramica sui media, illustrando quali funzioni assolvono e quali tipologie è possibile distinguere ed evidenzia alcuni principi chiave del loro funzionamento. Il terzo paragrafo richiama poi alcune teorie volte a spiegare dinamiche fondamentali nella relazione fra media e imprese per la loro gestione operativa. Il quarto paragrafo delinea alcuni principi gestionali ed etici che dovrebbero guidare l'azione dello specialista di relazioni con i media nella sua attività, al fine di accrescerne l'efficacia. Infine il quinto paragrafo descrive i principali strumenti impiegati dalle aziende per gestire la relazione con i media e alcune pratiche seguite in particolari circostanze.

4.1 Cosa è la gestione delle relazioni con i media

Questo paragrafo inquadra la gestione delle relazioni con i media nel più ampio ambito della comunicazione d'impresa e ne delinea gli obiettivi. Approfondisce poi il concetto di notizia, l'oggetto attorno a cui ruotano le attività di gestione delle relazioni con i media.

4.1.1 La gestione delle relazioni con i media nella comunicazione d'impresa

Come introdotto nel capitolo 1 di questo volume, la gestione delle relazioni con i media (*media relations*) è una delle aree della comunicazione d'impresa, nello specifico legata alla gestione strategica delle relazioni con i media intesi come una specifica categoria di stakeholder.

La gestione delle relazioni con i media è tra le attività che più vengono associate alla comunicazione d'impresa (Cornelissen, 2017) e si occupa di facilitare e coordinare la comunicazione e le relazioni fra un'organizzazione e i media (Cornelissen, 2017; Johnston, 2013). Come già delineato nel capitolo 1, si tratta di una gestione delle relazioni che vuole essere strategica, in coerenza con il fine ultimo della comunicazione d'impresa di stabilire e mantenere una reputazione favorevole per l'azienda.

I media sono un gruppo di stakeholder in sé, portatori del legittimo diritto di vigilare e porre questioni ai soggetti che nella società esercitano un potere o un'autorità (Bailey, 2017). Nello specifico, i media rientrano nella categoria degli stakeholder secondari (cfr. il capitolo 1), quelli cioè che non intrattengono con l'azienda delle transazioni di carattere economico e ciononostante sono interessati a essa e possono a loro volta avere un'influenza sull'azienda. I media possono diventare stakeholder primari quando l'azienda intrattiene con essi relazioni di natura economica, per esempio per realizzare degli investimenti pubblicitari.

Il gruppo di stakeholder denominato in modo complessivo con il termine media include i giornalisti, i produttori di contenuti editoriali, gli editori, i citizen journalist e gli influencer digitali che sviluppano e controllano i contenuti veicolati dai media cartacei, radio-televisivi e digitali.

Come tutta la comunicazione d'impresa, la gestione delle relazioni con i media deve essere sempre pianificata e realizzata in coerenza con la strategia di comunicazione d'impresa nel suo complesso, a sua volta sviluppata al fine di sostenere la strategia di business dell'impresa e i suoi obiettivi.

Ruolo dei media nella strategia di comunicazione dell'impresa: veicolo e fonte di contenuti

I media creano nel pubblico consapevolezza (*awareness*) o conoscenza rispetto a organizzazioni, cause, prodotti o persone (Hallahan, 2010). Per l'impresa rappresentano quindi dei canali per aumentare la propria visibilità e quella dei temi che essa ritiene rilevante promuovere al fine di raggiungere i propri obiettivi di business. Ciò è possibile gestendo le relazioni con essi affinché includano nei contenuti editoriali i messaggi che l'organizzazione intende diffondere.

L'impresa cerca dunque di mantenere buone relazioni con i media perché essi sono un **veicolo per raggiungere gli altri stakeholder**. Mira a ottenere una copertura (*coverage*) favorevole dei propri messaggi sui media, in quanto essi sono un canale credibile per comunicare con altri gruppi di stakeholder da cui dipende il successo dell'impresa, quali investitori, clienti, fornitori e collaboratori, e per influire in modo positivo sulla percezione che essi hanno dell'impresa (Cornelissen, 2017; Cutlip *et al.*, 2006). I media sono più credibili dell'azienda che comunica agli occhi degli stakeholder perché sono indipendenti dall'azienda e questo li rende più autorevoli: nella percezione degli stakeholder i media garantiscono veridicità e completezza dell'informazione.

Per l'impresa quindi i media rappresentano sia degli stakeholder in sé sia un tramite nella gestione delle relazioni con gli altri stakeholder.

La ricerca di visibilità favorevole sui media riporta al concetto di *publicity*, già richiamato nel capitolo 1 di questo volume quale obiettivo perseguito dalla comunicazione d'impresa fin dai suoi albori.

Il modo in cui i media rappresentano un'impresa può avere un'influenza significativa sulla sua reputazione, in quanto può mettere in luce un determinato tema relativo all'azienda o ne può accentuare la reputazione positiva o negativa che l'organizzazione già possiede (Cornelissen, 2017).

I media rappresentano anche una **fonte di contenuti** per l'impresa stessa rispetto al proprio settore di business, alle aziende concorrenti o partner, a eventi, prodotti, issue o trend rilevanti per il business, e in generale rispetto alla società in cui opera. In questo senso, per l'impresa i media sono un utile *strumento di analisi e monitoraggio* per comprendere meglio il contesto esterno in cui essa opera e per ottenere indicazioni rilevanti su come l'organizzazione stessa viene percepita dai propri stakeholder di riferimento.

Sono inoltre un importante strumento attraverso cui acquisire consapevolezza di issue che possono portare a situazioni critiche per l'impresa. Attraverso il monitoraggio dei media, infine, il dipartimento di comunicazione reperisce informazioni che sono utili per costruire contenuti da veicolare all'interno dell'organizzazione (Zerfass *et al.*, 2016).

L'attività di *media monitoring* è da ritenersi dunque una parte rilevante dell'attività di gestione delle relazioni con i media (Johnston, 2013) ed è utile per il dipartimento di comunicazione per sostenere una serie di processi interni all'organizzazione (Zerfass *et al.*, 2016).

In sintesi, la gestione delle relazioni con i media (*media relations*) è definita come l'area della comunicazione d'impresa focalizzata sulla gestione strategica delle relazioni con i media, intesi come gruppo di stakeholder a sé e al contempo come intermediari fra l'azienda e altri gruppi di stakeholder. Obiettivi della gestione delle relazioni con i media sono: accrescere la visibilità dell'azienda e dei messaggi per essa rilevanti attraverso canali ritenuti credibili dai propri interlocutori, con il fine ultimo di stabilire e mantenere una reputazione favorevole; e ottenere informazioni utili a leggere il contesto in cui l'azienda opera e a comprendere come essa viene percepita dai propri stakeholder di riferimento, attraverso il continuo monitoraggio dei contenuti dei media.

4.1.2 Comunicare con i media: sviluppare i messaggi aziendali come notizie

Obiettivo primario delle relazioni con i media è ottenere visibilità per l'azienda. Ciò avviene facendo in modo che giornalisti ed editori inseriscano i messaggi rilevanti per l'azienda all'interno dei contenuti dei media per i quali essi lavorano. In particolare, il responsabile delle relazioni con i media mira a che i messaggi aziendali siano riportati in modo positivo al fine di influenzare in modo altrettanto positivo la percezione che gli stakeholder hanno dell'organizzazione. I media sono quindi degli intermediari dell'informazione tra l'azienda e i suoi stakeholder e per questo vengono anche indicati con l'espressione **infomediari**.

L'efficacia di questa azione è legata al fatto di riuscire a fornire ai produttori dei contenuti editoriali, ai giornalisti e agli infomediari del mondo digitale, dei messaggi aziendali sviluppati in modo da essere rilevanti per gli interlocutori finali dei media stessi: i lettori, i radioascoltatori, i telespettatori, gli utenti internet. In altre parole, gli specialisti delle relazioni con i media comunicano con questi ultimi per raggiungere per il loro tramite altri stakeholder.

In questo senso sviluppare contenuti adatti alle attività di gestione delle relazioni con i media può essere più complesso che sviluppare contenuti giornalistici (Johnston, 2013). Il giornalista vaglia il materiale a sua disposizione con l'obiettivo di scrivere storie di interesse per il suo pubblico. Lo specialista di relazioni con i media ha invece due obiettivi: sviluppare un messaggio utile a raggiungere un determinato obiettivo di comunicazione e allo stesso tempo interessante per il giornalista che si rivolge al suo pubblico. Deve cioè trovare il modo per trasmettere un messaggio rilevante per l'azienda sotto forma di notizia che sia appropriata agli interessi del giornalista.

La missione dello specialista di relazioni con i media è dunque individuare contenuti, storie, informazioni aziendali che hanno un potenziale per essere sviluppati sotto forma di notizia di potenziale interesse per i media e per trasmettere al contempo messaggi rilevanti per l'azienda.

È fondamentale quindi che lo specialista di relazioni con i media conosca quali sono le caratteristiche che rendono un **contenuto notiziabile** (ovvero *newsworthy*) cioè con carattere di notizia di interesse per i media. Una notizia è sempre una rappresentazione della realtà che viene costruita partendo da una particolare prospettiva di lettura di un fatto.

Le notizie possono essere differenziate in (Johnston, 2013):

- *notizie soft*: fanno riferimento a storie di interesse umano, legate cioè a esperienze personali, originali o bizzarre, e spesso non hanno una notazione temporale di urgenza
- *notizie hard*: sono quelle a carattere di urgenza, con una maggiore forza per l'impatto che possono avere
- *notizie che accadono*: che succedono senza la volontarietà di un intervento umano
- *notizie che sono fatte accadere*: generate attraverso una consapevole azione umana, "create".

Criteri di notiziabilità

Le caratteristiche che possono rendere un contenuto, una storia, un'informazione notiziabile sono (Polo, 2017; Garbagnati, 2013; Johnston, 2013):

- *novità e originalità*: caratteristica di discontinuità o imprevedibilità di un contenuto rispetto al normale o rispetto al passato. La notizia è "qualcosa che puoi trovare oggi e che non sapevi prima… Qualcosa che abbia il fattore 'so what?'" (Johnston, 2013: p 119). In linea generale una notizia è nuova: qualcosa che non sia stato riportato in precedenza, a meno che non rappresenti uno sviluppo o offra una nuova angolatura su una storia già nota. In questo senso, un contenuto potrebbe non essere nuovo ed essere comunque ritenuto notiziabile per la sua originalità o unicità
- *emozionalità e interesse umano*: capacità di un contenuto di attirare l'attenzione attraverso un coinvolgimento emotivo del lettore. Questa caratteristica è tipica di quelle storie o informazioni che hanno delle ricadute concrete, positive o negative, sulla vita delle persone
- *interesse pubblico e impatto*: caratteristica di un contenuto che fa sì che la sua pubblicazione rientri nel ruolo specifico dei media, poiché quella notizia ha un impatto molto forte o allargato sulla comunità di riferimento del media o perché è legata a un personaggio di pubblico interesse
- *conflitto*: caratteristica di un contenuto che genera o alimenta un conflitto o una discussione conflittuale fra parti diverse
- *denaro*: caratteristica legata all'impatto economico-finanziario di un'informazione, storia o contenuto

- *prossimità*: caratteristica di un contenuto che esprime vicinanza *fisica* o *sociologica* rispetto al pubblico di riferimento. La vicinanza *fisica* emerge quando il fatto accade in un luogo vicino a quello in cui il destinatario del contenuto si trova o vive. La vicinanza *sociologica* è legata al fatto che la notizia è vicina agli interessi del destinatario del contenuto in relazione alla sua età e alla sua condizione familiare o professionale
- *rilevanza*: caratteristica di un contenuto che ricalca gli interessi del media prescelto e del suo pubblico di riferimento
- *autorevolezza della fonte*: caratteristica di un contenuto che è espressione di una fonte di riconosciuta esperienza e competenza su un determinato tema o rispetto a una determinata attività
- *chiarezza e intellegibilità*: capacità di un contenuto di rappresentare fatti e opinioni in modo tale che il pubblico di riferimento possa facilmente comprenderli.

In base a queste caratterizzazioni dei contenuti notiziabili, è evidente che un contenuto aziendale può essere costruito in molteplici modi affinché acquisisca la natura di notizia rispetto a media diversi e ai loro rispettivi pubblici. Ciò è possibile facendo leva sui diversi parametri di notiziabilità evidenziati.

4.2 I media: chi sono e come operano

Questo paragrafo dà una panoramica sui media: quegli interlocutori con cui l'impresa si relaziona per governare la propria reputazione e agevolare il perseguimento dei propri obiettivi di business. Dapprima vengono introdotte le funzioni assolte dai media e le varie tipologie in cui possono distinguersi. Viene quindi introdotto un modello per categorizzare i media in funzione del controllo che l'azienda può esercitare su di essi. Infine viene illustrato il funzionamento dei media visti come imprese.

4.2.1 Funzioni dei media

I media sono portatori del diritto di vigilare e porre questioni ai soggetti che esercitano un potere o un'autorità nella società (Bailey, 2017). A questo proposito per riferirsi ai media è stato utilizzato il termine "*quarto stato*" o "*quarto potere*", in rapporto alla funzione di sorveglianza da essi svolta nei confronti di chi detiene il potere nella società civile. In questo senso, ai media viene anche attribuito l'appellativo di *watchdog* (cane da guardia).

I media svolgono inoltre un ruolo fondamentale nella creazione e nell'orientamento dell'opinione pubblica, ponendo alla sua attenzione particolari temi e rappresentando i fatti secondo specifiche prospettive.

Nel definire i temi rilevanti per l'opinione pubblica, la cosiddetta agenda pubblica, i media sono coinvolti in processi di negoziazione di senso con diversi interlocutori, tra i quali attori politici, sociali e d'azienda. Badham

(2018) teorizza che in tali processi di negoziazione di senso i media possano adottare quattro ruoli diversi, in contemporanea o in momenti distinti: veicolo (*conduit*), facilitatore (*facilitator*), mediatore (*mediator*) e attore politico (*political actor*).

1. Nel ruolo di *veicolo* il media opera come canale per la trasmissione di messaggi, veicolando informazioni di norma non filtrate sui temi presenti nell'agenda di altri interlocutori. È per questa sua funzione di veicolo di contenuti che l'impresa si mette principalmente in relazione con i media, come già richiamato nel paragrafo 4.1.1
2. Nel ruolo di *facilitatore* il media offre un'arena a disposizione del proprio pubblico per portare avanti le loro istanze, tipicamente attraverso gli spazi d'interazione oggi disponibili online. Rende cioè possibile un flusso di comunicazioni multidirezionali fra i diversi attori sociali che compongono il pubblico del media e fra questi attori sociali e il media stesso
3. Nel ruolo di *mediatore* il media seleziona, dà forma editoriale e distribuisce interpretazioni e commenti su un determinato tema da parte di esperti selezionati. In questo ruolo opera in modo più attivo nel dare senso al tema oggetto di dibattito e alla posizione che diversi attori prendono rispetto a quel tema incluse le imprese
4. Nel ruolo di *attore politico* il media tende a dare voce a dati gruppi della società civile con l'obiettivo di mobilitare il proprio pubblico affinché sostenga o contesti determinate cause. A volte è grazie a questo ruolo dei media che trovano voce dei gruppi marginalizzati.

In base al ruolo o ai ruoli ricoperti da un media in uno specifico momento, lo specialista di relazioni con i media dovrà agire di conseguenza per essere efficace nell'ottenere attenzione, e la trattazione desiderata, per i propri temi d'interesse.

4.2.2 Tipologie dei media

Come già anticipato gli stakeholder con cui l'impresa si relaziona attraverso le attività di gestione delle relazioni con i media sono i *media*, tramite attraverso cui l'azienda può disseminare informazioni rilevanti per raggiungere i propri obiettivi di business. I media includono la stampa quotidiana e periodica, la radio e la televisione, le agenzie di stampa, i media digitali e i nuovi infomediari che l'impresa individua nei citizen journalist e negli influencer.

Media tradizionali, ibridi e transazionali

Altmeppen (2015 in Zerfass *et al.*, 2016) distingue tre tipologie di media:

- media *tradizionali*, per esempio emittenti TV e quotidiani, i cosiddetti mass media

- media *ibridi*, cioè media online e social media che non forniscono contenuti, bensì piattaforme per la distribuzione di contenuti tra i quali Facebook, Instagram, Twitter, LinkedIn, YouTube. I media ibridi si sovrappongono sempre più con i media tradizionali
- media *transazionali*, rappresentati da siti web come Amazon, in cui si svolgono transazioni e al contempo si veicolano contenuti e si creano connessioni fra le persone

Queste tre diverse tipologie di media (tradizionali, ibridi e transazionali) spesso collaborano fra loro e i loro servizi sono complementari. Per esempio, nel 2015 un gruppo di importanti editori afferenti ai media tradizionali fra cui New York Times, National Geographic, BBC News a livello internazionale e La Stampa, Corriere della Sera, La Repubblica a livello italiano, hanno iniziato a collaborare con Facebook per il lancio del servizio Instant Articles, promosso dal media ibrido e in seguito aperto a tutti gli editori. Nel tempo questo servizio non si è rivelato tuttavia di successo per gli editori e il suo sviluppo ha subito un arresto.

I media tradizionali coincidono con cosiddetti *mass media* e rappresentano un canale attraverso cui l'informazione può essere distribuita in modo rapido ed efficiente nello stesso tempo a un elevato numero di persone, a volte anche milioni (Wilcox *et al.*, 2014).

I mass media si dividono in quattro principali settori industriali: stampa, televisivo, radiofonico, web. Va detto che oggi uno stesso media può essere fruito in diversi canali o tecnologie. Per esempio, un'emittente radiofonica può essere ascoltata su Internet e un quotidiano può essere letto su carta così come in versione digitale dal PC o dai dispositivi mobili.

Le principali categorie di mass media sono: stampa quotidiana e periodica, radio, televisione, agenzie di stampa e digital media, e verranno illustrati qui di seguito.

Stampa quotidiana e periodica

La stampa rappresenta il primo mass media a essersi sviluppato. Già nel XIX secolo con la diffusione della "*penny press*" negli Stati Uniti i quotidiani sono diventati una fonte di informazione per un pubblico allargato incluse le fasce di popolazione meno abbienti grazie al fatto che i giornali costassero solo 1 penny, cioè un prezzo davvero basso.

I quotidiani vengono pubblicati e distribuiti su base giornaliera. Si differenziano in base al grado di specializzazione e all'ampiezza della diffusione.

In base alla specializzazione possono essere generalisti o specializzati. In Italia per esempio il Corriere della Sera o La Repubblica sono quotidiani generalisti; Il Sole 24 ORE è un quotidiano specializzato di tipo economico; Milano Finanza di tipo finanziario; Gazzetta dello sport e Corriere dello Sport di tipo sportivo.

Dal punto di vista dell'ampiezza della copertura geografica possono essere a diffusione nazionale o locale. Per esempio La Stampa è un quotidiano nazionale; Il Gazzettino, Gazzetta del Sud, Corriere Adriatico, L'Unione Sarda sono quotidiani locali.

I periodici si distinguono in primo luogo in base alla periodicità di uscita: esistono dunque settimanali, quindicinali, mensili, bimestrali, trimestrali, semestrali, annuari. Si differenziano in secondo luogo in funzione della tipologia di contenuti e del target di riferimento: esistono per esempio femminili, maschili, magazine di cucina, sport, cinema, automobilismo.

Radio e televisione

La radio e la televisione sono media molto diffusi e pervasivi della vita quotidiana. Per esempio, la radio viene ascoltata spesso in auto o in filodiffusione nei locali pubblici.

Così come la stampa, anche le emittenti radio o televisive possono essere generaliste, e rivolgersi dunque a un pubblico molto vasto con contenuti differenziati, oppure specializzate, e dunque focalizzate su specifici target di pubblico, come i bambini o le donne, o con contenuti mirati su specifici temi, come lo sport, la cucina, l'arte, la storia.

Molto rilevanti per le imprese e per gli specialisti di relazioni con i media sono le *emittenti all news*, che si occupano di informazione giornalistica a ciclo continuo.

In Italia esiste un sistema radiofonico e televisivo pubblico, gestito dalla Rai, e un sistema radiofonico e televisivo privato, che conta oggi molteplici operatori. Fra i principali operatori privati del settore televisivo in Italia vi sono Mediaset, Sky Italia, Discovery Italia e La7. Fra i principali operatori privati del settore radiofonico è possibile menzionare RadioMediaset, RMC Italia, Elemedia, Sole24ORE.

Anche nel settore radio-televisivo è possibile distinguere emittenti nazionali e locali, in base alla copertura geografica del segnale.

Agenzie di stampa

Le agenzie di stampa, quali Ansa, Reuters, AdnKronos rappresentano spesso i primi infomediari nel ciclo dell'informazione (Bailey, 2017; Pastore, Vernuccio, 2008). Sono infatti organizzazioni specializzate che forniscono un servizio d'informazione a vari tipi di media: quotidiani, riviste, emittenti televisive e radiofoniche e media online.

Fungono dunque da fonti qualificate per i mass media: effettuano una prima selezione e sintesi delle notizie, strutturandole nei cosiddetti "lanci" (*take* in inglese). I clienti delle agenzie di stampa sono gli altri media che si abbonano ai servizi delle prime. Il loro lavoro è molto prezioso per le redazioni di minori dimensioni e che non possono contare su numerose risorse in termini di giornalisti strutturati all'interno: una situazione oggi sempre più diffusa.

A oggi molte agenzie di stampa comunicano anche al largo pubblico in modo diretto e rendono disponibili parte dei loro lanci su Internet.

Digital media

Per *digital media* si intendono sia media nati online, per esempio portali d'informazione e siti web tematici, sia le emanazioni online dei media tradizionali come i siti web di quotidiani e riviste cartacee ed emittenti televisive e radiofoniche.

In effetti, negli ultimi 20 anni il mondo dei media è stato oggetto di una profonda trasformazione, con il diffondersi di nuove tipologie di media digitali con caratteristiche diverse da quelli tradizionali e la parallela evoluzione di questi ultimi. La principale causa di questa trasformazione è il diffondersi delle tecnologie Web 2.0, che hanno disintermediato l'informazione e portato alla nascita dei social media.

I media digitali favoriscono modelli di consumo dell'informazione in base ai quali le persone si aspettano accesso immediato ai contenuti, a ogni ora del giorno, ogni giorno. I media sviluppatisi direttamente online hanno nativamente abbracciato questo modello, i media tradizionali si sono evoluti per aderirvi.

In effetti anche i mass media tradizionali oggi sono di solito presenti su Internet e affiancano la versione web ai propri canali storici di distribuzione delle informazioni. Veicolano così i contenuti attraverso una varietà crescente di piattaforme inclusi i social media (Johnston, 2013). I quotidiani e le riviste cartacee dispongono dunque di una loro versione online. Anche le emittenti televisive e radiofoniche dispongono dei loro siti web e veicolano i loro contenuti tramite Internet.

Secondo l'"Osservatorio sulle testate online Rapporto 2018" dell'Autorità per le Garanzie nelle Comunicazioni (AgCom, 2018b) l'analisi delle audience delle testate online evidenzia il primato delle testate collegate ai media tradizionali. In primo luogo quelle della carta stampata come La Repubblica, Corriere della Sera e Il Messaggero. E in secondo luogo quelle TV come TGCOM24 e le agenzie di stampa come Ansa. Nelle prime posizioni rientrano comunque anche testate nate direttamente sul web e presenti solo online come Citynews, Nanopress e Fanpage.

I mass media tradizionali si sono digitalizzati perché spinti dalla concorrenza avvertita da parte dei nuovi media nati online e dai nuovi modelli di consumo dei media abbracciati dai loro pubblici (Hallahan, 2010). Aprirsi a Internet ha significato per i giornalisti dei media tradizionali modificare in modo significativo i loro tempi di lavoro: essi hanno dovuto adeguarsi alle aspettative dei loro pubblici che richiedono sul Web aggiornamenti in tempo reale.

Nelle proprie emanazioni sul Web i media tradizionali hanno introdotto anche funzionalità social, aprendo ai lettori la possibilità di commentare i loro articoli e di attivare conversazioni fra pari e con gli stessi giornalisti in merito ai contenuti editoriali. Tutto ciò ha generato un ulteriore cambiamento nei modelli di giornalismo perseguiti da questi media. Secondo Rusbridger (2010), capo redattore del Guardian, nella "*mutualised news organisation*" i lettori sono coinvolti nel processo di creazione dei contenuti: il giornalismo praticato dai mass media è oggi partecipativo.

In questo contesto la sfida del giornalista professionista rimane quella di contribuire al processo sviluppando le notizie e verificandole per garantire un'informazione veritiera. Questa sfida è resa difficoltosa dai tempi di lavoro sempre più ridotti a cui i giornalisti sono sottoposti per tenere il passo dei ritmi produttivi accelerati richiesti agli editori sul web e dal fatto che la forza lavoro giornalistica nelle redazioni è in costante riduzione per via dei minori ricavi.

Nuovi infomediari: citizen journalist e influencer

Le tecnologie Web 2.0 e i social media hanno distribuito nelle mani di tutti i cittadini il potere di divenire attori attivi nel processo della diffusione dell'informazione (Bailey, 2017; Davidson, 2017; Goodman, Hirsch, 2010; Hallahan, 2010; Argenti, 2009): le persone cioè non sono più fruitori passivi di contenuti sviluppati da altri, possono invece amplificare, rilanciandoli e condividendoli, contenuti creati da terzi e addirittura creare e diffondere propri contenuti, contribuendo così ad alimentare il flusso dell'informazione in maniera diretta.

Citizen journalist

Oggi "è 'giornalista' chiunque abbia una connessione Internet e qualcosa da dire" (Argenti, 2009:168[1]). È cioè diffuso il fenomeno del *citizen journalism*: ogni cittadino ha il potere e gli strumenti per generare notizie dal basso o contribuire a sviluppare notizie già esistenti con nuove informazioni e contenuti. Le persone leggono i contenuti presenti sul Web e poi li commentano e li condividono attraverso i social media. Possono anche produrli ex novo, pubblicandoli per esempio su blog personali. E sono in effetti gli stessi giornalisti dei media tradizionali a ricorrere in modo regolare ai social media come fonte di possibili notizie create dal basso dai citizen journalist.

[1] Traduzione dell'autrice.

Nello scenario della comunicazione social e digitale, la funzione di selezione, filtro e analisi delle informazioni che vengono trasmesse è dunque riservata a ciascun cittadino e non più ai soli giornalisti professionisti e ai media tradizionali in via esclusiva: la capacità di filtrare le informazioni sui social media è definita in particolare *curation* (Garbagnati, 2013). La mancanza di competenza nell'adoperare tale filtro porta all'emergente fenomeno delle fake news (vd. box).

LE FAKE NEWS

Il potere editoriale sempre più diffuso che caratterizza oggi la società grazie alle tecnologie web 2.0, ha un preoccupante risvolto della medaglia: l'esplodere del fenomeno delle fake news e la loro diffusione virale.

Fontana (2018) sottolinea che il "fake" è relativo alla "creazione di contenuti e fatti alternativi che mettono in scacco la conoscenza, il potere, l'obiettività" (Fontana, 2018:XVI). Adriani (2019) afferma allo stesso tempo che le fake news sono una rappresentazione oggettivamente falsa della realtà, che può essere perpetrata anche a fini diffamatori. Interessanti esempi in questo senso arrivano dal mondo politico, in cui spesso le fake news sono centrali nelle strategie elettorali. Si tratta di un problema che lo sviluppo di nuove tecnologie rischia di acuire in futuro: un uso scorretto dell'intelligenza artificiale consente ai produttori di notizie false di creare contenuti ancor più pervasivi e pericolosi che, a differenza delle false notizie basate su testi, si basano sulla forza della *computer-generated imagery* e sulla manipolazione di audio e video.

Secondo il Rapporto "News vs. fake nel sistema dell'informazione" dell'Autorità per le Garanzie nelle Comunicazioni (AgCom, 2018a), l'analisi sulla quantità di informazione prodotta in Italia rivela un innalzamento del volume informativo immesso nel sistema nel 2018, che costituisce l'anno di picco massimo. Nello specifico, le fonti riconducibili a Internet (siti di quotidiani, testate online, social network) si collocano al di sopra della curva di produzione: ciò significa che, a parità di numero dei giornalisti impiegati e di altre condizioni, esse propongono un'offerta di informazione maggiore rispetto ad altre tipologie di fonti.

Secondo AgCom, ciò indica un sovra-utilizzo dei giornalisti che incide in modo negativo sulla qualità dei contenuti informativi: poiché essi devono produrne in elevate quantità per le piattaforme online, i giornalisti devono riuscire a svolgere le proprie mansioni da un lato assecondando la velocità dei tempi di aggiornamento richiesti dai media digitali e dall'altro operando secondo le logiche di monetizzazione dei contenuti online, basate di norma sul numero di click ottenuti. L'attenzione nella raccolta delle informazioni e nella verifica delle fonti e il livello di approfondimento dei contenuti possono essere compromessi dai tempi ridotti a disposizione per eseguire queste operazioni, con conseguente riduzione della qualità dell'informazione offerta.

Sempre secondo AgCom (2018a), la stima dell'incidenza media dei contenuti fake sul totale dei contenuti informativi ha subito un incremento, passando dall'1% del periodo che arriva fino ad agosto 2017 (2% se si considerano soltanto i contenuti online) a circa il 6% del 2018 (10% dei contenuti online). Il 57% della produzione di contenuti fake riguarda argomenti di politica e cronaca, circa il 20% argomenti di carattere scientifico.

Centromarca, Associazione italiana dell'Industria di marca, ha evidenziato come il mercato dei beni di consumo sia molto esposto alle fake news: da un'indagine svolta nel 2018 è risultato che su un campione di 46 realtà rappresentative del settore in questione, 22 aziende sono state interessate dal fenomeno: quasi la metà. Fra queste, 16 appartengono al comparto alimentari e due di loro hanno subito oltre 8 attacchi di fake news fra il 2016 e il 2018 (Ferrario, 2019).

Adriani (2019) riporta la posizione di Gathman (2014), secondo cui le fake news tendono a propagarsi poiché le persone:

1. non leggono i contenuti che condividono

L'impresa deve fare i conti con la nuova capacità dei privati cittadini di cooperare al flusso dell'informazione. Essi, con le loro istanze di maggiore partecipazione alle conversazioni online e con le piattaforme a disposizione per distribuire loro contenuti, contribuiscono a influenzare l'opinione pubblica con una forza inimmaginabile in passato.

In questo scenario, lo specialista di relazioni con i media deve sviluppare, accanto alle strategie di gestione delle relazioni con i media tradizionali,

2. non valutano l'autorevolezza di specifiche fonti
3. sono solite muoversi in un ambito circoscritto dalle loro convinzioni, secondo il fenomeno cognitivo del *confirmation bias*
4. fanno deduzioni sulla legittimità di un contenuto dai contenuti correlati
5. reputano un contenuto tanto più autorevole quanto più lo vedono
6. confondono la satira con le notizie false.

Rispetto al diffondersi delle fake news, Fontana (2018) evidenzia la difficoltà a distinguere ciò che "*reale*" da ciò che è "*vero*": "Associamo – ingenuamente – il reale alla verità, assumendo ciò che accade anche nella comunicazione intorno a noi come vero, ma è un errore palese. La comunicazione intorno a noi è reale ma non necessariamente vera" (Fontana, 2018:5). Oltretutto "ci sono almeno due interpretazioni possibili di 'verità', intesa come: fatto e verificabilità (la *veritas* dei latini), [oppure] significato, rivelazione, mito (l'*aletheia* dei greci). In sostanza la verità può essere allo stesso tempo: la coerenza a un dato o a un fatto; [oppure] il significato consensuale (psicologico, morale, sociale) di quel dato o fatto" (Fontana, 2018:7). Nelle fake news molto spesso manca una verità di fatto, e tale mancanza sostiene però quella che è verità di significato per determinate persone: attraverso fatti o dati falsi, le fake news promuovono cioè la verità di significato di alcuni, collegata a un determinato regime di credenze individuali e/o collettive. Questa verità di significato spinge le persone che si rifanno a questo regime di credenze a condividerle.

Il fenomeno emergente delle *fake news* è collegato in parallelo al tema della fiducia riposta nei media: da un lato, fasce della popolazione meno istruita ritengono i media fonti non attendibili, in mano ai "poteri forti", e si rivolgono dunque a fonti di dubbia provenienza sul web per interpretare fenomeni di varia natura, dall'efficacia dei vaccini alla forma del pianeta terra, dall'altro alcuni lamentano l'incapacità dei mass media di contrastare in modo efficace i contenuti falsi che si propagano sui social media, evidenziando anzi come in alcuni casi essi agiscano addirittura da involontari complici nella loro diffusione.

Secondo l'agenzia di comunicazione Edelman e il suo studio annuale Edelman Trust Barometer (2019), promosso per rilevare il livello di credibilità di interlocutori di varia natura presso la popolazione di tutto il mondo, la fiducia riposta nei media in termini generali da parte della popolazione si assesta al 47%. Guardando però alla popolazione più informata, lo studio rileva una fiducia pari al 58%.

Lo studio rileva inoltre che il 73% degli intervistati è preoccupato dal fatto che le fake news possano essere usate come armi. Evidenzia inoltre una sempre maggiore richiesta di informazioni fattuali, che hanno portato a un aumento senza precedenti del consumo dei media e alla condivisione di notizie e informazioni, in aumento dal 22% al 72%.

Nella rilevazione di Edelman, subentrano tuttavia degli ulteriori dati che appaiono discordanti rispetto ai primi, e che comunque introducono un distinguo fra media tradizionali e social media. Infatti, l'affidabilità dei media tradizionali come fonte di notizie si assesta al 65%, ai massimi livelli storici. Al contrario, l'affidabilità dei social media come fonte di notizie è pari al 43%; è rimasta bassa soprattutto in diverse regioni sviluppate, che mostrano enormi divari di fiducia tra i media tradizionali e social media. È come se i rispondenti all'indagine individuino nei media classici un antidoto al fenomeno delle fake news e in essi ripongono fiducia.

Permane tuttavia l'indubbia difficoltà dei media tradizionali di contrastare questo fenomeno, una difficoltà che trova giustificazione nei motivi evidenziati da AgCom per spiegare la minore qualità dei contenuti editoriali dei media digitali.

Gli specialisti aziendali di relazioni con i media possono svolgere un'utile funzione di sostegno ai giornalisti, ponendosi come fonti qualificate di rapida consultazione per la verifica di dati e informazioni sospette. Secondo i principi dell'information subsidy, essi possono infatti fornire dati fattuali così come commenti di esperti che aiutino a verificare in modo rapido la natura di falsità di determinate informazioni da parte del giornalista e a sostenere l'azione di contrasto alle fake news.

Tan (2017) ricorda a questo proposito che "In questa era dei social media, i pubblici e le organizzazioni sono vulnerabili a come le notizie sono diffuse, e le non-verità diventano virali. In questo senso, sia i media sia le aziende hanno una crescente responsabilità sui social media. La responsabilità non si riferisce solo a cosa viene comunicato all'esterno. Si riferisce anche a quello che non è stato ancora detto e a cosa potrebbe essere inferito" (Tan, 2017:81[1]). Le imprese possono agevolare l'azione di contrasto delle fake news attraverso le loro relazioni con i media, così come diffondendo informazioni utili a disinnescarle attraverso i loro canali proprietari e attraverso le relazioni che esse instaurano con altre tipologie di influencer: "Come *newsmakers*, i comunicatori d'impresa hanno il potere di educare i pubblici e di formare le decisioni. Tradizionalmente, solo i media e i giornalisti davano accesso alle audience. Ora le organizzazioni possono raggiungerle in modo diretto. Pertanto, dobbiamo iniziare a vedere i nostri ruoli come partner dei giornalisti in questa battaglia contro il tempo e la disinformazione" (Tan, 2017:81[2]).

Permane tuttavia il dilemma evidenziato da Fontana (2018): se anche è possibile smontare la falsa verità di fatto promossa da una fake news, spesso ciò non è sufficiente a smontare la verità di significato che essa propone e dunque a disinnescarla appieno.

Il problema in ogni caso non può essere semplicemente risolto attraverso l'azione di contrasto dei media classici e degli specialisti di relazioni con i media nei confronti di singole fake news. Per superarlo, l'educazione volta a sviluppare una *digital literacy* a partire dai bambini deve essere considerata parte della soluzione (Adriani, 2019).

Gli stessi social media si sono ormai da tempo resi conto di essere attori fondamentali in questo fenomeno e si sono attivati per stimolare la *digital literacy* dei loro utenti. Per esempio, Facebook da tempo propone ai propri utenti attraverso la propria piattaforma suggerimenti per individuare i contenuti falsi ed evitare così di rilanciarli. Nel 2018 ha lanciato inoltre Digital Literacy Library, una serie di risorse educative rivolta a educatori di bambini di età compresa tra 11 e 18 anni, per aiutarli a sensibilizzare i giovani sull'importanza di pensare in modo critico e di comportarsi in modo ponderato online, affrontando argomenti quali privacy, reputazione, esplorazione dell'identità e sicurezza e cercando di fornire loro anche gli strumenti per individuare e disinnescare le fake news.

È possibile rilevare in questo ambito anche iniziative significative di corporate social responsibility attivate da aziende del settore dell'informazione. Per esempio, da qualche anno Sky propone in Italia Sky Academy, un programma rivolto alle scuole, da quelle inferiori di primo grado fino alle superiori, che ha l'obiettivo di educare i più giovani ad approcciarsi alle notizie in modo consapevole e critico. Il programma prevede incontri con esperti volti a sensibilizzare bambini e ragazzi sul tema della *digital literacy*, avvicinandoli a tecniche e strumenti che possono utilizzare in prima persona per individuare le notizie false. Per gli studenti delle classi inferiori è previsto anche un laboratorio didattico in uno studio televisivo Sky riprodotto a misura di bambino, in cui gli studenti si cimentano nella produzione di un video notiziario.

[1] Traduzione dell'autrice.

[2] Traduzione dell'autrice.

strategie ad hoc per mettersi in relazione questi i nuovi infomediari (Argenti, 2009): per esempio, creando spazi in cui essi possano condividere opinioni relative all'azienda, sul sito web dell'impresa o tramite pagine aziendali sui social media. Ciò può rivelarsi un'importante opportunità, poiché genera per l'impresa la possibilità di intrattenere conversazioni dirette con i propri stakeholder ed elaborare la propria storia e i propri messaggi in maniera interattiva insieme agli stessi (Cornelissen, 2017).

Influencer

Nel nuovo mondo dell'informazione che viaggia attraverso i social media, priva dell'intermediazione dei media tradizionali e dei giornalisti, nasce inoltre una nuova tipologia di opinion leader dell'informazione: si tratta degli *influencer*, che risultano molto rilevanti in alcune industrie per ottenere visibilità presso i consumatori (Bailey, 2017). In parallelo alle strategie implementate per gestire le relazioni con i giornalisti dei media tradizionali, lo specialista di relazioni con i media deve implementare anche strategie adatte per relazionarsi con queste figure, affinché essi producano loro contenuti in cui dare visibilità ai prodotti o ai messaggi aziendali in qualità di *endorser*.

Blogger, instagrammer, youtuber diventano dunque nuovi interlocutori chiave per l'impresa, perché veicolano messaggi chiave per l'organizzazione attraverso i cosiddetti *user-generated content*, cioè contenuti creati dagli utienti.

Tuttavia, nelle relazioni con questi stakeholder il passo dalla *publicity* alla pubblicità è breve: soprattutto gli influencer più noti, infatti, consapevoli del loro potere di infomediari autorevoli nel contesto digitale, richiedono alle aziende investimenti monetari per dare visibilità a prodotti o per sviluppare progetti e contenuti ad hoc atti a rilanciare i messaggi aziendali. Si passa così dagli *user-generated content* indipendenti e gratuiti agli *sponsored contents* e *sponsored posts*, contenuti e post social che gli influencer producono a fronte di un accordo commerciale con le aziende e che rappresentano dunque dei veri e propri contenuti promozionali.

4.2.3 Il Modello PESO: nuovi modi di categorizzare i media, nuove modalità di gestire i contenuti aziendali

Per comprendere il complesso processo di raccordo che i media realizzano tra l'azienda e gli altri suoi stakeholder è utile approfondire le diverse categorie dei media secondo il tipo di uso e di controllo che l'azienda ha sugli stessi: il Modello PESO (Paid Earned Shared Owned).

Il Modello PESO è stato sviluppato dalla professionista di comunicazione Gini Dietrich (Dietrich, 2014) e ha acquisito crescente notorietà e diffusione nella comunità professionale come strumento per interpretare la gestione della comunicazione d'impresa. In particolare è impiegato per visualizzare

Figura 4.1 Il PESO Model
Fonte: Dietrich, 2014.

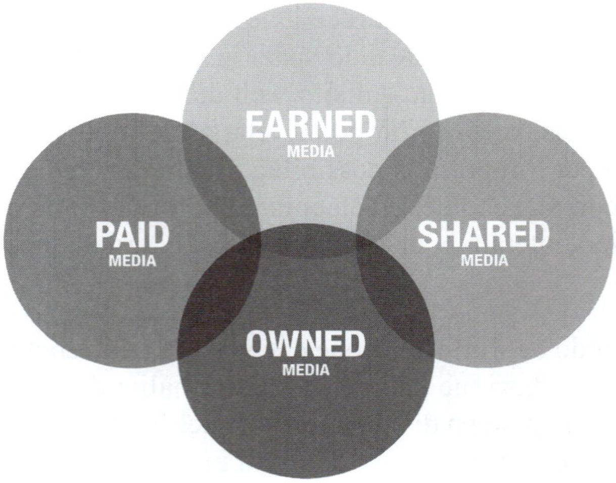

su quali tipologie di media le imprese possono cercare visibilità in modo integrato e complementare esercitando diversi livelli di controllo sui contenuti che vengono distribuiti (Figura 4.1).

Il Modello PESO distingue quattro tipologie di media attraverso cui le aziende possono perseguire visibilità e fra le quali si creano delle aree di sovrapposizione e convergenza:

- *Paid*: i media pagati, in cui la visibilità è ottenuta attraverso un investimento economico. Includono gli spazi di visibilità ottenuti attraverso le inserzioni pubblicitarie sulla stampa, in radio, in televisione, sui social media, tramite i contenuti sponsorizzati sui social media e l'email marketing
- *Earned*: i media guadagnati, in cui la visibilità è conquistata non a fronte di un acquisto di spazi, bensì grazie ad attività di gestione delle relazioni con i giornalisti dei media tradizionali e gli influencer del mondo digitale
- *Shared*: i media condivisi, noti anche come social media, in cui la visibilità è ottenuta gestendo le relazioni con i molteplici interlocutori che sono attivi su queste piattaforme. L'impresa diffonde contenuti sviluppati da se stessa o rilancia contenuti di altri attraverso le pagine e gli account social aziendali, e lascia che altri interlocutori li condividano a loro volta attraverso i loro account social. Per accrescere la propria visibilità l'azienda fa leva inoltre sui contenuti relativi ad essa che sono apparsi sui media *earned* e che vengono rilanciati dalle persone attraverso i social media
- *Owned*: i media di proprietà dell'azienda, in cui la visibilità è ottenuta attraverso contenuti e canali di proprietà, come il sito web, il corporate blog o la brochure aziendale.

Gli *earned* e gli *shared* media sono quelli più direttamente legati alle relazioni con i media perché consentono di ottenere visibilità in modo indiretto tramite fonti terze e autonome rispetto all'azienda.

La ricerca European Communication Monitor 2019 (Zerfass *et al.*, 2019), promossa da EUPRERA (European Public Relations Education and Research Association) e da EACD (European Association of Communication Directors) e basata sulle risposte di 2.689 professionisti di comunicazione di 46 paesi europei, ha chiesto ai comunicatori d'impresa di esprimersi su quali tipologie di media abbiano guadagnato, perso o mantenuto la stessa importanza negli ultimi tre anni. Per il 59,7% dei rispondenti gli *earned media* sono più importanti, per il 28,7% hanno la stessa importanza e solo per il 13,4% l'hanno diminuita. In generale, tuttavia, i comunicatori d'impresa riconoscono che i media che hanno accresciuto maggiormente la loro importanza sono quelli *shared*: il 77,5% dei comunicatori intervistati attesta infatti che la rilevanza di questi ultimi sia cresciuta negli ultimi tre anni.

Lo sviluppo di questo modello implica il diffondersi di nuovi approcci alla gestione dei contenuti, come il content management e il brand journalism, ed è coinciso con la nascita di nuove pratiche come il native advertising.

Content management

La possibilità di gestire e distribuire in modo nuovo i contenuti attraverso molteplici tipologie di media ha modificato in modo significativo il lavoro del dipartimento aziendale di comunicazione e dello specialista di relazioni con i media. È oggi diffuso il concetto di *content management* (CM), un piano sistematico per creare, distribuire e governare contenuti attraverso media e piattaforme diverse per raggiungere le audience aziendali individuate come rilevanti (Zerfass *et al.*, 2016). Il content management dunque è volto a:

- integrare tutti i contenuti relativi all'organizzazione che sono prodotti all'interno e all'esterno e anche quelli eventualmente prodotti dagli utenti (*user-generated content*)
- sviluppare opportune strategie per creare, gestire e distribuire tali contenuti.

Questa pratica si è diffusa anche nell'ambito del marketing, in cui è declinata come *content marketing* per informare, intrattenere e ingaggiare i consumatori (Zerfass *et al.*, 2016; Bailey, 2014; Wilcox *et al.,* 2014).

Brand journalism

Nello sviluppare le proprie strategie di content management, le imprese possono adottare un nuovo approccio alla comunicazione: il *brand journalism*. Esso consiste nel fare leva su competenze e tecniche giornalistiche per creare storie e contenuti relativi al brand o ai brand aziendali nei formati e con le caratteristiche tipiche dei contenuti giornalistici, per poi distribuirli attraverso i propri canali di comunicazione, cioè i media *owned*, al fine di ottenere l'attenzione dei pubblici target in modo diretto (Davidson, 2017; Zerfass *et al.*, 2016). In alcune organizzazioni, l'adozione del brand journalism è correlata all'assunzione di giornalisti d'esperienza per sviluppare le storie del brand (Bailey, 2017; Hallahan, 2014 in Zerfass *et al.*, 2016; Wilcox *et al.,* 2014). A questo nuovo approccio di comunicazione è dedicato un capitolo specifico in questo volume.

Native advertising

Nell'ambito del content management e delle nuove modalità di produrre e gestire i contenuti da parte delle imprese, risulta utile infine citare la pratica del *native advertising*, una forma di sovrapposizione fra i *media paid* e i *media owned*. Essa è relativa allo sviluppo di contenuti pubblicitari online che acquistano la forma e la funzione della piattaforma in cui appaiono (Zerfass *et al.*, 2016). La funzione di questi contenuti può essere dunque d'informazione o di entertainment. L'impresa investitrice paga per l'acquisto dello spazio online in cui il contenuto verrà reso disponibile, mentre la sua produzione può essere gestita dall'impresa stessa o demandata ai professionisti del media online in cui il contenuto troverà visibilità. Se il media in cui il contenuto di native advertising appare è un media focalizzato sull'informazione giornalistica, per la selezione dei contenuti oggetto di native advertising andranno utilizzati i criteri di notiziabilità già richiamati e per il loro sviluppo potranno essere utilizzate le tecniche tipicamente impiegate per produrre contenuti d'informazione giornalistica: le stesse tecniche che lo specialista di relazioni con i media impiega per sviluppare gli strumenti utilizzati per la sua attività.

4.2.4 I media come imprese

Conoscere i media e il loro funzionamento significa riconoscere che ogni media è un'impresa, al di là delle funzioni che esso svolge e che sono già state evidenziate. In questo senso, ogni media ha una proprietà, un processo produttivo, un modello di costi-ricavi, proprie strategie competitive e di business e un sistema di clienti. Per uno specialista di relazioni con i media, essere efficace nella gestione del rapporto con un media significa conoscerlo anche sotto questa prospettiva e comprendere il ruolo che i giornalisti, primari interlocutori di riferimento per lo specialista, giocano all'interno di tale impresa.

Come già richiamato, bisogna tenere presente che nel macro-sistema dei media è possibile individuare diversi sotto-settori industriali di riferimento, per esempio il settore editoriale, televisivo, radiofonico. Nel prosieguo, il modello interpretativo dei media come imprese verrà applicato al settore editoriale in generale e dei quotidiani in particolare.

Proprietà: gli editori

Guardando al settore editoriale in base alla proprietà delle imprese, è possibile affermare che il settore della stampa quotidiana e periodica in Italia è un settore concentrato, per via delle elevate economie di scala che caratterizzano il sistema produttivo. Va rilevato che in tutti i Paesi industrializzati è comune una significativa concentrazione del settore. Il nostro paese inoltre si è tradizionalmente caratterizzato come un sistema di editori impuri, in cui cioè le principali imprese sono di proprietà di imprenditori che non operano nel settore dell'editoria come loro unico, o almeno principale, settore di business. Negli ultimi anni tuttavia alcune dinamiche di compra-vendita e scambi azionari hanno mitigato in parte questa caratteristica.

Processo produttivo

Per quel che riguarda il processo produttivo del prodotto editoriale, sia esso quotidiano o periodico, è da evidenziare come in realtà ciascun editore produca due prodotti: i contenuti editoriali, rivolti al lettore, e gli spazi pubblicitari, offerti per l'acquisto alle organizzazioni investitrici.

Sviluppo dei contenuti editoriali: il lavoro della redazione

I contenuti editoriali nascono dall'assemblaggio di informazioni di diversa natura, operato al fine di catturare l'attenzione e l'interesse di un determinato gruppo di lettori. La produzione dei contenuti editoriali si basa sulla raccolta e l'elaborazione delle notizie a opera della redazione dei giornalisti. La produzione di contenuti-notizia avviene in realtà a due livelli (Cornelissen, 2017):

1. i *giornalisti*, che su base individuale consultano fonti e scrivono i loro articoli
2. *altri attori all'interno della redazione*, in particolare i *capi redattori* che, sulla base delle *news routine* definite all'interno dell'organizzazione redazionale, indirizzano il lavoro dei giornalisti verso determinati temi o lo sviluppo di determinate notizie e rivedono i loro articoli prima di mandarli in stampa. Fra le figure da richiamare vi sono anche i *titolisti*, che in maniera indipendente dal giornalista che ha scritto il pezzo attribuiscono il titolo all'articolo.

Il termine *news routine* (o *desk*) fa riferimento alle diverse aree tematiche coperte da una redazione, poste ciascuna sotto il controllo di uno o più capi redattori. All'interno della redazione di un quotidiano è possibile per esempio trovare la news routine della cronaca nazionale, della cronaca locale, della politica, dell'economia, della cultura e spettacolo, dello sport. Quando le news routine sono molto strutturate, il giornalista in un certo senso scrive per assolvere ai bisogni del desk a cui è assegnato; quando le news routine sono assenti o meno strutturate, il giornalista potrebbe avere maggiore flessibilità nel dare al proprio articolo l'angolatura che preferisce (Cornelissen, 2017).

Vendita degli spazi pubblicitari: il lavoro della forza commerciale

In parallelo alla produzione dei contenuti editoriali, l'editore opera la vendita degli spazi pubblicitari presenti sulla testata agli inserzionisti. Essa è gestita tramite personale di forza vendita inserito in organico o, come è solito per i gruppi editoriali più grandi e strutturati, è delegata alle concessionarie di pubblicità, per esempio A. Manzoni & C. per GEDI Gruppo Editoriale, editore fra le altre testate anche de La Repubblica e La Stampa.

Per la stampa quotidiana e periodica cartacea, l'output della fase di produzione è rappresentato dal cosiddetto prototipo: si tratta della matrice, la prima copia dalla quale si procede al processo di stampa. Essa include i contenuti editoriali realizzati dalla redazione e i contenuti pubblicitari veicolati negli spazi acquistati dagli inserzionisti.

Voci di costo

Al processo produttivo di ogni media è associato uno specifico modello di costi e ricavi. Per quel che riguarda i costi, è possibile richiamare i costi di produzione "della prima copia", quelli di approvvigionamento delle materie prime e i costi tipografici, i costi di promozione e pubblicità. Guardando nello specifico ai costi di produzione della prima copia, essi consistono nel costo della forza lavoro, siano essi giornalisti o forza vendita degli spazi pubblicitari, e nelle spese sostenute per la raccolta e l'elaborazione delle notizie, incluse le spese di telecomunicazioni e le spese generate dalle trasferte dei giornalisti.

Voci di ricavo

Per quel che riguarda i ricavi, essi si originano in primo luogo dalla vendita delle copie e dalla raccolta pubblicitaria. Altre possibili voci di ricavo sono relative alla vendita dei cosiddetti collaterali (allegati al prodotto editoriale, quali CD o libri) e ai sussidi pubblici alla stampa, limitati tuttavia in Italia a un numero ristretto di editori: società cooperative giornalistiche, organi di partito e quotidiani delle minoranze linguistiche.

Modelli di costi-ricavi sotto pressione

Nel corso degli ultimi anni, il settore dell'editoria ha conosciuto una significativa contrazione del sistema dei ricavi, con una riduzione generalizzata sia delle entrate da vendita delle copie sia da vendita degli spazi pubblicitari. Secondo lo studio "Focus R&S sull'Editoria 2013-2018" realizzato da R&S Mediobanca (2018), nel periodo 2013-17 i ricavi aggregati degli otto maggiori gruppi editoriali italiani (Gruppo Mondadori, Gruppo RCS, Gruppo GEDI, Gruppo Il Sole 24 ORE, Gruppo Monrif, Gruppo Caltagirone, Cairo Editore, Gruppo Class Editori) hanno registrato una riduzione del 20,2%, passando dai 4,3 miliardi di Euro del 2013 ai 3,5 miliardi del 2017: la perdita è stata pari a circa 879 milioni di ricavi, cioè il 20% del fatturato registrato nel 2013. In particolare, le diminuzioni riguardano più i ricavi da vendita delle copie (-22,2% sul 2013) che la raccolta pubblicitaria (-17,2% sul 2013).

Il modello di costi e ricavi di molti media è andato di conseguenza in crisi e gli editori hanno avuto l'impellente necessità di ridurre le voci di costo, in particolare la più rilevante: quella per il personale. Le redazioni sono state dunque ridotte in modo significativo in termini di numero di giornalisti dipendenti delle imprese editoriali. A questo proposito, l'Osservatorio sul giornalismo - II edizione dell'Autorità per le Garanzie nelle Comunicazioni (Agcom, 2016) ha rilevato come dal 2009 il totale dei rapporti di lavoro dipendente è in calo: dal picco raggiunto nel 2008, anno in cui sono stati dichiarati 22.197 rapporti di lavoro, si è arrivati ai 18.380 rapporti dichiarati a dicembre 2015. Il peso percentuale dei quotidiani sull'insieme delle imprese che assumono giornalisti è sceso dal 50% del totale rapporti nel 1990 al 33,6% del 2015, a fronte di una crescita del ruolo delle radio e televisioni nazionali (a dicembre 2015 corrispondenti al 5,9% dei rapporti di lavoro) e locali (12,4%) e soprattutto degli uffici comunicazione aziendali (5,5% nel 2015) e pubblici (8%). Questo dato evidenzia il nuovo ruolo assunto dal settore allargato della comunicazione d'impresa e istituzionale nell'offrire un'alternativa lavorativa ai giornalisti professionisti.

In parallelo alla riduzione dei giornalisti in organico stabile nelle redazioni è cresciuto il ricorso ai cosiddetti *freelance*, giornalisti che lavorano in modo indipendente vendendo i propri pezzi a diversi editori o testate.

Strategie di business

I media adottano diverse strategie di business per differenziarsi e competere in modo efficace sul mercato.

Differenziazione orizzontale

Guardando sempre al settore della stampa, l'editore è chiamato a effettuare tre scelte di differenziazione orizzontale, in merito a:

- *taglio della testata*, relativo al grado di varietà e specializzazione dei contenuti da perseguire
- *localizzazione*, relativa ai limiti geografici del contesto competitivo nel quale agire
- *periodicità di uscita*, relativa ai tempi di produzione del prodotto editoriale. Questa scelta ha importanti ricadute sul lavoro dei giornalisti e di riflesso su quello degli specialisti di relazioni con i media.

Differenziazione verticale

Allo stesso tempo l'editore compie delle scelte relative al livello qualitativo dei contenuti della testata: si tratta di scelte di differenziazione verticale del prodotto editoriale. La qualità del prodotto varia in funzione dello staff di giornalisti, dell'ampiezza della rete di uffici di corrispondenza, degli accordi con le agenzie di informazione, della varietà di supplementi allegati, delle campagne promozionali.

Leva del prezzo

Anche il prezzo rappresenta una leva di differenziazione competitiva, che viene mossa in primo luogo in accordo con le scelte di differenziazione verticale.

Rispetto a questa leva, un caso particolare è quello della free press, che opera in un segmento di mercato non in diretta competizione con la stampa a pagamento. Essa assolve a bisogni di informazioni diversi rispetto ai prodotti editoriali a pagamento: i lettori della free press cercano un'informazione di base, priva di approfondimenti, una guida che consenta loro di crearsi un'agenda delle notizie da approfondire poi nel caso su altri media, per esempio su Internet o sui quotidiani a pagamento.

Quote di mercato, diffusione e tiratura

In funzione delle strategie di differenziazione perseguite, si delinea la situazione competitiva del settore editoriale e di conseguenza le quote di mercato di ciascun media. Nel caso del settore della stampa quotidiana, una visione delle quote di mercato dei singoli media può essere desunta da un'analisi dei dati di diffusione.

Quando si parla di *diffusione* di un prodotto editoriale quotidiano o periodico (*circulation* in inglese), si intende il numero di copie di una testata consegnate al lettore, distribuite attraverso le edicole, in abbonamento e in omaggio. La *tiratura* rappresenta invece il numero di copie stampate, compresi i resi (Abruzzo, 2003). Il numero di lettori di una determinata testata (*readership* in inglese), infine, è in genere superiore alla sua diffusione, poiché una stessa copia può essere letta da più di un soggetto.

La Figura 4.2 mostra quali sono i quotidiani più diffusi in Italia in base ai dati di diffusione stimati dagli editori e rilevati da Accertamenti Diffusione Stampa per il mese di maggio 2019 (ADS, 2019).

Clienti dei media

Alla luce di quanto evidenziato sulla natura del prodotto editoriale, composto da contenuti editoriali e spazi pubblicitari, emerge che ogni media possiede due tipologie di clienti: i lettori, interessati ad acquistare il sottoprodotto dei contenuti editoriali, e le organizzazioni inserzioniste, interessate ad acquistare il sottoprodotto degli spazi pubblicitari.

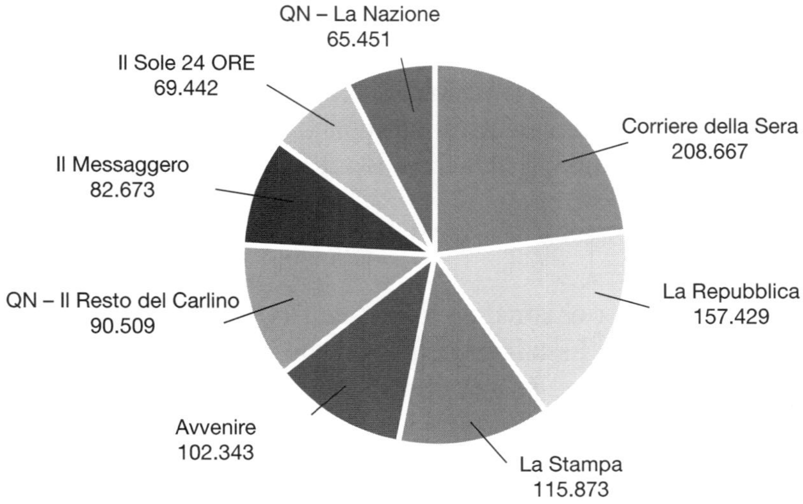

Figura 4.2 Principali quotidiani italiani per diffusione (esclusi i quotidiani sportivi)
Fonte: elaborazione da ADS, 2019.

Per aumentare il numero dei lettori si può intervenire sul prezzo o sulle caratteristiche di differenziazione orizzontale e verticale, modificando così il posizionamento competitivo del media. La crescita del numero dei lettori genera di riflesso un aumento dell'attrattività del media per gli inserzionisti pubblicitari e di conseguenza il prezzo che l'editore può praticare per la vendita degli spazi pubblicitari.

I media devono dunque soddisfare allo stesso tempo i bisogni di due ordini di clientela, ed è possibile che questi bisogni possano non convergere. A questo proposito è stato già richiamato il pericolo che le imprese inserzioniste cerchino di influenzare l'editore, in virtù della relazione commerciale in essere, affinché venga concesso loro spazio editoriale o il tono degli articoli che le riguardano sia più favorevole: questo dà luogo a un'ingerenza nel lavoro dei giornalisti che, influenzando la qualità del prodotto editoriale, può andare a scapito degli interessi dei lettori.

4.3 Le teorie di riferimento della gestione delle relazioni con i media

L'attività di gestione delle relazioni fra impresa e media affonda storicamente le sue radici nel diciannovesimo secolo. Come già richiamato nel capitolo 1 di questo volume, nasce infatti nella prima metà dell'Ottocento con il diffondersi dei *press agent*, figure che ricercavano occasioni di *publicity* per i loro assistiti e le loro imprese sui primi quotidiani a larga diffusione fondati in quegli anni, senza badare alla verità delle informazioni fornite (Grunig, Hunt, 1984). Ivy Lee, press agent che inizia la propria attività nel 1904, si fa in seguito portatore di un nuovo modo di gestire la relazione con i media, volto a porsi al servizio dei giornalisti con l'obiettivo di informare il pubblico secondo il principio di verità. In questo senso, Lee sostiene di dover applicare i principi della comunicazione giornalistica alla comunicazione d'impresa ed è il primo a introdurre lo strumento del comunicato stampa.

La relazione fra impresa e media è stata dunque indagata dagli studiosi in modo ampio, e nel tempo numerose teorie sono state sviluppate per spiegarne le dinamiche.

Information subsidy

Una prima teoria da richiamare è quella dell'*Information subsidy*, sviluppata da Gandy (1982). Essa interpreta la relazione fra specialista di relazioni con i media e giornalista in una dimensione di scambio di risorse e vede nel primo una fonte di informazioni per il secondo. Secondo Gandy, lo specialista di relazioni con i media rappresenta un "sussidio informativo" per il giornalista: egli contribuisce a ridurre il costo sostenuto per reperire determinate informazioni e di conseguenza contribuisce ad accrescere il consumo di informazioni. In particolare, lo specialista di relazioni con i media è in grado di ridurre il tempo richiesto ai giornalisti per identificare informazioni, temi e storie utili per il loro lavoro; in cambio i media presso cui i giornalisti lavorano forniscono occasione di visibilità presso i propri pubblici per i messaggi che l'azienda desidera veicolare (Davidson, 2017). In sostanza, svolgendo la funzione di sussidio informativo, lo specialista di relazioni con i media persegue il proprio obiettivo di influenzare i contenuti editoriali e le opinioni di chi si affida ai media per reperire informazioni (Turk, 1985, in Davidson, 2017). In questo senso gli specialisti di relazioni con i media risultano tra i principali attori che contribuiscono a formare l'opinione pubblica, in quanto spesso sono i primi a fornire informazione ai mass media (Wilcox *et al.*, 2014).

Agenda setting e Agenda building

L'opinione pubblica a sua volta gioca un ruolo rilevante nel muovere determinati gruppi ad agire rispetto a un tema o una issue. La consapevolezza e la discussione attorno a un dato tema porta alla cristallizzazione di opinioni in un determinato pubblico. Con l'aumento della consapevolezza circa tale tema, cresce l'attenzione che esso guadagna nel pubblico dibattito e di conseguenza la copertura che esso riceve da parte dei media. Attraverso la copertura dei media, quel tema si inserisce nella cosiddetta "agenda pubblica" (*public agenda*), con ulteriore crescita del numero di persone consapevoli rispetto a esso (Wilcox *et al.*, 2014). In questo senso è possibile dire che il processo di costituzione dell'opinione pubblica si autoalimenta.

Riguardo alla creazione dell'opinione pubblica e dell'agenda pubblica e al contributo che media e imprese danno in questo processo, gli studiosi hanno elaborato la teoria dell'*Agenda Setting* e la teoria correlata dell'*Agenda Building*.

La teoria dell'*Agenda Setting*, introdotta da McCombs e Shaw (1963), sostiene che i contenuti dei media definiscono l'agenda della pubblica discussione. Può essere sintetizzata nell'idea che i contenuti dei media non suggeriscono al pubblico cosa pensare, ma sono molto efficaci nel suggerire al pubblico di cosa pensare (Cohen, 1963). L'assunto è che la frequenza con cui i media riportano e discutono di un determinato tema porterà larghi segmenti di pubblico a percepire questi temi come più rilevanti rispetto ad altri (Cornelissen, 2017; Davidson, 2017). I media in questo senso definiscono la cosiddetta *salience* (salienza ovvero preminenza) di determinati temi.

La teoria dell'*Agenda Building*, che vede un impulso negli studi di Cobb ed Elder (1972), è un'estensione della prima ed è relativa alla questione di chi o cosa influenzi i media nel definire la loro agenda, cioè la salienza di determinati temi. Il processo che porta alla definizione dell'agenda, detto *agenda building*, implica discussioni e interlocuzioni di varia natura fra i media, e in particolare i giornalisti, e molteplici interlocutori, tra cui politici, gruppi d'interesse, attori sociali e, non da ultimo, le imprese. I professionisti di comunicazione che operano per conto dell'impresa sono attori cruciali nel processo di definizione dell'agenda dei media: svolgendo la loro funzione di information subsidy, possono avere infatti un profondo impatto nel dare forma a tale agenda (Cornelissen, 2017). Il processo può essere illustrato come segue: le imprese portano temi o issue di loro interesse all'attenzione dei media attraverso le loro strategie di gestione delle relazioni con i media, i media incrementano la copertura data a un determinato tema, ciò amplifica l'interazione del pubblico con/in merito a questo tema o problema nel mondo reale, in chiusura del ciclo un opinion leader, come una grande impresa o il governo, reagisce al crescere dell'interesse o della preoccupazione della pubblica opinione (Johnson *et al.*, 1996, in Davidson, 2017).

Framing

Un'ulteriore teoria correlata alle due precedenti è la teoria del *Framing*, a cui gli studi di Entman (1993) e Hallahan (1999) danno particolare impulso. Essa presuppone che il modo in cui un'informazione è presentata influenzerà le decisioni che le persone prendono a riguardo. Si focalizza pertanto sulle dinamiche psicologiche che si attivano quando le persone processano le informazioni e formano di conseguenza le loro opinioni (Cornelissen, 2017; Davidson, 2017).

La rilevanza del *framing* (inquadramento) risiede dunque nel fatto che esso contribuisce a definire le prospettive da cui le persone guardano alla realtà. Costruire un frame significa selezionare alcuni elementi della realtà e costruire una narrazione in cui alcune connessioni fra questi elementi sono messe in evidenza per favorire una particolare interpretazione. Selezione, esclusione ed enfasi sono dunque meccanismi chiave per la creazione di un *frame* che, se ben sviluppato, assolverà quattro funzioni: definizione del problema, analisi delle cause, giudizio morale e proposta di un rimedio (Entman, 1993).

Quando uno specialista di relazioni con i media propone una storia a un giornalista, per esempio attraverso un comunicato stampa, da un lato intende sollecitare interesse nella storia in sé e dall'altro intende fare in modo che la storia sia inquadrata in modo coerente con i propri obiettivi (Cornelissen, 2017; Davidson, 2017). Non è detto che il *frame* che lo specialista di relazioni con i media intende dare alla storia coincida con quello del giornalista: si attiva così un processo di negoziazione fra le parti riguardo a come inquadrare la storia. L'allineamento fra il frame dello specialista di relazioni con i media e quello del giornalista è più probabile quando la sostanza del frame dell'impresa richiama le aspettative sostenute dal giornalista rispetto al business e alla società (Cornelissen, 2017). L'allineamento viene influenzato anche dalla cosiddetta *media logic* del media per cui un determinato giornalista lavora. Per *media logic* si intende il set di valori e principi condiviso dai giornalisti, dai capi redattori e dall'editore (inteso come proprietà) di un determinato media. Include anche ideologie o orientamenti politici che influenzano il modo in cui i produttori dei contenuti editoriali vedono, interpretano e coprono i diversi temi (Cornelissen, 2017; Davidson, 2017).

Il dialogo è poi la strada preferenziale per ricercare l'allineamento dei frame: esso è più probabile quando lo specialista di relazioni con i media e il giornalista discutono in modo aperto di un tema, di una decisione o un evento in modo che aumentino le possibilità di comprensione reciproca. Affinché il dialogo si verifichi, è necessario tuttavia che lo specialista di relazioni con i media abbia costruito nel tempo una relazione con il giornalista fondata sul reciproco rispetto (Cornelissen, 2017).

Third party endorsement

L'ultima teoria che è utile richiamare è quella del *Third party endorsement*, sviluppata in particolar modo da Cameron (1994) e Hallahan (1999). Essa si concentra sulla relazione fra pubblicità e *publicity* e sulla rispettiva influenza sull'opinione pubblica. L'assunto è che i contenuti editoriali dei media godono di maggiore credibilità per il pubblico rispetto ai messaggi pubblicitari per via dell'*endorsement* che il giornalista fa a un determinato prodotto o tema aziendale. Bailey (2017) richiama che il concetto chiave è quello di *credibilità*: le persone credono poco nella pubblicità perché consapevoli che essa cerca di persuadere, mentre i messaggi trasmessi attraverso i contenuti editoriali dei media godono di maggiore credibilità, poiché veicolati da fonti ritenute indipendenti. Va rilevato tuttavia che gli studiosi di questa teoria hanno specificato come non esistano dati che comprovino la supposta maggiore credibilità dei contenuti editoriali.

4.4 Principi gestionali ed etici per efficaci relazioni con i media

Questo paragrafo illustra alcuni principi gestionali che dovrebbero guidare l'azione dello specialista di relazioni con i media nella sua attività, sia di tipo proattivo sia reattivo, al fine di accrescerne l'efficacia. Introduce poi alcune questioni etiche da tenere presenti per gestire in modo proficuo ed efficace le relazioni che intercorrono fra specialista delle relazioni con i media e giornalista.

4.4.1 Principi di funzionamento della gestione delle relazioni con i media

Considerato quanto esposto nel paragrafo 4.1.2 rispetto alla costruzione di contenuti aziendali sotto forma di notizie, emerge che un'informazione o una storia relativa all'organizzazione può rispondere ai parametri di notiziabilità di uno specifico media o di uno specifico giornalista e non per forza ai parametri di notiziabilità di un altro media o giornalista.

Personalizzazione

Costruire relazioni efficaci e proficue con i media, e così raggiungere gli obiettivi di visibilità che lo specialista di relazioni con i media si pone per la propria organizzazione, significa dunque cercare di relazionarsi quanto più possibile in maniera personalizzata con il singolo media o giornalista, cioè secondo un modello di comunicazione one-to-one anziché one-to-many.

A questo proposito, va evidenziato che la maggior parte delle volte ciò che funziona meglio è individuare chi è il giornalista giusto, o i giornalisti giusti, per una data storia aziendale (Argenti, 2009). Le imprese tuttavia utilizzano di rado questo approccio, in quanto richiede più tempo effettuare ricerche approfondite per individuare i giornalisti più adatti per divulgare una determinata storia. Inoltre, molto spesso la valutazione dell'efficacia dell'azione di gestione delle relazioni con i media si effettua in modo quantitativo, cioè in base al numero di articoli generati in merito all'azienda, dimenticando quanto sia rilevante affiancarvi una valutazione qualitativa, volta a comprendere che tipo di valore è stato generato dagli articoli in questione.

Azione proattiva

Nella gestione delle relazioni con i media in ottica proattiva, lo specialista deve contare sulla propria capacità di individuare temi e storie aziendali potenzialmente notiziabili, verificare in modo preliminare la veridicità e la correttezza delle informazioni raccolte, sviluppare una storia sotto forma di notizia e individuare gli strumenti e i canali più adeguati per divulgarla (Garbagnati, 2013).

Nell'ottica di un approccio quanto più personalizzato nella gestione delle relazioni con i media, che vada incontro alle specifiche esigenze del singolo media o giornalista, Bailey (2017) evidenzia sei fasi nel lavoro dello specialista di relazioni con i media quando egli intenda ottenere coverage per la propria organizzazione in modo proattivo:

1. Studiare i media target, intesi come singoli media e giornalisti, per comprendere i loro interessi, che tipo di audience hanno, come si organizzano i loro cicli produttivi
2. Ricercare e identificare possibili issue, storie e portavoce aziendali che possono essere rilevanti per i diversi media
3. Sviluppare relazioni con giornalisti e direttori chiave sulla base di una agenda di notizie condivisa
4. Offrire notizie specifiche ai giornalisti chiave, utilizzando le tecniche e gli strumenti più adatti (vd. paragrafo 4)
5. Gestire la relazione dopo l'invio dei materiali al singolo giornalista (*follow up*) per facilitare la pubblicazione o messa in onda della storia aziendale o per capire i motivi per cui i materiali forniti non sono stati utilizzati
6. Monitorare il coverage ottenuto e includerlo nel processo di valutazione dei risultati.

Secondo Morris e Goldsworthy (2016, in Bailey, 2017) nella gestione del processo proattivo di generazione di coverage per l'organizzazione, lo specialista di relazioni con i media dovrebbe seguire il principio delle 4 S:

1. *Story*: riconoscere e sviluppare una notizia e raccontare una storia
2. *Structure*: strutturare i contenuti in modo che la storia sia raccontata nel modo più avvincente possibile
3. *Style*: scrivere bene, in modo chiaro
4. *Selling*: capire quando e come contattare uno specifico giornalista per la massima efficacia

Azione reattiva

L'azione dello specialista di relazioni con i media può essere però anche reattiva: secondo Garbagnati (2013), la reattività consiste nella capacità dello specialista di funzionare come *front desk* che fa da collettore delle richieste di informazioni che giungono dai media nei confronti dell'impresa, agisce da filtro nel valutare queste richieste e concorda con il management aziendale come soddisfare le richieste ritenute opportune.

Per gestire nel modo migliore le richieste che giungono dai media, lo specialista dovrebbe porre particolare cura nel gestire il momento del contatto con il giornalista: comprendere che tipo di storia il giornalista sta sviluppando e con che taglio, e quali sono le tempistiche con cui è necessario fornirgli le informazioni richieste. Nel corso del contatto, dovrà fare attenzione a non fornire informazioni che non siano già di dominio pubblico e al contempo mostrarsi aperto e onesto nel segnalare al giornalista quali possibilità ci siano di rispondere alla sua richiesta, per esempio fornendo della documentazione oppure organizzando un'intervista con un manager dell'azienda informato sul tema d'interesse (Argenti, 2009).

Gestione interna oppure ricorso a consulenti esterni

Nella gestione delle relazioni con i media, un'impresa può fare leva su specialisti interni all'organizzazione e su consulenti esterni.

All'interno delle imprese la responsabilità della gestione delle relazioni con i media può essere affidata alla figura del Direttore Comunicazione o nel caso di dipartimenti aziendali di comunicazione strutturati a professionisti che sono specializzati in questo tipo di attività. Il job title di questi specialisti può essere Media Relations Specialist per le posizioni di ingresso, e Media Relations Manager, Responsabile Relazioni con i media o Responsabile Ufficio stampa per i livelli con maggiori responsabilità.

L'uso di consulenti esterni, professionisti individuali o operativi presso agenzie di comunicazione, può essere d'aiuto. Tuttavia non è auspicabile lasciare il presidio delle relazioni con interlocutori così strategici totalmente nelle mani di risorse esterne all'impresa: nel lungo periodo il miglior approccio è sviluppare all'interno dell'organizzazione le competenze necessarie per la gestione delle relazioni con i media (Argenti, 2009).

Il ricorso a consulenti esterni può avvenire per avere un supporto nello sviluppo di storie ad alto impatto o quando intercorre una crisi aziendale, che presume uno sforzo superiore per gestire un flusso di comunicazioni molto intenso. Nello sviluppo di storie che abbiano presa sui media, le agenzie di comunicazione possono essere d'aiuto in particolare per la produzione di risorse specifiche, quali per esempio risorse video destinate alle emittenti televisive (Argenti, 2009).

In generale, un'agenzia di comunicazione esterna può essere d'aiuto per i professionisti in staff all'impresa al fine di avere:

- una consulenza sull'impostazione strategica di un piano di relazioni con i media nella fase di pianificazione della comunicazione
- un supporto operativo nella gestione delle attività di routine legate al monitoraggio dei media e allo sviluppo e gestione dei tipici strumenti impiegati in questo tipo di attività, dal comunicato stampa alla conferenza stampa.

È opportuno che ai professionisti interni all'impresa rimanga il presidio più strategico nell'impostazione del piano delle attività e nella gestione dei rapporti con i giornalisti, gli editori e i produttori più rilevanti per il sistema di relazioni dell'impresa.

4.4.2 Hacks and flacks: superare i dissidi fra figure professionali complementari

Da quanto finora esposto emerge che le professioni del giornalista e dello specialista di relazioni con i media sono interdipendenti: gli specialisti di relazioni con i media hanno bisogno dei media come veicolo per diffondere messaggi sull'organizzazione volti a raggiungere importanti categorie di stakeholder, e in egual modo i giornalisti hanno bisogno e spesso utilizzano le informazioni diffuse dagli specialisti di relazioni con i media (di seguito richiamati in modo sintetico come "comunicatori") per sviluppare i loro articoli.

Tuttavia tradizionalmente la relazione fra giornalisti e comunicatori d'impresa non è sempre semplice. Lo scetticismo e il cinismo che hanno caratterizzato in molti casi questa relazione hanno portato al diffondersi di appellativi come *hack* per i giornalisti ("scribacchino") e *flack* per i comunicatori d'impresa ("addetto stampa" in senso dispregiativo) (Bailey, 2017; Johnston, 2013).

Differenze fra le professioni

Le tensioni nella relazione nascono dalla differente funzione delle due professioni: il giornalista mira a diffondere storie ben documentate e basate sui fatti, mentre il comunicatore in modo inevitabile mira a presentare una prospettiva di una notizia, che corrisponde alla prospettiva dell'azienda per cui opera, secondo una logica di comunicazione strategica. Ad acuire le tensioni contribuisce il fatto che oggi il numero di comunicatori è superiore al numero di giornalisti, e questi ultimi rischiano così di essere subissati di contenuti aziendali di molteplice natura che non sempre sono di effettivo interesse per loro (Bailey, 2017). La quantità di contenuti aumenta a dismisura tanto per la crescente disparità di numero fra comunicatori e giornalisti quanto per la pratica diffusa fra i comunicatori di non selezionare i destinatari dei loro messaggi e di distribuirli in maniera massiva senza verificarne la rilevanza per il singolo giornalista o media.

Specialista di relazioni con i media al servizio del giornalista

Secondo le logiche della teoria dell'information subsidy già richiamata, il comunicatore dovrebbe invece rappresentare una fonte di informazioni che sostenga e faciliti il lavoro del giornalista. Ciò è possibile se l'azione del comunicatore è allineata alle esigenze dello specifico media o giornalista. Il comunicatore possa supportare i giornalisti in molteplici modi (Davidson, 2017):

- fornendo informazioni, statistiche, numeri e dati rispetto a un tema di loro interesse presentando l'azienda come fonte esperta su quel tema
- aiutandoli a verificare l'esattezza di informazioni in loro possesso
- fornendo immagini, video e risorse fotografiche che aiutano a rendere i contenuti editoriali più attrattivi per l'audience dei media di riferimento, o addirittura organizzando eventi in grado di generare immagini e video di possibile appeal per l'audience
- offrendo ai giornalisti storie concrete di persone interessate in modo diretto da un tema di cui si stanno occupando
- procurando in modo tempestivo dichiarazioni di manager dell'azienda coinvolti in un determinato evento o esperti su un determinato tema
- offrendo ai giornalisti idee per le loro storie, sostenendo il processo creativo per la pianificazione di futuri contenuti redazionali.

Equilibri mutevoli

Gli equilibri di potere nella relazione fra comunicatore e giornalista sono in ogni caso sempre mutevoli e nel tempo gli studiosi si sono interrogati su quanto i contenuti che appaiono sui mass media siano il risultato del lavoro proattivo e delle inchieste dei giornalisti e quanto invece siano originati dall'attività dei comunicatori. Mentre i giornalisti che operano presso i quotidiani nazionali continuano a mantenere molto del loro potere, per i giornalisti di altri media non vale lo stesso e il loro ruolo può essere più assoggettato all'influenza dei comunicatori.

Stando una recente indagine svolta su 520 giornalisti a livello internazionale e promossa da Muck Rack, società che offre servizi e piattaforme software per i comunicatori, e dall'agenzia di comunicazione Zeno Group, il 49% dei rispondenti dichiara di non fare leva sui comunicati stampa che giungono dalle aziende per individuare nuove idee sulle storie da scrivere, la restante parte vi fa affidamento in modo più o meno intenso: il 3% in modo molto significativo, il 31% abbastanza, il 16% alquanto, sebbene preferirebbe che fossero sviluppati secondo format diversi (Muck Rack & Zeno Group, 2018).

I rapporti di forza fra giornalisti e comunicatori sono fra l'altro in evoluzione per via di una serie di fenomeni, già richiamati: l'emergere di un potere editoriale diffuso fra i cittadini grazie alle tecnologie web 2.0, la crescente importanza dei media proprietari su cui l'impresa può fare leva per diffondere i propri messaggi (sito web aziendale, pagine proprietarie sui social media), la riduzione delle risorse a disposizione delle redazioni e del numero stesso di giornalisti che compongono le redazioni (Bailey, 2017; Davidson, 2017; Zerfass *et al.*, 2016). Tutto questo sembra ridurre la rilevanza dei media tradizionali per i comunicatori e il potere dei giornalisti nella relazione che intercorre fra le due parti. Cresce di conseguenza la capacità dei comunicatori di incidere sul lavoro dei giornalisti.

Peso degli investimenti pubblicitari

Un particolare aspetto del fenomeno riguarda l'influenza che una determinata impresa, e di riflesso il comunicatore che per essa lavora, può avere su un dato media, e di riflesso sul giornalista che per esso lavora, in funzione degli investimenti pubblicitari che l'impresa (cliente) effettua su quel media (fornitore). La relazione commerciale può portare in effetti il fornitore a usare logiche di maggiore accondiscendenza rispetto alle richieste del cliente. L'impresa assume cioè maggiore forza di negoziazione rispetto al media riguardo alla copertura da dare a determinate notizie relative all'azienda. Ciò vale sia nel caso di notizie potenzialmente positive per l'impresa, di norma proposte dal comunicatore al giornalista, portando a maggiore probabilità di copertura, sia nel caso di notizie potenzialmente negative per l'impresa, di norma individuate dal giornalista in modo autonomo, portando a minore probabilità di pubblicazione. È un fenomeno che mina l'indipendenza dell'operato dei giornalisti, denunciato in modo forte nel tempo da alcuni di essi (Altamore, 2006).

Principi etici per superare i dissidi

Superare lo scetticismo fra le parti implica l'adozione di principi etici che risultano centrali per l'efficacia della relazione: sono quegli stessi principi etici che dovrebbero ispirare la comunicazione d'impresa nel suo complesso, come già richiamato nel capitolo 1 di questo volume. *Onestà, trasparenza, verità e integrità* sono qualità centrali nella relazione con i media che consentono al comunicatore di diventare una fonte credibile (Johnston, 2013; Goodman e Hirsch, 2010). Costruire una relazione di fiducia fra le parti implica anche che il comunicatore sia rigoroso nel selezionare i contenuti aziendali da veicolare attraverso una decisa verifica di notiziabilità (Lizzi, 2017). Infine entrambe le parti i devono essere consapevoli delle specificità del lavoro dell'altra, accettare le differenze e, qualora esse vadano in conflitto, devono gestire la relazione secondo aspettative realistiche (Johnston, 2013).

Garbagnati (2013) richiama altresì una serie di principi a cui il comunicatore dovrebbe sempre ispirarsi nella relazione con i giornalisti:

- *competenza*, intesa come conoscenza del linguaggio specifico del media di riferimento
- *costanza*, intesa come continuità nella relazione, in un'ottica di trasparenza
- *disponibilità*, intesa come apertura nell'assistere il giornalista nel suo lavoro e nel prodigarsi per soddisfare le sue richieste
- *affidabilità e credibilità*, intesa come capacità di rispettare le regole del gioco e principi deontologici di trasparenza e correttezza, oltre che come

conoscenza dei principi di funzionamento del settore dei media, propedeutica a fornire ai giornalisti un servizio efficiente
- *tempestività*, intesa come capacità di diffondere una notizia nei tempi utili alla sua distribuzione da parte dei media di riferimento.

Se la relazione fra comunicatore e giornalista si ispira a questi principi, e in particolare è improntata su onestà e trasparenza, il dissidio fra le parti può essere superato, con beneficio per entrambe le parti. Molto lavoro deve comunque essere ancora fatto. L'indagine già richiamata di Muck Rack & Zeno Group (2018) ha fatto emergere in effetti come il 49% dei giornalisti rispondenti pensa che la relazione con i comunicatori sia benefica in modo vicendevole, sebbene non di partnership, e il 24% ritiene che sia una relazione antagonista eppure non questo di per se stessa negativa. Solo il 4% definisce tuttavia questa relazione come una partnership, mentre al contrario il 22% la interpreta come un male necessario.

La percezione dei comunicatori in questo senso è abbastanza allineata a quella dei giornalisti. La già citata ricerca European Communication Monitor 2019 (Zerfass *et al.*, 2019) evidenzia che secondo i comunicatori solo il 39% dei giornalisti ripone fiducia in loro, con un livello di fiducia che si attesta in media su un valore di 3,15 su una scala da 1 a 5.

4.5 Gli strumenti per la gestione delle relazioni con i media

Questo paragrafo approfondisce i principali strumenti che lo specialista può utilizzare per gestire la relazione con i media, in particolare con i giornalisti. Questi strumenti si sono evoluti negli ultimi anni per allinearsi alle nuove dinamiche dell'informazione online e alcuni di essi sono impiegati oggi, con alcuni adattamenti, anche per gestire le relazioni con altre tipologie di infomediari e influencer digitali, nel più ampio ambito delle attività di content management dell'impresa. Un particolare approfondimento è riservato a comunicato stampa, conferenza stampa e intervista. Vengono poi introdotti ulteriori strumenti che completano la cassetta degli attrezzi dello specialista e alcune pratiche diffuse per la gestione delle relazioni con i media in particolari circostanze. Infine vengono presentati gli strumenti per il monitoraggio dei media e per la valutazione delle attività di gestione delle relazioni con i media.

4.5.1 Il comunicato stampa

Il primo e più utilizzato strumento di gestione delle relazioni con i media è il comunicato stampa (*news release* o *press release* in inglese). Come già richiamato nel paragrafo 1.2, è stato introdotto da Ivy Lee all'inizio del Novecento.

Il comunicato stampa è un testo scritto costruito per divulgare sotto forma di notizia informazioni relative a un tema d'interesse dell'azienda. I contenuti del comunicato stampa devono dunque essere declinati per rispecchiare i principi di notiziabilità richiamati al paragrafo 1.3.

I destinatari del documento sono i giornalisti dei mass media e gli altri infomediari, quali blogger e influencer.

Bivins (2011 in Johnston, 2013) evidenzia che un giornalista ha solo 30 secondi per esaminare un comunicato stampa perciò deve essere prodotto per essere il più efficace possibile. I primi tre criteri attraverso cui esso è giudicato sono: emittente, titolo e attacco.

Tecniche di scrittura per il comunicato stampa

Nella costruzione del comunicato stampa è utile seguire le classiche modalità di scrittura giornalistica che includono la regola delle 5 W e la tecnica della piramide rovesciata (Cornelissen, 2017; Wilcox *et al.*, 2014; Garbagnati, 2013; Johnston, 2013).

Fra titolo, sottotitolo e primo paragrafo, il comunicato stampa deve rispondere in modo conciso alle tradizionali **5 W: *who, what, when, where* e *why***. Ciò al fine di evidenziare al giornalista tutti gli elementi informativi di base che danno sostanza alla notizia. L'attacco del comunicato stampa dovrebbe declinare le 5 W in modo che, oltre a fornire la sintesi della notizia, il testo riesca a veicolare il messaggio chiave più importante che lo specialista di relazioni con i media desidera che venga ripreso dal giornalista.

La tecnica di scrittura della **piramide rovesciata** implica che, di paragrafo in paragrafo, il testo consenta un sempre maggiore approfondimento del tema. Il testo inizia dunque fornendo le informazioni generali e più rilevanti, per passare via via a quelle più di dettaglio e meno rilevanti.

La struttura del testo deve risultare in questo senso modulare e logica: il giornalista deve riuscire a selezionare solo le parti che ritiene più interessanti e sufficienti a riempire lo spazio editoriale a sua disposizione senza che il senso complessivo del testo ne risulti compromesso (Garbagnati, 2013).

Stile di scrittura e accorgimenti grafici

Lo stile di scrittura deve essere coinciso, asciutto, lineare, fattuale e non giudicante. Per riferirsi all'azienda emittente è necessario utilizzare la terza persona singolare, mai la prima persona plurale. I periodi devono essere brevi e includere il meno possibile frasi subordinate, le enfasi e i cliché devono essere evitati, così come gli aggettivi e gli avverbi non necessari. Allo stesso modo, lo specialista di relazioni con i media deve evitare il linguaggio gergale e il ricorso a termini stranieri non necessari, mentre eventuali termini tecnici e sigle vanno sempre spiegati.

Sul piano grafico è opportuno lasciare un po' di spazio bianco di margine, in modo che il giornalista abbia spazio per eventuali annotazioni a penna, utilizzare una spaziatura doppia per le righe ed evitare un numero eccessivo di colori nel testo.

Virgolettato e altri elementi da includere

Un elemento importante da includere nel documento è una dichiarazione di un portavoce aziendale che fornisce un commento alla notizia. Il portavoce deve essere per ruolo una fonte aziendale autorevole e la sua dichiarazione va riportata fra virgolette: ecco perché a volte la dichiarazione viene anche definita *virgolettato*. La dichiarazione è il paragrafo in cui lo specialista di relazioni con i media può esprimere in modo più soggettivo la visione dell'azienda sulla notizia, mentre tutto il resto del testo dovrà essere improntato alla maggiore oggettività possibile. È dunque la porzione di testo in cui è possibile veicolare un giudizio "di parte", ribadendo il messaggio aziendale chiave che l'impresa vuole esprimere attraverso quella notizia. La dichiarazione è oltretutto un elemento di norma richiesto e ripreso dai giornalisti nei loro articoli, perché sostanzia un'opinione attribuita a una persona reale.

Altri elementi da includere nel documento sono i seguenti (Wilcox *et al.*, 2014; Johnston, 2013):

- identificazione del fatto che sia un comunicato stampa
- identificazione dell'emittente, tramite logo aziendale inserito nell'intestazione
- data di rilascio
- contatti della persona di riferimento cui rivolgersi per chiarimenti o approfondimenti
- indicazioni su dove reperire online foto, video e altre risorse digitali, se non incluse direttamente in un documento multimediale
- un breve paragrafo in fondo che fornisca informazioni di base sull'organizzazione emittente, noto come *boilerplate*

Multimedia newsrelease

Il comunicato stampa è spesso realizzato in formato multimediale ed è detto *multimedia news release* o *social media release*. Esso include interno link di approfondimento, foto, grafici, video e risorse audio in alta risoluzione (Wilcox *et al.*, 2014). Può essere inoltre un utile accorgimento inserire gli *hashtag* che lo specialista di relazioni con i media vuole che vengano utilizzati in riferimento a quella notizia sui social media.

Di particolare importanza sono le caratteristiche tecniche delle immagini fornite a corredo del testo (Wilcox *et al.*, 2014). Devono avere un buon contrasto di colore e avere una risoluzione minima di 300 dpi (*dots per inch*) per la pubblicazione su media cartacei, 72 dpi per la pubblicazione sul web. Nel caso di immagini di prodotto, sarà utile fornire immagini scontornate o con lo sfondo trasparente e allo stesso tempo foto ambientate in cui l'oggetto è inserito nel suo abituale contesto d'utilizzo.

Spesso per la distribuzione del *multimedia news release* le aziende utilizzano software e servizi erogati via web da appositi service provider per la distribuzione mirata dei comunicati stampa digitali.

Se distribuito online, il *multimedia news release* dovrebbe essere realizzato seguendo le tecniche del SEO (*Search Engine Optimization*), che facilitano il reperimento di documenti e pagine web in Rete attraverso le ricerche per parole chiave sui motori di ricerca (Wilcox *et al.*, 2014).

Video news release

Una specifica declinazione del comunicato stampa pensato per le emittenti televisive è il cosiddetto VNR (*video news release*): una video-notizia sviluppata per un immediato utilizzo da parte delle TV o che richiedono un minimo sforzo di editing da parte del personale televisivo. La VNR include in genere anche due o tre minuti di immagini registrate senza alcuna voce narrante, il cosiddetto *B-roll*, che consentono invece all'emittente televisiva di sviluppare in modo flessibile e personalizzato il proprio servizio (Wilcox *et al.*, 2014; Johnston, 2013).

4.5.2 La conferenza stampa

La conferenza stampa (*press conference* o *news conference* in inglese) è un evento, un incontro fisico organizzato dall'impresa per comunicare una notizia a un gruppo selezionato di giornalisti (Pastore, Vernuccio, 2008), i blogger e gli influencer del mondo digitale. In linea generale lo specialista di relazioni con i media dovrebbe cercare di invitare tutti i media che potrebbero essere interessati alla notizia che viene annunciata (Wilcox *et al.*, 2014).

Perché indire una conferenza stampa

La possibilità di distribuire in modo rapido informazioni ai giornalisti e agli altri infomediari via email, tramite un comunicato stampa, o anche attraverso canali proprietari come il sito web o le pagine social aziendali, fa sì che un'azienda abbia molti modi oggi per diffondere una notizia senza indire una conferenza stampa (Johnston, 2013).

La conferenza stampa può essere più indicata di altri strumenti quando lo specialista di relazioni con i media ritiene utile instaurare una comunicazione two-way anziché one-way con giornalisti e altri infomediari, per esempio perché l'oggetto della notizia può generare un dibattito o suscitare molte domande negli interlocutori (Cornelissen, 2017; Wilcox *et al.*, 2014; Pastore, Vernuccio, 2008). La conferenza stampa può dunque essere più adatta di altri strumenti per comunicare notizie che non possono essere trasmesse in modo standardizzato o tramite un testo scritto o quando l'informazione riguarda un tema controverso o sensibile (Cornelissen, 2017).

Possono esserci anche altri motivi per convocare una conferenza stampa. Il caso più classico è quello in cui l'azienda sta diventando protagonista di una "hard news", una notizia con carattere d'urgenza, tipicamente in caso di crisi aziendale: in questo caso l'impresa ha bisogno di diffondere in maniera rapida le proprie informazioni al più alto numero possibile di infomediari (Bailey, 2017; Wilcox *et al.*, 2014; Johnston, 2013).

L'azienda potrebbe anche ricorrere a questo strumento in momenti fissi dell'anno, per esempio quando rilascia i risultati finanziari o in occasione dell'incontro annuale con gli azionisti (Cornelissen, 2017). In questo caso la conferenza stampa rappresenta un momento di aggiornamento periodico sull'andamento dell'azienda dedicato ai media.

L'azienda può ricorrere alla conferenza stampa anche per coinvolgere in un'attività di gestione delle relazioni con i media una *celebrity* con cui ha collaborato per un dato progetto. In questo caso la conferenza stampa consente di darle la massima visibilità possibile in un tempo ristretto. Oppure l'azienda può organizzare una conferenza stampa perché intende dar vita a un evento che diventi esso stesso parte della storia che il giornalista è chiamato a raccontare, per esempio creando occasioni per realizzare immagini video e foto originali o accattivanti, in grado di attrarre l'interesse del pubblico (Johnston, 2013).

Importanza della preparazione e della logistica

In ogni caso, organizzare una conferenza stampa implica definire bene i messaggi che l'azienda intende veicolare durante l'evento e preparare il relatore o i relatori a comunicarli nel modo più efficace possibile. Inoltre, attraverso l'impiego di questo strumento lo specialista di relazioni con i media si propone di ottenere risultati pressoché immediati in termini di copertura (Garbagnati, 2013).

Dal punto di vista operativo, come per l'organizzazione di qualunque evento, organizzare una conferenza stampa implica individuare data, orario e luogo più adatti.

La scelta della data dovrà tenere conto di eventuali eventi concorrenti concomitanti, che potrebbero impedire un'ampia partecipazione dei giornalisti invitati, e dei tempi di produzione dei media, per agevolare per esempio la copertura da parte di settimanali o mensili sul primo numero raggiungibile.

La scelta dell'orario sarà invece strategica per agevolare un'immediata copertura della notizia da parte dei quotidiani cartacei, convocando i giornalisti nella tarda mattinata se l'auspicio è di ottenere copertura già il giorno successivo.

La scelta del luogo invece va fatto scegliendo una location che:

- per le sue caratteristiche, sia in linea con il tema dell'annuncio o i messaggi chiave che l'azienda intende veicolare
- sia accessibile e raggiungibile in modo facile
- sia dotata della attrezzatura tecniche necessarie a veicolare i contenuti previsti (per esempio, impianto di videoproiezione e impianto audio)
- abbia la giusta capienza per contenere il numero di partecipanti previsto
- disponga di sale dotate di connessione internet WiFi, per consentire ai giornalisti e agli influencer di diffondere contenuti in diretta durante lo svolgimento dell'evento.

Una volta definiti i dettagli logistici, lo specialista di relazioni con i media provvede a inviare un invito a tutti i media che intende coinvolgere: oggi di norma viene fatto tramite email, tuttavia in alcuni casi è possibile prevedere un invito cartaceo. Alla distribuzione dell'invito segue un recall telefonico a tutti gli invitati, al fine di portare l'evento in ulteriore evidenza e ottimizzare le adesioni.

La preparazione della conferenza stampa implica lo sviluppo di tutti i materiali di supporto, quali presentazioni e video proiettati durante l'evento. Allo stesso modo andranno preparati tutti i materiali da includere nella cartella stampa che sarà consegnata ai partecipanti (vd. paragrafo 4.4). Come già detto, particolare cura dovrà essere riservata alla preparazione dei relatori, che dovranno essere formati per riuscire a veicolare i messaggi chiave in modo convincente e tenere testa a eventuali domande critiche.

Struttura

Di norma l'evento si struttura con un intervento iniziale dei relatori, lungo non più di mezz'ora, e un tempo altrettanto lungo per il dibattito e le domande dalla platea.

Al termine della conferenza stampa, è possibile prevedere un tempo per interviste mirate fra i relatori e singoli infomediari, per consentire a giornalisti o influencer considerati chiave di poter personalizzare i loro contenuti.

Evoluzione digitale

Oggi la digitalizzazione della comunicazione ha portato un'evoluzione della conferenza stampa, che spesso si rende ora disponibile anche in streaming video via web, per consentire di seguirla anche a giornalisti e influencer impossibilitati a prendere parte all'evento fisico (Garbagnati, 2013).

Press briefing

Una particolare declinazione della conferenza stampa è il *press briefing*. Esso è un incontro fra l'impresa e un numero ristretto di giornalisti che si pone più un fine relazionale che di comunicazione di informazioni urgenti (Garbagnati, 2013). In questo caso lo specialista di relazioni con i media non si attende risultati immediati in termini di copertura, bensì di posizionare l'impresa come opinion leader su un tema che ritiene rilevante, anche in mancanza di contenuti molto notiziabili. Questo tipo di evento stampa ha un carattere più informale e vuole presentarsi come un'occasione di dialogo e di dibattito tematico. In questo senso può essere organizzato sotto forma di pranzo con la stampa (*press lunch*).

4.5.3 L'intervista con i media

L'intervista è un incontro o una discussione one-to-one fra un portavoce aziendale e un giornalista, volto a offrire a quest'ultimo un'occasione per sviluppare contenuti molto personalizzati e tagliati sulle specifiche esigenze del media. Di norma coinvolge il top management dell'azienda, dunque l'amministratore delegato o responsabili di direzione o funzione, in base all'argomento.

Diverse tipologie di intervista

Un'intervista può svolgersi di *persona*, via *telefono* o per *iscritto*. In quest'ultimo caso, il controllo è più alto: il giornalista invia allo specialista di relazioni con i media una scaletta di domande, per le quali verranno preparate delle risposte scritte attribuite al portavoce. Vi è dunque minore possibilità di fornire informazioni errate o non volute o di esprimersi in modo inefficace. Specifiche forme di interviste sono quelle televisive e radiofoniche, che presuppongono l'impiego di specifici accorgimenti da parte dell'intervistato per essere efficaci.

Le interviste possono essere inoltre *proattive* o *reattive*. Nel primo caso sono proposte dallo specialista di relazioni con i media al giornalista, e ciò consegna a quest'ultimo maggiore potere negoziale nella definizione dei temi e delle modalità con cui realizzare l'intervista. Nel secondo caso le interviste sono richieste dal giornalista e ciò assegna allo specialista maggiore potere negoziale rispetto a temi e modalità di svolgimento della discussione (Garbagnati, 2013).

Perché ricorrere a un'intervista

L'intervista rappresenta in generale per l'azienda uno strumento molto utile per ottenere occasioni di visibilità privilegiata su un determinato media. Il giornalista impiega del tempo per sviluppare un contenuto potenzialmente differenziante rispetto ai concorrenti: questo dà buone garanzie circa il fatto che l'attività generi copertura di buon livello in termini di quantità dello spazio concesso.

Rappresenta però al contempo uno strumento molto delicato da gestire, perché implica di governare dinamiche relazionali interpersonali che possono anche rivelarsi critiche. In questo senso, le interviste vanno preparate con attenzione (Goodman, Hirsch, 2010; Argenti, 2009). Chi è sottoposto all'intervista non ha il controllo su cosa verrà pubblicato, tuttavia può esercitare controllo su se stesso nel rispondere alle domande (Wilcox *et al.*, 2014).

Importanza della preparazione

Lo specialista di relazioni con i media dovrà instaurare una prima interlocuzione con il giornalista in cui intercettare le sue esigenze e concordare i temi dell'intervista. Particolare attenzione va riservata a verificare i tempi di lavoro del giornalista, in modo da poter gestire l'intervista in modo da consentirgli di osservare le sue scadenze di consegna (Goodman, Hirsch, 2010). Se possibile, in base agli equilibri di forza, potrà anche negoziare con il giornalista spazi e tempi di pubblicazione. Sarà opportuno inoltre già in questa fase fare richiesta di poter visionare prima della pubblicazione del pezzo i virgolettati del portavoce aziendale che saranno inclusi nel testo: questa è una forma di controllo sui contenuti di norma accettata dai giornalisti, di cui in ogni caso è bene discutere fin da subito (Garbagnati, 2013).

Lo specialista di relazioni con i media dovrà quindi sottoporre il portavoce aziendale che verrà coinvolto nell'intervista a un adeguato *media training*. Ciò perché sia in grado di rispondere alle possibili domande del giornalista, trasmettere in modo efficace i messaggi aziendali chiave ed evitare di divulgare al contrario informazioni non utili al raggiungimento degli obiettivi che l'impresa si pone o addirittura riservate. Nel caso di interviste televisive o via webcast una simulazione è a tutti i costi necessaria (Argenti, 2009).

Il portavoce deve essere sempre preparato nell'esporre i messaggi aziendali chiave nel modo più chiaro possibile all'inizio dell'intervista. Può essere utile in questo senso avere a mente tre messaggi chiave e concentrarsi su questi per essere certi che passino (Goodman, Hirsch, 2010). Le risposte devono essere sempre sintetiche, soprattutto in televisione dove passaggi audio di tre o quattro secondi rappresentano la norma, e comunque argomentate, senza limitarsi al sì o al no (Goodman, Hirsch, 2010; Argenti, 2009). Nelle interviste televisive, inoltre, il portavoce aziendale deve saper gestire la postura e il linguaggio del corpo, utilizzare in modo corretto lo sguardo rivolgendolo verso la camera o verso l'intervistatore, gestire la posizione e i movimenti delle mani. Particolare attenzione, infine, va data all'abbigliamento, indossando capi dai colori adatti all'interazione con le luci in studio.

Gestire il durante e il dopo

Durante l'intervista, se ciò è possibile, è opportuno che lo specialista di relazioni con i media affianchi il portavoce aziendale. Il suo ruolo in questo caso dovrebbe essere quello di mero facilitatore della discussione fra giornalista e portavoce aziendale, evitando di intromettersi in risposta alle domande del primo e intervenendo solo in caso di evidente difficoltà del portavoce o per evidenziare particolari passaggi dell'intervista. Al termine dell'intervista, infine, lo specialista di relazioni con i media rimane a disposizione del portavoce e del giornalista per facilitare successivi approfondimenti, per fornire informazioni in risposta a domande a cui l'intervistato non è riuscito a rispondere al momento o per fornire eventuali chiarimenti che si rendessero necessari (Garbagnati, 2013; Goodman, Hirsch, 2010).

4.5.4 Completare la cassetta degli attrezzi delle relazioni con i media

Oltre a comunicato stampa, conferenza stampa e intervista, lo specialista di relazioni con i media ricorre a numerosi altri strumenti nell'ambito delle sue attività che vengono illustrati qui di seguito.

Mailing list

Il primo è la *mailing list* o *media list*, il database dei contatti media rilevanti per l'azienda (Johnston, 2013). Esso include tutti i media e dei giornalisti di riferimento e riporta informazioni di base relative a ciascun media (nome dell'editore/gruppo editoriale di appartenenza, periodicità, dati di diffusione, nome del direttore, indirizzo della redazione) e a ciascun giornalista (indirizzo email, recapiti telefonici, eventuale indirizzo privato, desk di riferimento, temi d'interesse).

In realtà non esiste un'unica media list di riferimento per l'impresa: in base al tema di un annuncio e agli obiettivi di comunicazione specifici di ciascuna attività, lo specialista segmenterà una specifica media list. Il database deve essere inoltre aggiornato in modo costante, per tenere conto dei cambi di redazione dei giornalisti, di modifiche nei dati di contatto, della chiusura e apertura di testate, e così via.

Nel nuovo panorama dei media, le mailing list possono includere anche i riferimenti dei blogger e degli influencer più rilevanti per l'impresa. Possono in questo caso essere definite *influencer list*.

PRESS/MEDIA KIT

Cartella stampa e company profile

La *cartella stampa*, detta anche *press kit* o *media kit* in inglese, è una serie di documenti che vengono forniti ai media in particolari circostanze, per esempio in occasione di eventi, conferenze stampa o lanci di prodotto (Wilcox *et al.*, 2014).

Essa include di norma alcuni documenti di base, in primo luogo il *company profile*: si tratta di un documento sintetico che presenta l'azienda nel suo complesso, includendo anche informazioni sulla sua offerta.

Nella cartella stampa vengono incluse anche le biografie del top management e schede di approfondimento su temi chiave per l'azienda, per esempio prodotti o servizi di punta o iniziative chiave per il posizionamento.

Ai documenti di base della cartella stampa è possibile affiancare documenti legati alla specifica circostanza in cui la cartella stampa viene distribuita. Per esempio, nel caso di una conferenza stampa per il lancio di un nuovo prodotto includerà il comunicato stampa di annuncio e una scheda di approfondimento sulle caratteristiche tecniche di tale prodotto, oltre che le biografie dei relatori. Nel caso di un'intervista includerà invece la biografia del portavoce aziendale coinvolto nell'attività e comunicati stampa o schede di approfondimento sui temi specifici dell'intervista.

Pressroom online

Nel nuovo contesto dell'informazione digitale, la cartella stampa, sia quella di base sia quella prodotta in occasione di specifici eventi, viene arricchita di foto, infografiche, video, risorse audio e distribuita attraverso la *pressroom online*, apposita sezione del sito web aziendale che funge da *repository* di risorse e materiali per i media.

Fact sheet

Il *fact sheet* è una scheda che inquadra un tema in modo sintetico e schematico (Wilcox *et al.*, 2014). Anche il company profile di un'azienda potrebbe essere formulato sotto forma di fact sheet. In genere è lungo al massimo due pagine e viene a volte articolato sotto forma di FAQ (*frequently asked questions*).

Backgrounder

Il *backgrounder* è al contrario un documento di approfondimento, sviluppato per fornire maggiori informazioni su una notizia rispetto a quelle incluse in un comunicato stampa. Può essere scritto seguendo un ordine cronologico dei fatti o secondo uno stile narrativo più accattivante (Johnston, 2013).

Case study

Il *case study* o *case history* è uno strumento molto diffuso per dare visibilità a servizi o prodotti di elevata complessità, illustrando un'esperienza positiva di utilizzo da parte di un cliente. È uno strumento tipico nella gestione delle relazioni con i media da parte delle aziende business-to-business, quelle cioè che producono beni e servizi rivolti ad altre aziende e non ai consumatori finali (Polo, 2017). Per valorizzare i benefici che derivano dall'uso di questi prodotti o servizi, lo specialista di relazioni con i media ricorre infatti al racconto scritto dei progetti di implementazione realizzati dalle aziende clienti, includendo dichiarazioni dei portavoce di queste aziende.

Il case study consente così di sviluppare storie in cui sono coinvolte persone reali e organizzazioni reali, caratteristica che lo rende molto apprezzato dai giornalisti. Anche questo documento può essere arricchito di risorse fotografiche e video per un servizio di information subsidy più completo.

Lettera di pitch

La *lettera di pitch*, o meglio l'email di pitch, è il messaggio che lo specialista di relazioni con i media predispone e invia a un giornalista specifico per proporre una notizia o una storia e attirare la sua attenzione (Wilcox *et al.*, 2014). Deve essere dunque molto sintetica e accattivante. Viene predisposta per esempio per proporre un'intervista, per invitare il giornalista a un evento, oppure in accompagnamento a un comunicato stampa, con l'obiettivo di indurre il destinatario ad aprire il documento e ad approfondire la notizia.

Viaggio stampa

Il *viaggio stampa* (noto anche come *press tour* o *press trip*) è un viaggio che l'azienda organizza al fine di far vivere ai giornalisti esperienze di particolare valore. In questo modo, si propone di ottenere ampia visibilità per i messaggi che intende veicolare sui media dei giornalisti coinvolti.

Il press tour può essere effettuato in occasione di un lancio di prodotto, per far sì che i giornalisti prendano parte a eventi internazionali di lancio. Potrebbe essere organizzato altresì per far visitare un laboratorio di ricerca all'avanguardia o uno stabilimento produttivo d'eccellenza (Wilcox *et al.*, 2014).

È di certo un'attività molto dispendiosa tanto per l'azienda che la promuove quanto per il media che decide di accogliere l'invito e di inviare un proprio giornalista. La redazione deve infatti privarsi per più giorni di una risorsa che viene del tutto dedicata a seguire una sola storia o notizia: una criticità non da poco in un momento storico in cui gli organici delle redazioni tendono a ridursi sempre più e i tempi di produzione delle notizie sono invece accelerati. Ecco perché un press tour andrebbe organizzato solo quando la storia che si vuole promuovere è altamente notiziabile e molto indicata per trasmettere i propri messaggi chiave.

Prova prodotto

La *prova prodotto* è un'attività molto diffusa quando l'azienda ha come obiettivo quello di ottenere visibilità per un prodotto, a sostegno della comunicazione di marketing. Consiste nell'inviare alle redazioni dei prodotti in prova, che vengono restituiti alla fine del test. In questo modo il giornalista può fare esperienza diretta del prodotto in questione e saggiarne le caratteristiche. Sono molto rilevanti per particolari categorie merceologiche, per esempio per i beni tecnologici. In alcuni casi i prodotti sono inviati alle redazioni per essere fotografati in relazione a specifici servizi redazionali: si tratta di una pratica molto diffusa per promuovere particolari prodotti, per esempio i capi d'abbigliamento.

Calendario degli speciali editoriali

Il *calendario degli speciali editoriali* è uno strumento utile per riuscire a intercettare potenziali opportunità di coverage per l'impresa. Nasce dal monitoraggio dei calendari editoriali dei media di riferimento dell'azienda, in particolare della stampa periodica: i calendari editoriali sono redatti in genere su base semestrale o annuale e guidano il lavoro delle redazioni, definendo una serie di contenuti che verranno approfonditi in ciascun numero della pubblicazione, le cosiddette *featured stories*. Lo specialista di relazioni con i media seleziona da tutti i calendari editoriali i futuri servizi d'interesse per l'impresa in base agli argomenti, e li inserisce in un proprio calendario di lavoro che tiene conto dei tempi di lavorazione delle singole testate. Può così contattare a tempo debito le redazioni, e in particolare il giornalista che segue lo speciale d'interesse, per proporgli storie o notizie aziendali sul tema oggetto del servizio, avendo così elevate probabilità di trovare spazio nei contenuti editoriali.

Errata corrige

L'*errata corrige* o *smentita* è uno strumento utilizzato per smentire una notizia (Garbagnati, 2013). Di norma si configura come un testo scritto inviato al direttore di una testata, in cui l'impresa chiede che venga corretta o modificata una notizia pubblicata in modo errato o parzialmente errato. Nel rispetto dei principi deontologici della professione giornalistica, le testate sono solite accogliere questo tipo di richieste e sono tenute a pubblicare la correzione sul primo numero raggiungibile, dandole la stessa visibilità data al contenuto errato. L'errata corrige a va usata con estrema parsimonia, perché introduce un motivo di tensione nella relazione fra l'azienda e il giornalista e porta comunque a dare nuova visibilità alla notizia errata.

4.5.5 Strategie per situazioni particolari nella gestione delle relazioni con i media

Nella gestione delle relazioni con i media, gli specialisti ricorrono spesso ad alcune pratiche che intendono ottimizzare i risultati di specifiche attività o governare particolari situazioni che possono intercorrere nella gestione delle relazioni con i media. Queste pratiche sono estese in alcune circostanze ad attività gestite con i blogger e altri influencer digitali.

Embargo

L'*embargo* è un meccanismo utilizzato dallo specialista di relazioni con i media per gestire i tempi di pubblicazione dei contenuti editoriali sviluppati dai giornalisti, in accordo con questi ultimi (Bailey, 2017). In effetti le attività di gestione delle relazioni con i media possono essere gestite settimane o addirittura mesi prima che una data informazione, messaggio o contenuto vengano resi pubblici. In questi casi lo specialista concorda con il giornalista di fornirgli un contenuto o informazione *sotto embargo*, definendo che la sua pubblicazione non possa avvenire prima di una determinata data. In questo modo, da un lato il giornalista può preparare in anticipo l'articolo o la storia che riporta la notizia, in linea con i tempi di produzione necessari alla sua pubblicazione entro la data di lancio, e dall'altro lo specialista si assicura che la storia possa avere visibilità nei tempi voluti. L'embargo presume un elevato livello di fiducia da ambo le parti e andrebbe usato con parsimonia, di preferenza solo quando esso costituisce un modo per aiutare il giornalista nel suo lavoro.

Esclusiva

L'*esclusiva* è una pratica attraverso cui lo specialista di relazioni con i media offre solo a un media un determinato contenuto o notizia (Bailey, 2017). Il media si garantisce così un contenuto editoriale unico, mentre lo specialista può auspicabilmente ottenere su quel media una visibilità più ampia e di qualità per i suoi messaggi rispetto a quella che avrebbe ottenuto se la storia fosse stata proposta anche ad altri media.

Anteprima

L'*anteprima* è una pratica simile alla precedente, ma che non garantisce al media l'esclusività del contenuto. In questo caso, lo specialista offre infatti a uno specifico media un contenuto o una notizia in anticipo rispetto ad altri. L'accordo prevede che lo specialista attenda che il media in questione pubblichi il suo articolo o la sua storia e poi sia libero di proporre la stessa notizia o lo stesso contenuto anche ad altri media.

In generale, i media sono sensibili alle proposte di esclusive e anteprime perché esse consentono loro di differenziarsi dalla concorrenza. Ciascun media si sente in competizione in primo luogo con media della stessa tipologia e frequenza di pubblicazione: per esempio un quotidiano avverte in maniera significativa la concorrenza con gli altri quotidiani e più debole la concorrenza con un mensile. Va tenuto presente tuttavia che oggi la presenza online di tutti i media (quotidiani, settimanali, mensili) sta portando le redazioni a rivedere le loro logiche competitive in questo senso.

No comment

Il *no comment* ("nessun commento") è la pratica che alcuni specialisti di relazioni con i media scelgono di attuare per evitare di fornire risposte di contenuto a particolari richieste dei media, soprattutto in situazioni critiche. Tale pratica è molto delicata: non fornire una risposta circostanziata a una domanda dei media fa presumere infatti che l'impresa abbia qualcosa da nascondere e mette a rischio il principio di trasparenza che dovrebbe sempre ispirare la relazione fra azienda e media. È opportuno in questo senso chiarire quando non è possibile fornire risposte ad alcune domande per policy aziendale, quando ciò implica per esempio divulgare dati finanziari riservati o informazioni su questioni che hanno impatto personale sui collaboratori (Goodman, Hirsch, 2010).

Soffiata

La *soffiata* o *rumors* è una pratica utilizzata quando lo specialista di relazioni con i media vuole fare trapelare un'informazione senza che l'impresa sia citata come fonte (Bailey, 2017; Garbagnati, 2013). Presuppone anche in questo caso particolare fiducia fra le due parti: il giornalista deve avere fiducia nel fatto che la notizia che lo specialista gli consegna sia vera, lo specialista deve avere fiducia nel fatto che il giornalista mantenga davvero il riserbo sulla fonte. È una pratica dunque delicata come la precedente, che mette anche in questo caso in dubbio il principio etico della trasparenza.

4.5.6 Strumenti di monitoraggio e di valutazione della gestione delle relazioni con i media

Come evidenziato già in apertura di questo capitolo, i media rappresentano sia degli intermediari chiave per trasmettere messaggi aziendali sia una fonte imprescindibile di informazioni utili per l'impresa al fine di analizzare il contesto in cui essa opera. Un monitoraggio costante dei media è dunque parte integrante del lavoro dello specialista in questo ambito, a supporto di una serie di processi interni all'organizzazione.

Monitorare i media è fondamentale anche per intercettare possibili criticità che possono interessare l'azienda e per poter così intervenire in modo tempestivo.

Infine, monitorare i media è fondamentale per poter valutare l'efficacia delle attività realizzate in modo proattivo dallo specialista di relazioni con i media per dare visibilità per i messaggi aziendali.

In questo ambito, i due strumenti di lavoro dello specialista di relazioni con i media sono la rassegna stampa e il media monitoring o net clipping (Mazzei, Ravazzani, 2014; Garbagnati, 2013).

Rassegna stampa

La *rassegna stampa* è una raccolta ragionata degli articoli relativi all'organizzazione apparsi sui media cartacei. Viene realizzata su base quotidiana e può includere anche articoli inerenti i principali concorrenti dell'impresa o temi di particolare interesse per analizzare lo scenario competitivo. Viene di norma condivisa con tutto il top management dell'azienda.

Media monitoring

Il *media monitoring* o *net clipping* raccoglie invece gli articoli relativi all'organizzazione apparsi sui media digitali. Viene realizzato più volte nell'arco della giornata, per intercettare in modo tempestivo nuove uscite, e può includere anche i blog.

Un'estensione del media monitoring prevede anche l'ascolto dei social media, per monitorare in tempo reale tutte le conversazioni che avvengono sulla Rete in merito all'azienda o a temi di suo interesse. Ciò è molto utile per poter intervenire in modo tempestivo quando si sviluppano conversazioni critiche nei confronti dell'impresa, al fine di governarle e impedire che diventino virali. Il media monitoring diventa così strumento di monitoraggio della reputazione ad ampio spettro.

Misurazione delle attività di gestione delle relazioni con i media

La rassegna stampa e il media monitoring sono il punto di partenza per una misurazione e valutazione dell'efficacia delle attività di gestione delle relazioni con i media. Essa può avvenire attraverso criteri quantitativi o qualitativi (Mazzei, Ravazzani, 2014; Garbagnati, 2013).

Valutazione quantitativa

La valutazione quantitativa delle attività di gestione delle relazioni con i media è legata a quanto l'impresa e gli argomenti per essa rilevanti sono trattati sui media. A questo scopo, l'azienda ricorre a (Cornelissen, 2017; Mazzei, Ravazzani, 2014):

- la quantificazione della copertura generata in un dato periodo dalle attività di gestione delle relazioni con i media, in termini di numero di uscite generate o di spazi occupati (numero di colonne di giornali o minuti di trasmissione televisiva o radiofonica). Tale quantificazione può anche essere comparata con i volumi di copertura ottenuti dai competitor o rispetto a periodi precedenti, per rilevare eventuali margini di crescita o decrescita
- la quantificazione dei temi di scenario in cui è coinvolta l'azienda
- la valutazione delle diverse tipologie di media che hanno dato copertura all'impresa (quotidiani, periodici, radio, televisioni, media digitali, agenzie di stampa)
- la valutazione quantitativa di indicatori relativi agli specifici media che hanno dato copertura all'azienda. Per esempio, la diffusione o numero di lettori di una testata che ha dato copertura all'azienda o lo share di ascolti del programma televisivo in cui appare l'azienda
- la quantificazione del rapporto fra il numero di comunicati stampa o altri strumenti o attività di gestione delle relazioni con i media realizzati e il numero di messaggi comparsi sui media.

Valutazione qualitativa

La valutazione qualitativa delle attività di gestione delle relazioni con i media è legata alla qualità della copertura generata da tali attività. A questo scopo, l'azienda ricorre a (Cornelissen, 2017; Mazzei, Ravazzani, 2014):

- la valutazione di come si è originata una determinata copertura, se in modo spontaneo o a seguito di un'attività di gestione delle relazioni con i media intrapresa dall'azienda
- la valutazione sul contenuto dei messaggi comparsi sui media rispetto all'azienda e alla sua offerta, in termini di tono dell'articolo (positivo, negativo o neutro) e di ricorrenza di messaggi ritenuti chiave dall'azienda
- la valutazione di come viene modificato del contenuto dei comunicati stampa o di altri strumenti di gestione delle relazioni con i media sviluppati dall'azienda
- la valutazione della tipologia degli articoli in cui appare l'azienda (totalmente dedicato, parzialmente dedicato, citazione)
- la valutazione di particolari caratteristiche degli articoli che riguardano l'azienda, come la presenza del nome dell'azienda nel titolo o nel sottotitolo e la presenza di foto.

Modello AVE: un modello in disuso

Un modello di valutazione dei risultati della gestione delle relazioni con i media molto popolare in passato e che ora viene progressivamente abbandonato è noto come *AVE (Advertising Value Equivalent)* (Bailey, 2014). Esso si focalizza sulla misurazione della dimensione dello spazio occupato dall'articolo in cui appare l'azienda, e calcola quanto sarebbe costato acquistare quello spazio in termini di investimento pubblicitario. In alcuni casi, viene applicato anche un moltiplicatore al valore ottenuto, in considerazione del fatto che la *publicity* è considerata più persuasiva della pubblicità. Il mondo accademico e le associazioni dei professionisti di comunicazione si sono però espresse nel tempo in maniera molto critica nei confronti di questo modello, che pertanto è ora in disuso. Questo perché mette in comparazione oggetti di natura diversa e si focalizza solo sull'output e non sul valore qualitativo di quell'output, presumendo che la copertura abbia sempre tono positivo.

Recap

Dopo aver studiato questo capitolo, lo studente:

- saprà fornire una definizione di gestione delle relazioni con i media e identificare gli stakeholder a cui l'impresa si rivolge con questa attività
- conoscerà i principali criteri di notiziabilità di un'informazione, in funzione dei quali valutare se un contenuto aziendale sia potenzialmente notiziabile e per quali media
- saprà chi sono i media: quali funzioni svolgono, quali tipologie è possibile distinguere, quali sono i loro principi di funzionamento in quanto imprese e le loro dinamiche evolutive
- avrà presente il fenomeno emergente delle fake news, in che modo le aziende ne sono interessate e come possono intervenire a riguardo
- saprà interpretare la gestione delle relazioni con i media attraverso le teorie dell'information subsidy, dell'agenda setting, dell'agenda building, del framing e del third party endorsement
- conoscerà i principi gestionali utili per governare le dinamiche di relazione fra impresa e media e i principi etici che dovrebbero ispirarle
- conoscerà i principali strumenti di gestione delle relazioni con i media, in particolare il comunicato stampa, l'intervista, la conferenza stampa e gli altri strumenti che completano la cassetta degli attrezzi dello specialista
- conoscerà alcuni principi di lavoro che lo specialista di relazioni con i media segue per ottimizzare l'efficacia della propria attività in particolari circostanze
- conoscerà gli strumenti utili per misurare e valutare l'efficacia della gestione delle relazioni con i media.

CAPITOLO

5

Il brand journalism

di Daniela Poggio

Obiettivi di apprendimento

- Comprendere il fenomeno del brand journalism, inteso come un nuovo approccio alla comunicazione e allo sviluppo delle strategie di content management dell'azienda
- Conoscere le caratteristiche tipiche della pratica di brand journalism in azienda
- Conoscere tecniche utili per realizzare contenuti di comunicazione secondo l'approccio del brand journalism

5.1 Il brand journalism: l'azienda diventa una media company

Che cosa significa comunicare per un'azienda? Una mamma nel tentativo di spiegare il suo lavoro di manager della comunicazione in azienda alla figlia le disse: "L'azienda dice alla mamma cosa vuole comunicare e la mamma lo dice agli altri". "Ho capito. Fai la spia!" fu la risposta entusiasta della figlia. Un aneddoto che nella sua semplicità esprime sia la specificità del lavoro del manager di comunicazione sia la sua delicatezza e complessità tra supposti e reali conflitti di interesse nel perseguimento di legittimi obiettivi aziendale. Il manager di comunicazione non è una spia. Eppure per molti anni il ruolo degli esperti di comunicazione è stato concepito come quello di potenziali manipolatori della pubblica opinione secondo la rappresentazione cinematografica che ne ha dato Jason Reitman in "Thank you for smoking" e riconducibile ai modelli delle origini della comunicazione d'impresa illustrati nel capitolo 1.

Da allora la situazione è molto cambiata e di crisi in crisi le aziende hanno capito il valore della trasparenza soprattutto in un'era connessa, digitale, disintermediata. E gli specialisti di comunicazione sono oggi non solo i guardiani del cosiddetto "storybeing", essere la storia che si racconta, ma anche manager dal ruolo strategico e manageriale (cfr. capitolo 1 di questo volume). Ed ecco nascere il *brand journalism*.

Il brand journalism consiste nell'applicazione di competenze e tecniche narrative e stilistiche tipiche del giornalismo nella definizione della strategia di comunicazione d'impresa e nello sviluppo di storie e contenuti relativi al brand o ai brand aziendali che vengono poi distribuiti attraverso i media di proprietà dell'azienda al fine di ottenere l'attenzione degli stakeholder in modo diretto cioè senza l'intermediazione dei media indipendenti (Davidson, 2017; Zerfass *et al.*, 2016).

Bull (2013:1) definisce il brand journalism proprio così: "[…] the response to the fact that any organization can now use journalistic technique to tell its story directly to the public". In questa definizione emerge con chiarezza la novità del brand journalism: l'azienda dialoga in modo diretto con i suoi interlocutori attraverso dei media che fonda e gestisce in proprio. L'azienda, che sia di servizi o di produzione, diventa una *media company*.

Nel passato invece per comunicare con i suoi stessi interlocutori l'azienda doveva ricorrere alla intermediazione dei media, cioè giornali, televisione e così via. Oggi questo aspetto permane ed è gestito tramite le relazioni con i media. In aggiunta l'azienda si dota di suoi media proprietari, i cosiddetti *company media*. Secondo il modello PESO i company media corrispondono agli owned media e sono distinti dai media gestiti da editori indipendenti, cioè gli *earned* media (Dietrich, 2014) (cfr. capitolo 4 di questo volume).

Il brand journalism è quindi una sorta di ibrido che incorpora elementi di content marketing e storytelling insieme a una visione ed evocazione del *purpose* aziendale. Il termine "journalism" impone temi deontologici ed etici importanti. "There are serious issues over balance, independence, and fairness that must be addressed, and we shall", continua Bull (2013:1).

Verrà affrontato più avanti questo aspetto deontologico, per ora è utile tornare alla domanda iniziale: cosa significa comunicare per un'azienda? L'etimologia stessa della parola suggerisce che il verbo comunicare deriva dal latino e significa "communis agere" ovvero mettere in comune. In un'azienda questo significa mettere in comune la propria identità, il proprio *purpose*, ovvero la ragione per cui l'impresa esiste e che determina la definizione della propria missione, dei propri valori e delle proprie attività commerciali e istituzionali. La cui chiarezza del *purpose* prima di tutto all'interno della stessa azienda è alla base di una relazione positiva con gli stakeholder. Il primo compito per un comunicatore è quindi quello di identificare questa storia, identificare i confini narrativi dell'azienda in cui o per cui lavora e metterli in relazione con gli obiettivi di business. Una volta fatto questo lavoro si può procedere raccontare questa storia e stabilire i canali e le tecniche della narrazione.

Alla funzione comunicazione si chiede di raccontare una storia e di sviluppare contenuti coerenti in linea con gli obiettivi istituzionali e commerciali di un'azienda. Il peccato originale di ogni impresa tuttavia è di considerare la propria storia interessante anche per il mondo che la circonda. Spesso è lo stesso specialista di comunicazione a essere al centro di pressioni costanti per far pubblicare questa o quella notizia senza che si sia risposto ad una domanda fondamentale: è una notizia?

Come ricorda Bull (2013:35): "There may be conflicts between what marketing advertising and other departments want to achieve with brand journalism".

Un concetto chiave che viene in aiuto è la definizione di "notizia" (cfr. capitolo 4 in questo volume). Una notizia riguarda qualsiasi cosa sia in grado di colpire l'interesse del pubblico di un determinato media e implica un lavoro di selezione e interpretazione da parte del giornalista. Applicato in azienda dallo specialista di comunicazione. Quando un'azienda, un organismo, una business unit chiede allo specialista di comunicazione di dare ampio risalto a un fatto, egli deve sempre porsi e porre loro una domanda: "È interessante, ha un impatto sui nostri stakeholder o sulla pubblica opinione?". Se la risposta è no, il compito dello specialista di comunicazione è spesso provare a trovare un taglio che trasformi quel fatto in una notizia. Se possibile, ovviamente.

E questo è già un ulteriore aspetto chiave del brand journalism: la possibilità per un'azienda di trasformare un fatto in una notizia applicando tecniche giornalistiche di selezione, interpretazione, narrazione e divulgazione. Questo approccio è sempre stato alla base di diverse strategie di comunicazione delle imprese e in particolare delle relazioni con i media e della redazione di un comunicato stampa efficace. La novità apportata dal brand journalism è che le aziende oltre ad applicare tecniche di scrittura giornalistica possiedono media proprietari per comunicare in modo con i propri stakeholder e non sono più obbligate a passare dalla mediazione dei media indipendenti per far giungere i propri messaggi agli interlocutori.

In sintesi, il *brand journalism* è definito come un nuovo approccio alla comunicazione d'impresa che prevede l'impiego di competenze e tecniche narrative e stilistiche tipiche del giornalismo per lo sviluppo di storie e contenuti relativi al brand o ai brand aziendali che vengono distribuiti attraverso i canali di comunicazione di proprietà dell'azienda, al fine di ottenere visibilità per i messaggi aziendali e l'attenzione degli stakeholder senza l'intermediazione dei media gestiti da editori indipendenti. L'azienda può così dialogare in modo diretto con i suoi interlocutori attraverso dei media che fonda e gestisce in proprio, come una vera e propria *media company*.

5.2 Il sistema dell'informazione nell'era della disintermediazione

Due eventi possono essere considerati uno spartiacque importante nella storia dell'informazione (Cennamo, Fornaro, 2017): nel 2008 Internet ha superato i quotidiani stampati come fonte di informazioni; nel 2009 la pubblicazione della foto dell'ammaraggio dell'aereo della US Airways sul fiume Hudson a New York è stata pubblicata prima su Twitter che sui media tradizionali.

Emergono due le lezioni. La prima è che Internet dà a tutti la possibilità di accedere all'informazione. La seconda è che il consumo dell'informazione non è più a senso unico perché il cittadino oltre a essere il destinatario delle notizie può contribuire a crearle, secondo il concetto del *citizenship journalism* (cfr. capitolo 4 di questo volume).

"Il giornalista non ha più strumenti eccezionali né superpoteri, ma alle capacità accresciute del cittadino comune può continuare ad affiancare continuità e professionalità di impegno, maggiore completezza negli strumenti culturali e specializzazioni in grado di contribuire in modo significativo al filtro diffuso e collaborativo della società" (Cennamo, Fornaro, 2013:22).

Dal punto di vista dell'azienda questo significa che i cittadini iniziano a voler riconoscere delle persone reali dietro ai brand, possono verificare le informazioni e spesso sono anche disposti a entrare in relazione con i brand stessi. Grazie a Internet e ai social media quindi l'informazione è diventata partecipata.

Il mutamento nel consumo dell'informazione e le possibilità offerte dai social media hanno consentito a tutti i cittadini di commettere atti di giornalismo. Secondo la definizione di Josh Stearns (2013): "Atti di giornalismo. Chiunque li può commettere, a prescindere dalle proprie competenze, e diventano sempre più rilevanti al punto da sfumare il confine tra il giornalista e gli altri".

Non è un caso che accanto al mutamento che si verifica nella professione del giornalista e negli stessi giornali, è possibile rilevare la crescita di influencer e community, oltre alla nascita del cosiddetto *citizen journalism* (cfr. capitolo 4 di questo volume). Se vengono accettati atti di giornalismo da parte delle persone comuni, perché non andrebbero accettati dai brand? Nel corso della storia della comunicazione d'impresa fin dai primi del Novecento sono state applicate le tecniche giornalistiche alla professione del manager di comunicazione. Il merito va al pioniere Ivy Lee, che nel 1914 iniziò a lavorare per conto delle aziende dei Rockfeller e iniziò ad applicare i principi della trasparenza e della veridicità tipiche del giornalismo alla comunicazione di un'azienda privata (cfr. il capitolo 1 in questo volume). A differenza però della classica applicazione delle tecniche del giornalismo alla comunicazione d'impresa, il brand journalism è una tecnica ibrida che incorpora quelle proprie del giornalismo con quelle del marketing e della comunicazione d'impresa e l'impiego di media proprietari. Una risposta anche alla equazione di Tom Foremski (2012), già giornalista del Financial Times poi approdato al Silicon Valley Watcher: EC=EM, ovvero "*every company is a media company*". Ovvero un brand può trasformarsi anche in un editore.

5.3 Editori di se stessi: presupposti e storia del brand journalism

L'applicazione delle tecniche di giornalismo non è un fatto nuovo nella comunicazione d'impresa e lo stesso brand journalism ha antesignani importanti, come "*The Furrow*", mensile di agricoltura pubblicato dalla fine del 1800 fino a oggi dall'azienda produttrice di materiali agricoli John Deere GmbH & Co. KG. Un punto di riferimento ancora oggi sulle tecniche di coltivazione. Anche la Guida Michelin, pubblicata dal 1900 con lo scopo di fornire informazioni turistiche agli automobilisti, può essere considerato un esempio di tecniche giornalistiche applicate al brand.

Anche le più importanti aziende italiane sono state e continuano a produrre importanti magazine per i propri stakeholder, come per esempio la storica rivista "Pirelli" insieme a molti altri casi di storie di editoria aziendale. Sono tutti esempi relativi ad aziende che hanno scelto di distribuire contenuti sviluppati secondo tecniche giornalistiche attraverso media proprietari, creati e gestiti in modo diretto.

Tuttavia è con l'affermazione di Internet che il brand journalism ha rinnovato i presupposti, gli strumenti e gli obiettivi dell'editoria aziendale. Il primo a parlare espressamente di brand journalism è stato Larry Light (2014), CMO di McDonald's: "A brand's story cannot be a simple-minded, over-simplification of a complex brand idea. In our current mobile, digital, multi-platform, sharing economy, brand journalism is an even more relevant communications approach than it was 10 years ago".

Il brand journalism quindi ha come obiettivo quello di raccontare i fatti reali che attengono al mondo fisico e valoriale dell'azienda e del brand che le rappresenta attraverso una strategia multipiattaforma, che cioè integri media convenzionali e media digitali.

Oggi uno dei casi più celebri di brand journalism è quello di Red Bull che rappresenta il punto di arrivo ideale della transizione di un brand a media company.

Stabilita la strategia editoriale, in linea con purpose istituzionale e obiettivi di business, il manager di comunicazione ha oggi la possibilità di definire una strategia di canale che includa *paid media*, *earned media*, *owned media* e *shared media*, secondo il modello PESO (cfr. capitolo 4 di questo volume).

Oggi non si può pensare di ragionare in termini di singolo canale, per esempio una pagina Facebook, ma è opportuno ragionare in un'ottica di ecosistema, in cui i singoli canali rappresentino dei vasi comunicanti, distinti nella progettazione ma coerenti e integrati. Il brand journalism deve utilizzare tutti i tipi di media, da quelli tradizionali a quelli digitali, in maniera coerente e integrata su tutti i canali, in linea con la totalità della comunicazione del brand. Pensare in un'ottica di ecosistema significa prima di tutto individuare un punto di irradiazione che consenta al brand di avere pieno controllo sui suoi contenuti, cioè un media proprietario su cui esercitare appieno il proprio ruolo di media company. Secondo le logiche del brand journalism, creare un ecosistema editoriale significa creare un universo narrativo al quale accedere da un canale che svolga il ruolo di vero e proprio giornale online. Questo ruolo è svolto molto bene dal sito web istituzionale, ben ripensato, o da un blog corporate.

5.4 Aspetti caratteristici della pratica del brand journalism

La pratica del brand journalism parte dall'identificazione della notizia secondo una serie di criteri che definiscono la notiziabilità di un'informazione o di una storia, per poi individuare i generi tramite cui raccontarla e i canali attraverso cui diffonderla.

Identificazione della notizia e criteri di notiziabilità

Una delle prime tecniche giornalistiche da applicare alla comunicazione d'impresa è la definizione di un insieme di notizie coerenti con gli obiettivi istituzionali e di business di una organizzazione. Una buona pratica è quella di introdurre nella pianificazione delle attività della Direzione Comunicazione una "riunione di redazione" con cadenza settimanale nella quale confluiscano le potenziali notizie catturate all'interno dell'azienda Questo implica anche un design organizzativo del team orientato allo scouting di notizie interne. Quali sono le caratteristiche che consentono di definire un fatto notizia? È possibile riassumerle in breve qui: novità e originalità, emozionalità e interesse umano, interesse pubblico e impatto, conflitto, denaro, prossimità, rilevanza, autorevolezza della fonte, chiarezza e intellegibilità (cfr. capitolo 4 di questo volume).

I generi giornalistici e le forme

Una volta identificata la notizia va identificato il modo in cui la si vuole raccontare che porterà con sé una riflessione sui canali. Ecco una carrellata di generi giornalistici che possono essere applicati anche alla comunicazione d'impresa:

- Biografia
- Editoriale
- Commento
- Opinione
- Analisi e resoconto
- Rubrica
- Intervista, servizio, inchiesta

Ogni genere porta con sé anche la definizione della forma che il contenuto può assumere: testo, video, foto, audio, grafica, post, tweet. E la conseguente *content curation*, ossia la cura di tutti i dettagli di un contenuto che lo rendono più accattivante e soprattutto più facile da reperire online tramite i motori di ricerca. Ciò accresce le probabilità che venga visto, apprezzato e ri-condiviso dagli utenti. La content curation include: utenti e motori di ricerca, l'utilizzo di link, tag e meta tag, hashtag, immagini e accorgimenti generali. Lo sviluppo di un testo in forme e su canali diversi dà origine a quello che oggi si chiama *transmedia storytelling*, cioè la creazione di storie attraverso contenuti eterogenei che si muovono lungo universi narrativi diversi.

I canali

La questione dei canali è senza dubbio tra le più importanti ed è quella che ha modificato in modo radicale le possibilità per un'azienda di parlare direttamente con il proprio pubblico, con le proprie community. Accanto alle possibilità di crearle. I principali canali che consentono a un brand di attivare una comunicazione disintermediata sono Facebook, Instagram, Twitter, LinkedIn, YouTube, Pinterest, Telegram, che si affiancano al sito web e agli altri media proprietari dell'azienda.

5.5 Competenze e tecniche per essere *brand reporter*

Gli specialisti di comunicazione oggi devono sviluppare competenze trasversali e tutti devono possedere competenze editoriali e digitali. Questo significa prima di tutto il superamento di distinzioni rigide tra comunicazione interna ed esterna, o tra chi scrive per i media tradizionali e chi scrive per i media digitali. Nissan e Groupon si sono dotate di dipartimenti editoriali più ampi di quelli del Chicago Tribune. Cisco negli ultimi anni ha assunto centinaia di figure esperte di content marketing. Un altro ruolo fondamentale che non può mancare in un team di comunicazione oggi è l'art director, o il grafico. Il team comunicazione sta evolvendo in un modello ibrido a metà tra una redazione e un'agenzia di comunicazione interna all'azienda.

Fra le tecniche utilizzate dai *brand reporter*, cioè dagli specialisti di comunicazione che adottano l'approccio del brand journalism, sono di particolare rilievo il *live reporting*, il *newsjacking*, che acquista forme specifiche nei casi di crisi, e il *data journalism*.

Live reporting

Il live reporting è la tecnica di brand journalism utilizzata per dare visibilità in tempo reale a un evento aziendale attraverso molteplici media. Un tempo gli eventi si consumavano nel luogo fisico in cui si svolgevano. A meno che non fossero ripresi dalla televisione. Oggi le possibilità di trasmettere un evento in diretta sono tantissime. Dal sito o blog corporate, a YouTube, alla diretta Facebook, a Periscope di Twitter, per arrivare alla Ig TV.

Fa parte del *live reporting* anche il *live tweeting*. Consiste nel raccontare in diretta un evento attraverso una sequenza di tweet che ne svelino relatori e contenuti e identificabili mediante la definizione a priori di una chiave narrativa: l'hashtag.

Newsjacking

Il *newsjacking* è la tecnica che dà la possibilità di entrare nel ciclo di vita di una notizia con i propri contenuti. Come nel caso di Sanofi che, nel momento di picco della notizia sulla giornata del lavoro agile, ha pubblicato i selfie dei propri dipendenti che lavoravano da casa conquistando la prima pagina di Repubblica online.

Newsjacking e crisis management

Un caso specifico di *newsjacking* è anche la gestione di un picco negativo di visibilità che potrebbe portare a una crisi aziendale.

Qualche anno fa, Beppe Grillo in qualità di leader politico del Movimento 5 stelle utilizzò in modo metaforico un farmaco antiacido prodotto da Sanofi per sottolineare la necessità di curare il malessere provocatogli dai risultati elettorali. In breve tempo si diffuse la falsa notizia che esistesse un accordo pubblicitario tra Sanofi e la Casaleggio Associati. L'azienda si trovò costretta ad agire e pubblicò un tweet nel quale rispose con simpatia. La strategia si rivelò efficace: il TG1 elogiò la riposta dell'azienda.

Data journalism

Tra le tecniche di brand journalism mutuate dal mondo del giornalismo vi è anche quella del *data journalism*, che riguarda l'utilizzo di dati e numeri acquisiti e analizzati attraverso tecniche statistiche.

Ancora un esempio di Sanofi, che racconta il valore del vaccino antinfluenzale attraverso una ricerca condotta con il Censis. Evidenziando i dati emersi dallo studio, Sanofi promuove una comunicazione basata su informazioni e dati quantitativi che fanno da gancio per catturare l'interesse degli stakeholder.

5.6 Etica e deontologia del brand journalism

I cittadini ripongono grandi aspettative nei confronti dei brand. Essi si aspettano che le aziende si comportino in modo etico e che siano rispettose del bene comune soprattutto se sono ricche e potenti. La ricerca Prosumer Research di Havas Worldwide (2016) ha rilevato che il 68% del campione analizzato ritiene che aziende e istituzioni hanno la stessa responsabilità nel determinare il cambiamento.

In Italia il 78% dei cittadini è convinto che le aziende siano in grado di intraprendere azioni specifiche che aumentino i loro profitti e allo stesso tempo migliorino le condizioni sociali ed economiche della società in cui operano (Edelman, 2019). In un'epoca in cui gli individui chiedono con forza alle imprese di agire in modo etico, il marketing e la comunicazione assumono più di ieri un ruolo strategico di ascolto del mercato e di guida dell'azienda verso le istanze dei propri stakeholder.

Significa che le pratiche della comunicazione devono essere inattaccabili sul piano etico e perseguire l'interesse pubblico, la ricerca della verità, l'essenzialità nella descrizione dei fatti. È possibile concludere che qualsiasi attività di comunicazione, a prescindere da chi la intraprende, deve tendere in modo ineludibile alla veridicità. *Speak truthfully* (Gunelius, 2013). La trasparenza e la veridicità prima di tutto.

Recap

Dopo aver studiato questo capitolo, lo studente:

- conoscerà le caratteristiche chiave del brand journalism, inteso come l'applicazione di tecniche giornalistiche alla comunicazione d'impresa per lo sviluppo di contenuti che sono distribuiti attraverso media di proprietà dell'azienda
- saprà che il brand journalism ha come oggetto della narrazione l'azienda e/o i suoi brand
- conoscerà i tratti specifici della pratica del brand journalism: l'identificazione di contenuti aziendali con caratteri di notiziabilità, lo sviluppo di tali contenuti secondo una serie di possibili generi giornalistici e la loro declinazione in funzione di molteplici canali
- conoscerà le principali tecniche seguite dai brand reporter: live reporting, newsjacking, data journalism
- sarà consapevole dei risvolti etici dell'utilizzo del brand journalism da parte delle aziende, che presume l'adesione convinta al principio deontologico della veridicità delle notizie divulgate

CAPITOLO

6

L'event management

di Chiara Fisichella

Obiettivi di apprendimento

- Comprendere come gli eventi si situano nel più ampio ambito della comunicazione d'impresa
- Apprendere cos'è un evento aziendale, le sue caratteristiche, i generi e gli attori
- Comprendere quali sono gli obiettivi di comunicazione di un evento aziendale e le sue tipologie
- Conoscere come si organizza un evento aziendale: fasi e responsabilità
- Acquisire conoscenze e strumenti per comunicare un evento aziendale

Questo capitolo approfondisce uno degli strumenti più consolidati della comunicazione d'impresa: gli eventi. Il primo paragrafo inquadra gli eventi nel contesto della comunicazione d'impresa. In seguito il capitolo approfondisce gli elementi utili a uno specialista di event management per effettuare le proprie scelte in maniera efficace ed efficiente. Il secondo paragrafo definisce cosa è un evento, quali sono le sue caratteristiche, i suoi generi e gli attori coinvolti. Il terzo paragrafo inquadra gli eventi aziendali definendone obiettivi e tipologie. Il quarto paragrafo delinea le fasi di organizzazione di un evento aziendale e definisce le responsabilità tra gli organizzatori. Il quinto paragrafo si sofferma su come comunicare un evento aziendale.

6.1 Gli eventi e la comunicazione d'impresa

Gli eventi sono uno degli strumenti del communication mix che richiedono competenze specialistiche ai manager di comunicazione d'impresa: essi sono un'opportunità di comunicazione perché facilitano la relazione e permettono all'impresa di costruire la propria reputazione, come evidenziato nel capitolo 1.

I manager di comunicazione d'impresa utilizzano gli eventi come una "*forma contemporanea di ascolto e proposta, di conversazione comunicativa live fra organizzazione e persone*" (Pattuglia, 2017: 228): durante un evento è infatti possibile tipicamente interagire e dialogare con i propri stakeholder in maniera sincrona e non mediata da alcun mezzo di comunicazione. L'evento può essere anche asincrono, per esempio se registrato, e mediato da mezzi di comunicazione, per esempio se trasmesso in streaming via web.

Gli eventi permettono all'impresa una **comunicazione distintiva** in quanto:

- associata a valori e emozioni e basata sulla capacità di *evocare atmosfera* (Pattuglia, 2017), che la rendono gradevole (Cherubini, 2015)
- rivolta a una tipologia mirata di stakeholder che è raggiunta *face-to-face* e in tempo reale (Wilcox *et al.*, 2014)
- memorabile in quanto legata a un'esperienza e quindi al vissuto di ogni stakeholder coinvolto (Cherubini, 2015; Pattuglia, 2017).

Rispetto agli altri strumenti di comunicazione, gli eventi hanno quindi un grande vantaggio: sono uno **strumento interattivo, relazionale ed esperienziale**. Infatti gli stakeholder coinvolti in un evento utilizzano tutti e cinque i sensi con il risultato di essere più coinvolti (Wilcox *et al.*, 2014). Grazie a questa elevata capacità di coinvolgimento gli eventi superano meglio di altri strumenti anche la barriera dell'affollamento dei messaggi ai quali gli stakeholder sono esposti (Wilcox *et al.*, 2014).

È necessario che ogni evento sia coordinato con le altre attività di comunicazione dell'impresa per mantenere una coerenza con l'identità, la reputazione e il posizionamento dell'impresa stessa (Pastore, Vernuccio, 2008).

Non tutti gli eventi sono uguali e la scelta del tipo di evento da organizzare dipende dagli obiettivi di comunicazione che un'impresa si prefigge, dagli stakeholder che vuole raggiungere e dal messaggio che vuole veicolare (Pastore, Vernuccio, 2008). Nella fase di ideazione dell'evento il manager di comunicazione ha il compito di valutare queste variabili in maniera congiunta per identificare in loro funzione il tipo di evento più indicato da organizzare, come verrà illustrato nelle pagine successive.

I dati sull'evoluzione dell'utilizzo degli eventi da parte delle imprese mostrano la sua rilevanza. Secondo una ricerca di Astra (2018), il mercato degli eventi in Italia ha registrato per il quinto anno consecutivo un incremento del 3,8%, per un valore complessivo pari a 884 milioni di euro. Inoltre la percentuale di aziende che investe più del 20% del proprio budget di comunicazione in eventi è aumentata dal 38% del 2017 al 42% nel 2018.

Un'impresa può organizzare un evento al fine di inviare in modo diretto dei messaggi di comunicazione ai propri interlocutori: si configura in questo caso un *evento mezzo* (Collesei, Checchinato, Dalle Carbonare, 2014). È il caso di un'azienda di moda che organizza una sfilata per lanciare la nuova collezione o celebrare i cento anni della sua fondazione.

L'impresa può anche scegliere di sponsorizzare un evento organizzato da terze parti, per associarsi ai valori espressi da quell'evento. In questo caso l'evento sponsorizzato si configura per l'impresa come un *evento obiettivo*, in quanto per l'azienda sponsor comunicare l'evento è un obiettivo e non un mezzo di comunicazione (Collesei, Checchinato, Dalle Carbonare, 2014). È il caso di un'azienda di moda che finanzia una cena di gala organizzata da un'associazione di beneficienza per legarsi ai messaggi sociali che quell'evento comunica.

Per un'azienda un evento può essere allo stesso tempo sia un mezzo per comunicare sia un obiettivo di comunicazione. In tal caso, per classificare un evento come mezzo o come obiettivo l'azienda userà il criterio della prevalenza (Collesei, Checchinato, Dalle Carbonare, 2014).

Rispetto agli eventi obiettivo, e cioè alle attività di sponsorizzazione di eventi che un'azienda può intraprendere, è opportuno segnalare che l'impresa sponsor può impegnarsi a sostenere un evento di terze parti in maniera finanziaria, organizzativa e/o tecnologica, in cambio di un ritorno in termini di reputazione grazie al legame tra l'evento e l'impresa stessa (Pastore, Vernuccio, 2008; Collesei, Checchinato, Dalle Carbonare, 2014).

La sponsorizzazione configura un'industria in espansione e molto regolata a livello normativo (Meenaghan, 1998). Anche le tradizionali opzioni di eventi da sponsorizzare sono state superate: non si sponsorizzano infatti ormai solo eventi sportivi e culturali (Meenaghan, 1998).

In una sponsorizzazione gli attori principali sono due:

- lo *sponsor* cioè chi eroga il contributo. Il contributo può essere erogato attraverso denaro o beni e servizi. In quest'ultimo caso l'attore è chiamato *partner*
- lo *sponsee* cioè l'ente o l'evento oggetto di sponsorizzazione.

La sponsorizzazione è una forma di comunicazione *atipica* perché non permette all'impresa di descrivere e argomentare se stessa o i propri prodotti bensì posiziona l'impresa attraverso l'associazione del proprio brand agli attributi e ai significati dell'evento sponsorizzato (Pastore, Vernuccio, 2008).

I manager di comunicazione d'impresa dovranno porre molta attenzione nel selezionare in maniera coerente ai valori aziendali l'evento da sponsorizzare, anche tenendo in considerazione i generi di eventi più adeguati ai messaggi da veicolare (confronta con il paragrafo 3 di questo capitolo).

L'impatto sui valori è infatti importante nella sponsorizzazione, soprattutto in quella corporate (Moneta, 2013). Proprio l'impatto sui valori aziendali fa sì che spesso la relazione tra sponsor e sponsee sia di lunga durata (McDonald, 1991).

Nel prosieguo il capitolo si focalizza sugli *eventi mezzo*, l'ambito più specifico dell'event management d'azienda, approfondendone la natura e le questioni legate alla loro gestione.

6.2 L'evento aziendale: definizione, caratteristiche, generi e attori

In letteratura sono molte le definizioni di evento a seconda dell'ambito di azione, per esempio il turismo e il marketing. In questo paragrafo si introduce la definizione di evento nell'ambito della comunicazione d'impresa, le sue caratteristiche e i suoi generi.

Definizione

L'evento è un'iniziativa o una manifestazione rilevante rivolta a un gruppo specifico di stakeholder che prevede un luogo e un momento definito per il loro incontro ed è organizzata, pianificata e comunicata per volontà di un'impresa, ente o associazione al fine di raggiungere un obiettivo nel rispetto di un budget.

Perché si configuri un evento è necessario che un'impresa decida di fare uno sforzo economico e organizzativo per pianificare e realizzare un'iniziativa che reputa di rilievo per sé e per un gruppo di stakeholder specifici. La rilevanza dell'evento per gli stakeholder è la motivazione che spinge gli stessi a incontrarsi in un determinato luogo e momento deciso dall'impresa.

Affinché un evento permetta all'impresa di raggiungere gli obiettivi che si è prefissata con la sua organizzazione, l'evento deve essere comunicato all'interno e all'esterno dell'impresa stessa.

Caratteristiche

"Ciascun evento è unico, poiché anche se ripetuto non ha mai le stesse caratteristiche" (Ferrari, 2002: 40). Gli eventi hanno infatti delle caratteristiche peculiari che si configurano in base a una serie di elementi (Ferrari, 2002; Collesei, Checchinato, Dalle Carbonare, 2014). I più importanti sono:

- *durata*: gli eventi possono durare un'ora, un giorno, un mese ma hanno sempre una durata limitata
- *sede*: gli eventi possono essere programmati in un singolo luogo, in più luoghi o in una o più aree, per esempio alcuni quartieri di Milano durante il Salone del Mobile
- *cadenza*: gli eventi possono essere irripetibili, avere luogo ogni anno come l'Assemblea annuale dei soci o ogni quattro anni come le Olimpiadi

- *bacino di attrazione:* gli eventi possono essere locali, regionali, nazionali o mondiali. Gli stakeholder che compongono il bacino di attrazione sono coloro che partecipano fisicamente all'evento ma anche coloro che ne fruiscono in maniera mediata, per esempio tramite televisione, radio o in live streaming via Internet
- *tipo di accesso*: gli eventi possono essere di carattere privato o pubblico e la loro partecipazione può essere gratuita o a pagamento.

Ogni evento è quindi **progettato come un vero sistema** cioè come una molteplicità di elementi coordinati tra di loro per formare un *complesso organico* che ha lo scopo di raggiungere uno o più obiettivi (Cherubini, 2015).

Il fatto che l'evento abbia una durata limitata, avvenga in uno o più spazi definiti e abbia un suo bacino di attrazione stimola la partecipazione e il coinvolgimento e diventa un criterio per la notiziabilità dell'evento stesso. Come delineato nel capitolo 4, un contenuto è notiziabile quando ha carattere di interesse per i media.

Un evento è una notizia per i media per il fatto che un gruppo di persone si riuniscono in maniera volontaria in un determinato momento e luogo: tra i criteri di notiziabilità si configura così la rilevanza. In alcuni eventi è possibile rintracciare anche l'interesse pubblico, l'impatto e la prossimità tra i criteri per la sua notiziabilità.

6.2.1 Generi

Gli eventi possono essere raggruppati per generi al cui interno è possibile configurare varie tipologie di eventi. Il genere configura infatti la specifica finalità di un evento (Monno, 2013) e non la modalità in cui viene realizzato, che ne configura invece la tipologia. Di seguito una classificazione degli eventi per genere (Monno, 2013).

Artistico e culturale

L'evento in ambito artistico e culturale trasferisce un contenuto con lo scopo di appagare il gusto estetico-culturale, per esempio attraverso la presentazione di un libro, una mostra, una rassegna. Il genere artistico e culturale trasmette valori relativi alla crescita personale. Un evento artistico e culturale realizzato dall'impresa o sponsorizzato permette dunque alle imprese di accrescere la loro reputazione (Moneta, 2013).

Informativo e educativo

Gli eventi di questo genere servono a informare gli stakeholder interni o esterni, per esempio attraverso un workshop. Uno degli obiettivi può essere anche quello della formazione oltre che dell'informazione. Un esempio di evento di formazione può essere quello dell'hackathon, cioè una maratona che permette ai partecipanti di approfondire alcuni temi sotto forma di sfida tra gruppi.

Intrattenimento e spettacolo

Rientrano in questo genere per esempio un concerto di musica classica all'interno della festa aziendale, un concerto di musica rock finalizzato al lancio di un nuovo prodotto o la sponsorizzazione di un teatro. L'intrattenimento e lo spettacolo sono legati al genere artistico e culturale e alla crescita personale. Utilizzano il divertimento e l'atmosfera conviviale per facilitare la memorizzazione e la condivisione dell'evento stesso.

Sportivo e ludico

Lo sport utilizza un linguaggio immediato, universale e coinvolgente ed è legato a valori positivi quali la lealtà, il fare squadra per raggiungere un risultato, il benessere psicofisico. Per esempio, un torneo sportivo aziendale veicola in maniera immediata sia all'interno sia all'esterno valori positivi quali l'affiatamento e il gioco di squadra coinvolgendo allo stesso tempo i giocatori e gli spettatori.

Gli eventi ludici sviluppano un hobby, un'attività che distrae e gratifica. Anche in questo caso adoperano un linguaggio immediato che unisce gli stakeholder coinvolti per affinità.

Politico e religioso

In entrambi i generi l'obiettivo è di coinvolgere la collettività. L'evento politico serve ad affermare le proprie idee e formare una volontà collettiva. L'evento religioso favorisce la devozione, per esempio attraverso cerimonie.

Sociale e non-profit

Rientra nel territorio del sociale un evento che si occupa o ingloba cause di interesse collettivo o è legato al contesto del no-profit, della salvaguardia dell'ambiente, della salute. Un esempio potrebbe essere un concerto aziendale o un torneo di calcio il cui ricavato verrà donato dall'impresa a un'associazione che fa ricerca contro il cancro.

Promozionale

Obiettivo di un evento promozionale è favorire la conoscenza di un prodotto o attività commerciale, per esempio una fiera, una sfilata.

Ciascun genere descritto (Moneta, 2013):
- evoca valori, emozioni e immagini differenti
- è indirizzato a una tipologia di stakeholder differente
- definisce alcuni elementi positivi ma pone anche alcune criticità.

È quindi importante per gli specialisti dell'organizzazione di eventi saper scegliere il genere più appropriato al messaggio da veicolare e all'obiettivo di comunicazione.

6.2.2 Attori e stakeholder coinvolti

Un evento è un sistema che coinvolge una serie di attori:

- *l'iniziatore*: l'impresa, l'ente o l'associazione che decide di realizzare un evento
- *l'organizzatore*: ruolo che può essere svolto dall'iniziatore o che può essere esternalizzato
- *lo sponsor*: l'azienda, l'ente pubblico o privato che contribuisce all'evento con investimenti in denaro, beni o servizi
- *i media:* coloro che garantiscono la copertura mediatica attraverso partnership, comunicazione earned o paid. I media sono approfonditi nel capitolo 4
- *le agenzie di comunicazione*: hanno il compito di curare la comunicazione dell'evento. A volte le attività delle agenzie di comunicazione possono essere svolte all'interno della struttura organizzativa dell'iniziatore
- *gli operatori e professionisti*: come per esempio i tecnici, gli studi legali e gli istituti di ricerca che sostengono la progettazione e la definizione dell'evento con l'apporto di competenze specifiche
- *gli stakeholder coinvolti*: coloro a cui l'evento è rivolto in qualità di partecipanti.

Gli stakeholder coinvolti come partecipanti a un evento possono essere i clienti, i consumatori o gli utenti di un'impresa, per esempio nel caso della presentazione di un nuovo prodotto o i collaboratori come per esempio nel caso di una festa per l'anniversario di un'azienda. Un evento può anche rivolgersi ai giornalisti, agli influencer o agli opinion leader, a tutta la comunità locale e alle sue istituzioni pubbliche o essere rivolto al business e quindi coinvolgere i partner commerciali o i finanziatori. Queste sono le categorie di stakeholder più ricorrenti (Moneta, 2013): ciascuna impresa potrà decidere di coinvolgerne anche più di una in maniera contemporanea.

Nel sistema evento è possibile evidenziare altri stakeholder che possono essere interessati a vario titolo a un evento (Cherubini, Iasevoli, 2005): istituzioni pubbliche e comunità locali; servizi pubblici, per esempio i trasporti e i parcheggi; servizi di emergenza, per esempio polizia locale e assistenza medica; sistema economico produttivo e organizzazioni turistiche del territorio che ospita l'evento.

6.3 L'evento aziendale: obiettivi e tipologie

Un'impresa decide di organizzare un evento per utilizzarlo come *mezzo* utile a focalizzare alcuni momenti della sua storia e del suo business. Per essere efficace ed efficiente nel suo scopo l'impresa deve focalizzare alcuni obiettivi di comunicazione e la tipologia di evento che può aiutarla a raggiungerli in maniera più facile e diretta.

Obiettivi di comunicazione

L'evento aziendale è una **piattaforma di comunicazione multi-obiettivo** (Pattuglia, 2017) per due motivi: concilia le diverse mission degli stakeholder coinvolti e permette all'impresa il raggiungimento di più obiettivi di comunicazione in maniera contemporanea.

Di seguito alcuni degli obiettivi di comunicazione d'impresa perseguibili attraverso gli eventi (Pastore, Vernuccio, 2008; Collesei, Checchinato, Dalle Carbonare, 2014):

- diffusione di informazione a determinati stakeholder, per esempio fornire i dati di bilancio agli azionisti
- aumento della notorietà, per esempio farsi conoscere dagli stakeholder se si è in fase di start-up
- costruzione e sostegno della reputazione, per esempio celebrare un premio vinto dall'impresa o un importante anniversario
- attivazione e gestione delle relazioni, per esempio raggiungere stakeholder non ancora ingaggiati
- ampliamento del consenso all'interno e all'esterno, per esempio a seguito di una ristrutturazione aziendale o all'arrivo di un nuovo amministratore delegato
- fidelizzazione di specifici stakeholder, per esempio i medici se l'impresa è una casa farmaceutica
- creazione di nuovi business, per esempio lanciare un nuovo prodotto sul mercato.

Tipologie

Gli eventi possono essere di molte tipologie. Scegliere tra le tipologie dipende: dagli stakeholder coinvolti che possono essere per esempio interni o esterni e esperti o meno di un tema; e dall'obiettivo di comunicazione dell'impresa.

Rispetto all'ambito della comunicazione d'impresa le tipologie di eventi aziendali più comuni sono le seguenti (Pastore, Vernuccio, 2008; Cocco, Vecchiato, 2013; Wilcox *et al*, 2014; Monno, 2013).

Assemblea

Prevede l'incontro di più stakeholder per discutere di alcuni temi in comune e prendere decisioni sugli stessi. È aperta agli aventi diritto, per esempio i soci di un'impresa. Non sempre ha una cadenza ciclica.

Congresso

Incontro formale di stakeholder che hanno in comune una posizione condivisa su una tematica o sono afferenti a una categoria professionale. Per esempio, un congresso di partito o un congresso di medici. Lo scopo è aggiornare i partecipanti. Ha una cadenza ciclica.

Convegno

È un incontro di alto livello che coinvolge più persone su un tema specifico, i relatori sono esperti ma si rivolgono a stakeholder generici. Lo scopo principale è informare, aggiornare e approfondire la conoscenza di determinati temi. Non sempre ha una cadenza ciclica.

Tavola rotonda

Prevede la presenza contemporanea sul palco di più relatori esperti o interessati al tema trattato. Il tema è spesso un argomento di attualità o un tema controverso. È di breve durata e i partecipanti sono chiamati anche a intervenire.

Fiera

Ha una cadenza regolare e ha come sede spazi appositi, per esempio enti fieristici o centri congressuali. È un evento complesso da organizzare per il tipo di programmazione e pianificazione che comporta. Le fiere possono essere generiche, per esempio la Fiera del Levante, o specializzate, per esempio Cosmoprof, fiera specializzata nel settore della bellezza professionale. L'obiettivo è soprattutto di tipo commerciale, per esempio: dare visibilità a un brand o far conoscere i prodotti di un'impresa.

Convention

Ha una cadenza spesso annuale ed è finalizzata a coinvolgere la popolazione aziendale, a promuovere il senso di appartenenza all'impresa e ad aggiornare i collaboratori rispetto alle strategie e all'andamento dell'impresa. Può essere trasmessa in streaming per consentire la partecipazione di tutta la popolazione aziendale se l'impresa ha più sedi.

Open day e visita aziendale

È una visita della sede di un'impresa o di un'istituzione da parte degli stakeholder esterni. Ha un duplice obiettivo: far conoscere l'impresa all'esterno e aumentare il senso di coinvolgimento e appartenenza dei collaboratori. Può essere eccezionale o ciclica.

Inaugurazione

Ha uno scopo celebrativo e ha un duplice rilievo: verso l'interno perché serve a sviluppare il senso di appartenenza aziendale; verso l'esterno perché aumenta la visibilità e la notorietà di un'impresa.

Feste e celebrazioni aziendali

Sono dedicati agli stakeholder interni con l'obiettivo di creare relazioni durature con loro e tra di loro.

Cene di gala

Sono aperte a stakeholder esterni e interni e talvolta hanno un obiettivo sociale oltre che relazionale, per esempio una cena di gala per raccogliere fondi per un'associazione no-profit. Di solito prevedono location particolari e adatte alle tipologie di stakeholder coinvolti e hanno un allestimento molto curato.

Conferenze stampa

Evento riservato ai media, approfondito nel capitolo 4.

Seminario

È una riunione che ha lo scopo di approfondire particolari temi e argomenti con l'aiuto di esperti. È rivolta a stakeholder interni quali i collaboratori o i partner commerciali.

Lancio di prodotto

È un evento eccezionale che ha uno scopo commerciale e si rivolge a stakeholder esterni, in particolare ai consumatori attuali e potenziali. Serve a presentare un nuovo prodotto o servizio. Per esempio, una sfilata è un evento organizzato da una casa di moda per lanciare la nuova collezione.

Road show

È un evento che si svolge in più sedi lungo un percorso. È spesso organizzato in forma spettacolare per attirare l'attenzione degli stakeholder.

6.4 L'evento aziendale: le fasi di organizzazione

Gli eventi non accadono ma sono pianificati: ogni singolo dettaglio è essenziale per il raggiungimento dell'obiettivo prefissato (Wilcox *et al.*, 2014). Perché abbia successo e permetta di raggiungere gli obiettivi di comunicazione prefissati, un evento necessita dunque di essere ideato, sviluppato, realizzato e misurato in maniera professionale, secondo un processo composto da quattro fasi (Cocco, Vecchiato, 2013; Collesei, Checchinato, Dalle Carbonare, 2014; Pattuglia, 2017):

1. *ideazione*: serve a definire l'evento nella sua veste strategica
2. *sviluppo*: permette la definizione operativa dell'evento
3. *realizzazione e gestione*: permette di attuare l'evento e di coordinarlo
4. *valutazione dei risultati*: permette di valutare se l'evento ha raggiunto gli obiettivi prefissati.

1 *Ideazione*

La prima fase dell'organizzazione di un evento definisce l'evento e le sue caratteristiche tenendo in considerazione la strategia di comunicazione dell'impresa.

Partendo dunque dalle esigenze dell'impresa e dalle strategie di comunicazione, gli specialisti dell'organizzazione dell'evento devono definire:

- *gli obiettivi strategici*, per esempio la crescita delle notorietà
- *i valori* da veicolare, per esempio la sostenibilità ambientale
- *il messaggio* o i messaggi da veicolare, che devono essere pochi e coerenti per essere trasferiti in maniera semplice, coinvolgente e memorabile
- *gli stakeholder coinvolti*, scelta determinante per il successo dell'evento e il raggiungimento degli obiettivi di comunicazione
- *il tipo di evento*, per esempio una tavola rotonda
- *il genere di evento*, per esempio culturale
- *l'idea creativa* su cui basare l'evento, cioè il concept dell'evento.

2 *Sviluppo*

In questa fase la progettazione dell'evento diventa più operativa e gli specialisti dell'organizzazione dell'evento devono definire:

- *gli obiettivi specifici,* che saranno poi oggetto di misurazione e per tale motivo devono essere chiari, realistici e quantificabili: in sintesi SMART come delineato nel capitolo 9 sulla pianificazione. Gli obiettivi specifici sono scelti sulla base degli obiettivi strategici → OBB SPECIFICI
- *il piano di lavoro,* in cui gli organizzatori definiscono le singole attività, i responsabili e le tempistiche di realizzazione. Il piano di lavoro è molto utile per la successiva fase di realizzazione dell'evento. Ai fini della costruzione del piano di lavoro uno strumento molto utilizzato è il retroplanning, oggetto di approfondimento del box 6.1.
- *il budget,* deve includere tutte le voci di entrata e di uscita di un evento in linea di massima. Le voci di entrata comprendono le eventuali sponsorizzazioni e i ricavi ottenuti dalla vendita di biglietti e servizi. Le voci di uscita sono tutti i costi che l'impresa dovrà sostenere per ideare, progettare, realizzare e comunicare l'evento. Per esempio le spese per il catering, i materiali cartacei e i servizi previsti.

BOX 6.1 **IL RETROPLANNING**

È una pianificazione che parte dal giorno dell'evento e va a ritroso declinando le attività da svolgere e identificando chiaramente chi e quando (responsabile e timing).

		Settembre				Ottobre				Novembre				Dicembre			
	Settimana	36	37	38	39	40	41	42	43	44	45	46	47	48	49	50	51
Responsabile	Attività																
	Scelta degli obiettivi, del target e dei messaggi																
	Budget																
	Scelta della location, del giorno e dell'orario																
	Scelta del catering																
	Preparazione dei materiali di supporto																
	Invio degli inviti																
	Conferenza stampa di presentazione																
	Lista definitiva dei partecipanti																
	Prove logistiche																
	Evento																
	Misurazione risultati evento																

Realizzazione e gestione

Terminate le fasi di ideazione e sviluppo, gli specialisti dell'organizzazione dell'evento devono definire la data, l'ora e la location dell'evento, le attività del back office, i materiali di supporto e l'eventuale catering.

Data e ora

La scelta della data e dell'ora in cui l'evento avrà luogo è una delle scelte più importanti da compiere. Bisogna infatti stare attenti a scegliere una data che permetta a quanti più stakeholder coinvolti di partecipare. Per fare ciò è necessario verificare la disponibilità della location e le esigenze dei relatori e dei partecipanti e scegliere una data evitando che coincida con una festività o che si sovrapponga ad altri eventi rilevanti per i partecipanti o in cui sono previste manifestazioni o scioperi (Cocco, Vecchiato, 2013).

Location

Nel definire la location è necessario tenere in considerazione: la tipologia di evento, i partecipanti in termini di tipologia e di numerosità, il periodo della manifestazione e il budget disponibile.

La sede scelta deve inoltre:

- essere raggiungibile in maniera facile e con i mezzi pubblici, per permettere a tutti coloro che non vogliono o possono arrivare con mezzi propri di raggiungerla
- avere adeguato parcheggio, per essere comoda per coloro che la raggiungono con mezzi propri
- essere vicina a strutture alberghiere, per permettere ai relatori e ai partecipanti di soggiornare vicino alla location sede dell'evento.

La sala deve invece deve essere modulare e flessibile per permettere l'allestimento previsto e sufficiente in termini di capienza per ospitare tutti i partecipanti. La luce naturale è inoltre sempre gradita.

Back office o Segreteria organizzativa

I compiti del back office iniziano settimane prima dell'evento in quanto esso mantiene i contatti con i relatori e i partecipanti.

È un filtro tra gli organizzatori e i partecipanti (Cocco, Vecchiato, 2013) e ha la responsabilità di inviare la richiesta di adesione ai relatori, spedire il programma, raccogliere le adesioni, compilare la lista dei partecipanti, raccogliere eventuali pagamenti, preparare il materiale dei partecipanti.

Materiali di supporto

Sono i materiali che contribuiscono alla riuscita di un evento e vanno predisposti in tempo utile. A titolo di esempio: lavagna luminosa, proiettore per diapositive, proiettore per computer, maxischermi e monitor, schermi televisivi multipli (videowall), lavagna a fogli, wi-fi, aree computer disponibili per i partecipanti.

Catering

Va predisposto tenendo in considerazione il numero di partecipanti, lo spazio e il tempo dedicato al ristoro. Lo specialista dell'organizzazione di eventi deve inoltre essere attento a considerare nel menù alternative per vegetariani, persone con intolleranze alimentari e rispettose di particolari diete religiose.

Misurazione dei risultati

È una fase molto importante perché permette di comprendere se sono stati raggiunti gli obiettivi specifici condivisi in fase di progettazione. Il raggiungimento degli obiettivi specifici permetterà poi all'impresa di raggiungere gli obiettivi strategici prefissati.

Valutare i risultati di un evento è più facile rispetto agli altri strumenti di comunicazione di impresa in quanto il perimetro spazio-temporale è definito (Pattuglia, 2017).

Cosa va misurato? Il numero di partecipanti, il loro grado di soddisfazione, il grado di memorabilità, la visibilità sui media, il traffico online, il fatturato dell'azienda o del prodotto nel caso del lancio di un nuovo prodotto, e così via in base agli obiettivi prefissati.

Per esempio tra gli obiettivi strategici potrebbe esserci anche il posizionamento dell'impresa come *green* e allora sarà necessario misurare alcuni indicatori relativi all'impatto ambientale dell'evento. La stessa cosa vale se l'impresa vuole consolidare la sua reputazione in ambito sociale o territoriale.

Gli indicatori quantitativi da misurare e le informazioni qualitative da raccogliere variano dunque in base agli obiettivi specifici.

In tutti i casi alla fine di un evento è importante valutare i risultati in termini di relazione e reputazione di un'impresa. Gli strumenti principali per questo tipo di valutazioni sono: il questionario di valutazione da somministrare dopo l'evento ai partecipanti; il recall telefonico, per esempio ai relatori di una tavola rotonda; la rassegna stampa; l'ascolto e misurazione del traffico dei social media dell'impresa; gli incontri post evento con coloro che hanno richiesto approfondimenti.

È inoltre utile aggiornare il database aziendale con le informazioni sui partecipanti e redigere un documento che indichi i risultati raggiunti.

Le responsabilità dell'organizzazione di un evento

Progettare, programmare e gestire un evento è un insieme complesso di attività che necessita di ruoli chiari e definiti anche nelle responsabilità.

La responsabilità può essere:

- *individuale o condivisa in team*: può essere attribuita a un unico individuo o a un team di persone in cui potrà essere definito il responsabile del team (Monno, 2013)
- *interna o esterna all'impresa*: in alcuni casi le imprese preferiscono affidare la responsabilità di alcune attività ad agenzie esterne specializzate, soprattutto per gli eventi importanti (Cocco, Vecchiato, 2013).

Le principali responsabilità riguardano: la gestione dell'evento, i contenuti, l'amministrazione e i fornitori esterni, la comunicazione e i social media.

Responsabile della gestione dell'evento

È un ruolo importante perché il responsabile della gestione dell'evento ha molte responsabilità, deve essere in grado di affrontare gli imprevisti e deve saper coordinare un team.

Ha la responsabilità di definire:

- la strategia generale dell'evento
- il budget di spesa massima
- la location, la data e l'orario dell'evento
- la fattibilità tecnica, logistica e finanziaria di ciascuna singola attività
- gli elementi della realizzazione dell'evento, per esempio l'allestimento sala e la parte tecnica
- l'accoglienza e il soggiorno degli ospiti
- i tempi e le tempistiche di realizzazione.

Il responsabile della gestione dell'evento per svolgere in maniera efficace ed efficiente il proprio ruolo deve sapere gestire risorse umane, economiche e tecniche.

Responsabile dei contenuti

Ha la responsabilità di definire il programma dell'evento e in particolare il tema dell'evento, i relatori e i contenuti degli interventi e la loro scaletta. Ha la responsabilità anche della parte grafica e artistica dell'evento e dei materiali da distribuire (Cocco, Vecchiato, 2013).

Responsabile dell'amministrazione e dei fornitori esterni

Ha la responsabilità di amministrare le risorse finanziarie i rapporti con i fornitori.

Deve quindi attivare e gestire i fornitori esterni da coinvolgere, per esempio i tecnici, il catering e il servizio di accoglienza, e gestire il budget in collaborazione con il responsabile della gestione dell'evento.

Responsabile della comunicazione e dei social media

Ha la responsabilità di preparare e allestire tutti i contenuti e i materiali che verranno veicolati prima, durante e dopo l'evento. Il paragrafo successivo approfondisce tutti gli aspetti della comunicazione di un evento.

6.5 Comunicare un evento aziendale

Gli eventi sono uno strumento di comunicazione d'impresa che permette di ottenere un *effetto di amplificazione comunicazionale* (Pastore, Vernuccio, 2008) se l'evento stesso è pianificato, gestito e comunicato in modo da essere rilevante e notiziabile.

Perché la comunicazione sia efficace lo specialista dell'organizzazione dell'evento dovrà redigere un piano di comunicazione in cui programmare le singole attività di comunicazione in maniera coordinata.

A tal fine lo specialista dell'organizzazione dell'evento dovrà per prima cosa definire lo stile grafico e il tono di voce della comunicazione dell'evento. Nome, logo e claim sono gli strumenti principali per la costruzione grafica dell'evento (Collesei, Checchinato, Dalle Carbonare, 2014).

La comunicazione dell'evento avviene prima, durante e dopo l'evento stesso: in fase di pianificazione sarà dunque necessario definire il contenuto, lo strumento, i media e il timing di ogni singola attività evitandone la sovrapposizione (Collesei, Checchinato, Dalle Carbonare, 2014).

Una corretta pianificazione permette inoltre di gestire la documentazione e la modulistica e di realizzare in tempo utile la cartografia, la cartellonistica e tutto il materiale, per esempio un catalogo.

Lo specialista dell'organizzazione di eventi ha a disposizione un mix integrato di strumenti di comunicazione: conferenza stampa, comunicato stampa, pubblicità, sito internet, social media, gadget. Questo elenco è solo esemplificativo e non è esaustivo: sono infatti infiniti i modi in cui un evento può essere comunicato, reso memorabile e condivisibile tramite i social media.

Proprio i social media sono fondamentali in fase di pianificazione: la comunicazione dell'evento oggi infatti deve necessariamente essere *web based* e *social* (Pattuglia, 2017). Per alcuni tipi di eventi la pianificazione mediatica interna deve infatti permettere la partecipazione online, per esempio attraverso il live streaming e il live tweeting, e la condivisione di contenuti tra i partecipanti: in questo modo un evento potrà dare luogo a una comunicazione virale e diventare un trending topic (Pattuglia, 2017).

In questo modo l'evento presta ai social media un'**agorà comunicativa** (Pattuglia, 2017). Affinché un evento diventi virale lo specialista dell'organizzazione di eventi deve essere creativo, ludico e coinvolgente nei contenuti e negli strumenti di comunicazione. Per esempio può prevedere un gadget che permette di essere condiviso, un "save the date" creativo che faccia da *teaser* dell'evento o un'app che permetta ai partecipanti dell'evento di interagire.

Di seguito sono richiamati i principali strumenti utilizzati per la comunicazione degli eventi.

Save the date

Il *save the date* deve essere inviato a ciascun partecipante via posta o via mail. Deve indicare luogo e data dell'evento in modo che i partecipanti blocchino la loro agenda.

La veste grafica deve essere coordinata alle scelte grafiche fatte per l'evento e il contenuto al tono di voce scelto, per esempio formale, informale o ironico.

Invito

L'invito deve essere inviato a ciascun partecipante via posta o via mail. Deve contenere: claim o slogan scelto, location, orario, durata, contenuto, modalità di iscrizione e tutte le informazioni utili per permettere a un partecipante di organizzarsi. Può anche contenere l'agenda dell'evento.

Lo stile grafico e il tono di voce devono essere in linea con le scelte fatte per l'evento. In caso di invito formale è preferibile che sia firmato dalla carica più importante dell'impresa che organizza l'evento.

Cartellonistica

La cartellonistica serve ad allestire e a personalizzare in base al tema dell'evento: per esempio i poster, i fondali per il palco, i banner.

Cartografia

La cartografia serve a fornire indicazioni logistiche ai partecipanti: per esempio dove trovare le informazioni, il programma della giornata, la segreteria organizzativa, le sale.

Documentazione e modulistica

La documentazione e la modulistica servono a migliorare la fruizione dell'evento da parte dei partecipanti. Sono infatti: brochure, relazioni, programmi, locandine, cataloghi. Per essere efficaci, questi materiali devono contenere un numero non elevato di informazioni.

La documentazione e la modulistica possono essere fornite su vari supporti: carta, chiavetta usb, dvd.

Gadget

Il gadget è un oggetto che viene dato ai partecipanti in ricordo dell'evento. Per esempio può essere una penna, una shopper, un portachiavi, una chiavetta usb. È di solito in linea con i messaggi chiave ed è personalizzato.

Sito web

Il sito web di un evento può essere esclusivo oppure essere una sezione del sito dell'impresa che organizza l'evento. È uno strumento molto utile perché permette di informare in maniera approfondita su tutto ciò che riguarda l'evento e di relazionarsi con i partecipanti o gli interessati all'evento anche dopo che l'evento si è concluso.

Strumenti di comunicazione interna

I collaboratori dell'impresa sono spesso gli stakeholder privilegiati degli eventi aziendali. Anche quando non è così è comunque importante informarli su ciò che viene organizzato dall'impresa per creare coinvolgimento e senso di appartenenza. A tal fine lo specialista dell'organizzazione dell'evento potrà utilizzare gli strumenti di comunicazione interna a disposizione che sono approfonditi nel capitolo 3.

Recap

Dopo aver studiato questo capitolo, lo studente:

- saprà fornire una definizione di evento e illustrarne le sue caratteristiche, i suoi generi e i suoi attori
- conoscerà i principali obiettivi di comunicazione perseguibili attraverso un evento e le diverse tipologie di eventi aziendali, possedendo le nozioni per individuare il più adeguato alla strategia aziendale

- saprà definire le principali fasi della progettazione e realizzazione di un evento aziendale e sarà consapevole dell'importanza di alcuni passaggi chiave perché lo stesso sia memorabile e notiziabile
- conoscerà alcuni principi della comunicazione di un evento e gli strumenti attraverso cui viene effettuata

CAPITOLO

7 Il business writing

di Alessandro Lucchini

Obiettivi di apprendimento

- Diventare consapevoli del business writing come competenza personale indispensabile per operare nella comunicazione d'impresa e in ogni area aziendale
- Apprendere le sette competenze fondamentali del business writing. Le 7 S: semplicità, sintesi, struttura, se-duzione, sim-patia, stra-vaganza, stile
- Conoscere le tecniche per scrivere sul web, una competenza trasversale a tutti gli ambiti della scrittura

7.1 Le competenze per il business writing: le 7 S

Le 7 S sono le competenze di base per la scrittura professionale (Figura 7.1).

Le presentiamo qui nel contesto della comunicazione scritta: si applicano, con le dovute differenze, anche nella comunicazione interpersonale, in presenza, in quella telefonica, e anche nel complesso e variegato mondo social.

Le prime tre (semplicità, sintesi e struttura) sono le abilità più tradizionali, più legate all'attività dell'emisfero sinistro del cervello, e più in sintonia con l'architettura logico-razionale che la scuola primaria e secondaria ci hanno insegnato.

Le altre tre (se-duzione, sim-patia e stra-vaganza) sono le cosiddette *soft skill,* quelle che possiamo riferire all'emisfero destro, più istintivo, emozionale, più legate alle caratteristiche di personalità di ogni individuo. Sono qui sempre scritte con il trattino, per ricordarne il significato.

E infine lo stile, che coniuga ed equilibra, o quando occorre distingue, le abilità razionali e quelle emotive.

le 7 S

semplicità
sintesi } **emisfero sinistro**
struttura

stile

se-duzione
sim-patia } **emisfero destro**
stra-vaganza

Figura 7.1 Il modello delle 7 S

Fonte: elaborazione propria.

Vediamole.

1. La **semplicità**. È l'abilità più importante, in ogni contesto: saper ridurre i disturbi della comprensione, uscire dalla "prigione" del proprio linguaggio specialistico, pesante e fastidioso per i più, non dare per scontati informazioni e significati importanti, rendere accessibili le informazioni, senza banalizzare la scrittura. Nelle pagine dedicate alla semplicità, vari esempi di riscritture semplificate, e la proposta di un "decalogo" con alcune linee guida per scrivere semplice.
2. La **sintesi**: saper dire di più, scrivendo di meno. Tagliare, asciugare, strizzare all'osso: come da un insieme di verdure e acqua far bollire bollire bollire, finché si ottiene una zuppa densa e gustosa. Senza confondere la sintesi con la brevità (brevità è scrivere poco; sintesi è scrivere tanto, in poche parole), questa parte allena a tenere a freno quell'amore per il dettaglio, che genera noia, distrazione e altri impedimenti alla lettura. "Forbici e colla" è il metodo di sintesi qui presentato, con un repertorio di esempi.
3. La **struttura**, cioè la capacità di organizzare le sequenze argomentative: interpretare il testo come un'area geografica (inizio-corpo-fine), in base all'obiettivo del testo scegliere lo schema più utile per organizzare gli argomenti, quindi decidere come dare energia alle parti più importanti.
4. La **se-duzione** (*se-durre*), il condurre a sé, il meritarsi l'attenzione del lettore: aiutarlo a superare la noia, la fretta, la distrazione. Quanto alle tecniche, una rinfrescata alle metafore e alle altre esche seduttive del repertorio retorico classico; e poi la forza degli esempi; e l'inevitabile *reader focused writing*, ossia il difficile passaggio dalla focalizzazione sul contenuto a quella sul lettore.
5. La **sim-patia** (*sun-patheia*), il sentire insieme con l'altro. O forse l'empatia. Dote di sapore psicologico. Saper toccare le corde emotive del messaggio, dando energia dove il testo rischia d'indebolirsi, addolcendo dove è troppo rude, alternando messaggi più vigorosi e messaggi più tenui. E soprattutto ricordando che, per ogni lettore, i canali d'ingresso dei nostri messaggi nella sua mente e nel suo cuore sono i sensi: i cinque sensi, vista-udito-olfatto-gusto-tatto, e il sesto senso, ossia proprio la componente emotiva. Saper riconoscere i sensi prevalenti dei nostri interlocutori, e scegliere le parole più adatte per quella modalità sensoriale, ci aiuta a costruire messaggi più efficaci.
6. E poi la **stra-vaganza** (*vagare-extra*), dote metodologica, trasversale a tutte le altre: è il saper muoversi anche al di fuori dei sentieri tradizionali, con l'innesto di una dose di creatività e di coraggio. Aiuta, in questo, un metodo di progettazione del testo definito *clustering*, che permette di ottenere risultati migliori con meno dispersione di fatica.

7. E infine lo **stile**: ampliare il proprio repertorio stilistico, saper scegliere il più adatto a ogni pubblico e a ogni occasione, ridurre la distanza tra lingua scritta e lingua parlata, mantenere un ritmo piacevole che sostenga l'argomentazione.

7.1.1 Semplicità

Su un cartello a fianco della cassa di un ospedale romano si legge: "Si prega munirsi di moneta divisionale". Tutti i giorni passano da lì persone preoccupate da vari problemi più e meno gravi. Difficile che riescano a comprendere un linguaggio non più in uso e dopo una lunga coda arrivano alla cassa senza gli spiccioli per saldare il loro conto, si sentono dire un «Non sa leggere?». E un ulteriore problema si aggiunge alla situazione che già hanno.

Anche i testi che a volte rigiriamo tra le mani, come documenti bancari o polizze assicurative lasciano enormi dubbi d'interpretazione. Prendiamo l'espressione "conclusione del contratto", per esempio: saremmo tutti portati a interpretarla come "fine della validità del contratto". Invece nel linguaggio giuridico s'intende una cosa ben diversa, anzi per certi versi opposta, cioè l'inizio della validità del contratto perché è stata *conclusa* la procedura, la pratica burocratica del contratto. Così il cittadino dotato di una cultura media può essere indotto in errore. Troppi margini di ambiguità.

La semplicità è la dote più importante per gli scrittori professionali: saper ridurre i disturbi della comprensione, e sciogliere il linguaggio troppo specialistico, così pesante nelle aziende private come negli enti pubblici. Notiamo la differenza:

- Possibilità di prelevare denaro contante senza problemi di orario o di code allo sportello presso qualsiasi ATM.
  - *Possibilità di prelevare sempre contanti da ogni Bancomat.*
- Si comunica alla spettabile Clientela che il servizio di assistenza fiscale diretta sarà attivo dal 16 aprile al 16 maggio. L'accesso potrà avvenire con le seguenti modalità: ...
  - *Dal 16 aprile al 16 maggio è attivo il servizio di assistenza fiscale diretta. Puoi accedere: ...*

Guida pratica allo scrivere chiaro: un "decalogo"

1. ***Parole brevi.*** *Uso,* anziché utilizzo; *tema*, anziché tematica, *partire*, anziché allontanarsi, *dovere*, anziché essere tenuto, *per* anziché allo scopo di. Le parole brevi entrano meglio nella mente del lettore e vi rimangono più a lungo.
2. ***Parole semplici, comuni, concrete.*** Meglio *moduli* che modulistica, *fare* anziché porre in essere; firmare *in fondo* anziché in calce; *pagare*, anziché effettuare il versamento; *denaro*, anziché liquidi; *sviluppare*, anziché implementare.

3. ***Parole coerenti.*** usare sempre le stesse parole per indicare il medesimo concetto. Una relazione è sempre una relazione, non un report, o un testo, o un resoconto, o un *brief*. Al fine di essere chiari ed inequivocabili è bene evitare i sinonimi.
4. ***Periodi brevi e lineari.*** Periodi più brevi sono più comprensibili. La nostra memoria a breve termine funziona un po' come il nostro campo visivo, che è limitato. *Comprendere* significa *prendere con,* cioè tenere insieme tutto, già alla prima lettura. Ecco perché è meglio costruire periodi con massimo 25 parole e non più di due frasi e costruire frasi coordinate invece che subordinate.

   È indispensabile adottare una sintassi essenziale: costruire la frase secondo la sequenza soggetto-verbo-complemento oggetto cioè esprimere *chi-fa-che cosa*, poi gli altri complementi.

   I periodi composti di una sola frase e con sintassi lineare sono i più chiari. Parentesi, virgole e trattini rendono il pensiero più dettagliato ma anche faticoso e quindi non possono essere usati nella prosa funzionale. Gli occhi del lettore tendono in genere a saltare gli incisi: se vogliamo dar forza a un pensiero, dedichiamogli una frase principale. Inoltre, le frasi brevi suggeriscono quel senso di urgenza che dà più efficacia al messaggio.
5. ***Linguaggio positivo e affermativo.*** A volte per affermare un concetto neghiamo il suo contrario. Per esempio: "non si devono usare frasi al negativo". In questo modo induciamo il lettore a soffermarsi su ciò che vogliamo negare. Col linguaggio affermativo consiglieremo: "usare frasi al positivo". Una frase che è immediatamente chiara.
6. ***Modi e tempi verbali semplici.*** Il congiuntivo e il condizionale sono eleganti ed esprimono sfumature e desideri. Il tempo indicativo è però il più incisivo per farsi comprendere. La frase con l'indicativo: "*Se il cliente non rispetta i termini di pagamento, è soggetto a una sanzione*" è più chiara rispetto alla frase col congiuntivo: "Qualora il cliente non rispettasse i termini di pagamento sarebbe soggetto a una sanzione". I tempi dei verbi da usare nella prosa funzionale sono presente, passato prossimo, imperfetto, futuro semplice.
7. ***Verbi in forma attiva.*** La forma attiva dei verbi è chiara e incisiva. La forma passiva mette in secondo piano il soggetto e rende oscura la frase. Per esempio la frase col verbo attivo "*Spediremo il materiale quando riceveremo la vostra conferma*" è molto più immediata di quella al passivo: "Quando la vostra conferma sarà ricevuta, la spedizione del materiale verrà effettuata".

   La forma passiva può essere utile per addolcire un'affermazione. Per esempio "Malgrado i solleciti, il reparto di produzione non ha rispettato i tempi previsti per la messa a punto del prototipo" colpevolizza. Se spostiamo il soggetto in fondo ne attenuiamo la responsabilità: "*Malgrado le sollecitazioni, i tempi previsti per la messa a punto del prototipo non sono stati rispettati dal reparto di produzione.*"

La forma impersonale è piatta e veicola un messaggio smorzato. Per esempio "si comunica... si consiglia... si segnala". Se l'obiettivo è questo può essere usata, altrimenti è da evitare.

Anche in questo caso, come sempre, è nostra responsabilità scegliere la forma più coerente con i nostri intenti. Per esempio, valutiamo queste tre soluzioni:

a. *dovete inviare la documentazione entro 15 giorni*
b. *siete pregati di inviare la documentazione entro 15 giorni*
c. *la documentazione deve essere inviata entro 15 giorni.*

8. ***Usare i verbi, non le nominalizzazioni.*** La nominalizzazione si compie quando si volge un verbo in sostantivo. Il sostantivo è statico (*so-sta*), il verbo è dinamico. La tentazione di scrivere "effettuare un miglioramento" anziché "*migliorare*" è diffusa. Ma toglie forza ed espressività alla frase.
   In tutte le lingue umane i sostantivi indicano gli oggetti e i verbi indicano le azioni. Usi diversi sono possibili ma complicano. Quindi meglio scrivere "*quando scade l'abbonamento*" invece che "alla scadenza dell'abbonamento".
9. ***Scrivere per punti.*** Per presentare una serie di concetti è utile organizzarla in un elenco. Gli occhi saltano volentieri sugli elenchi che danno ritmo alla lettura. Gli elenchi con punti attribuiscono uguale rilevanza a tutti i contenuti; gli elenchi con le lettere indicano una priorità tra i contenuti; gli elenchi con i numeri rimarcano l'ordina di priorità. Notiamo nell'esempio la differenza di efficacia:

ESEMPIO

A) Si comunica che all'albo Ufficiale di Ateneo e sul sito web di Ateneo all'indirizzo www.uniXX.it/... è stato pubblicato il diario prove e l'elenco dei candidati ammessi alla discussione pubblica dei titoli, della produzione scientifica e all'accertamento della conoscenza della lingua inglese della procedura in oggetto. Sul sito web di Ateneo, alla pagina sopraindicata, e all'Albo sono pubblicati anche i criteri di valutazione della procedura di selezione.

B) All'albo ufficiale e sul sito web dell'Ateneo a questo link potete trovare:
– diario delle prove
– elenco dei candidati ammessi alla discussione pubblica dei titoli, della produzione scientifica e all'accertamento della conoscenza dell'inglese
– criteri di valutazione della procedura di selezione.

Il blocchetto B si fa leggere meglio.
Se abbiamo un periodo lungo e articolato, dividiamolo in punti: renderemo il pensiero più ordinato, chiaro, efficace.
Senza esagerare: non trasformiamo ogni testo in un elenco di elenchi, freddi, inutili e banali. Possiamo usare allo stesso scopo anche i grassetti o i corsivi. Questa frase, per esempio:
Le procedure prevedono i passi da affrontare, quando affrontarli e le connesse responsabilità
si può scrivere in forma di elenco:
Le procedure prevedono:

- *i passi da affrontare*
- *i tempi*
- *le responsabilità.*

O anche così:
Le procedure prevedono ***quali*** *passi affrontare,* ***quando*** *affrontarli e* ***chi*** *ne sarà responsabile.*

10. ***Limitare sigle, parole straniere, maiuscole, luoghi comuni.*** All'interno di un gruppo o di un'organizzazione l'uso di espressioni gergali e sigle sono utili per velocizzare la comprensione. All'ufficio postale, per esempio, "CAP" è chiaro per tutti (codice di avviamento postale). Così "srl" tra i gruppi di lavoro di commercialisti (società a responsabilità limitata). Ma con un pubblico più ampio questo può indurre in equivoco. Meglio usare l'espressione estesa almeno le prime volte e richiamarla in sigla tra parentesi.
Ogni che esiste una parola in italiano per esprimere un concetto è da usare. Comprendersi è più facile. E inoltre è più elegante. Soprattutto se si usano sigle in altre lingue: sembrano andare di moda ASAP (*As soon as possible*) e FYI (*For your information*), che non sono affatto necessarie e anzi possono anche infastidire il lettore.
Le iniziali maiuscole vanno limitate all'indispensabile perché indicano autocompiacimento. Sono da preferire: il cliente, l'azienda, il prodotto alle loro versioni con iniziale maiuscola.
Sono da evitare tutti i luoghi comuni che fanno cadere l'attenzione: il lettore ha l'impressione di aver già sentito ciò che vogliamo esprimere. Si tratta di espressioni che vengono usate come in un automatismo e sono indice di pigrizia. È bene cercare le nostre parole per esprimere proprio ciò che noi vogliamo dire. Per esempio evitare espressioni come: "il tassativo divieto", "lo stretto riserbo", "l'operazione su vasta scala".
Per assicurare che il testo esprima al meglio il nostro pensiero e non ci siano stonature, ripetizioni, rime involontarie, errori di grammatica o di senso, passaggi contorti, è consigliabile rileggere il testo e se possibile a voce alta.

L'ortografia è da curare con scrupolo: apostrofi, elisioni, punteggiatura e segni vari devono essere usati in modo appropriato. Scrivere in modo corretto è qualità, è un modo per rispettare per il lettore e la reale efficacia della scrittura.

ESEMPI DI RISCRITTURE SEMPLIFICATE

1) Per mezza giornata deve intendersi il periodo che intercorre tra l'inizio dell'orario di lavoro giornaliero e l'inizio dell'orario di intervallo, ovvero il periodo che intercorre tra il termine dell'orario di intervallo e la fine dell'orario di lavoro giornaliero. La fruizione di mezza giornata di ferie, così come sopra definita, determina la disponibilità della rimanente mezza giornata di ferie; ad esempio in caso di fruizione di mezza giornata di ferie collocata tra l'inizio dell'orario di lavoro giornaliero e l'inizio dell'orario di intervallo (ferie antimeridiane), al dipendente rimarrà la disponibilità della mezza giornata di ferie da poter fruire tra il termine dell'orario di intervallo e la fine dell'orario di lavoro giornaliero (ferie pomeridiane), e viceversa. (113 parole)

Per mezza giornata s'intende:
– al mattino: dall'orario previsto di ingresso all'inizio dell'intervallo
– al pomeriggio: dalla fine dell'intervallo all'orario previsto di uscita.

Il godimento di mezza giornata di ferie determina la disponibilità della rimanente mezza giornata di ferie. (39 parole)

2) Nonostante tutti i considerevoli progressi che si possono osservare nella condizione femminile, il persistere, tra l'altro, della sottorappresentazione negli ambiti decisionali, dei divari nell'accesso e nei percorsi professionali e di carriera, dei differenziali nei salari e nelle retribuzioni, del persistere di fenomeni di molestie, abusi e violenze contro le donne, indicano che l'eliminazione delle discriminazioni e la costruzione di condizioni di pari opportunità per donne e uomini nel campo sociale e lavorativo sono ancora obiettivi da perseguire, confermare e rafforzare. (80 parole)

Le pari opportunità per donne e uomini nel campo sociale e lavorativo sono ancora obiettivi da perseguire e rafforzare, nonostante i grandi progressi raggiunti. Vi sono ancora differenze e discriminazioni in ambito lavorativo e fenomeni di molestie, abusi e violenze contro le donne. (24 e 19 parole)

3) In un mercato che vede le aziende di credito proporre tipologie di prodotto sostanzialmente indifferenziate e dove la disponibilità di mezzi e la velocità dell'informazione fa sì che, allorché un prodotto abbia caratteristiche di innovazione, lo stesso venga rapidamente clonato anche dalla concorrenza, la vera differenza sia rappresentata dalla capacità di relazione e dalla professionalità che le persone sanno mettere in campo. (62 parole)

> *In un mercato in cui le aziende di credito propongono prodotti omogenei, la differenza sta nella capacità di relazione e nella professionalità delle persone. (24 parole)*

7.1.2 Sintesi

Winston Churchill: «Per adempiere al nostro lavoro, tutti dobbiamo leggere una grande quantità di documenti. Quasi tutti sono di gran lunga troppo prolissi. Questo determina una perdita di tempo, quando invece le nostre energie dovrebbero essere dedicate ai punti essenziali. Chiedo ai miei collaboratori di fare in modo che i nostri rapporti siano più brevi».

Anche il presidente Reagan chiedeva brevità ai suoi collaboratori, ma non solo: come racconta il suo biografo Stephen F. Hayward, voleva che le relazioni che gli davano da leggere fossero di massimo una pagina, divisa in quattro sezioni: *issue, facts, reasoning, and recommendations*, cioè problema, fatti, motivazioni, soluzioni.

La sintesi è un obiettivo chiave per gli scrittori professionali. Alcuni nascono con la capacità di sintesi e altri possono apprenderla praticandola.

Sintesi come processo

La sintesi è il processo di scomporre un testo per eliminare l'inutile e scegliere solo ciò che interessa per comporre un testo che dice tutto in modo essenziale.

Sintesi come risultato

La sintesi non è un presupposto: è un risultato. Se ti metti a scrivere ed escono venti righe, è facile che siano poco profonde. Se invece scrivi tre pagine e poi le riduci a venti righe, allora è sintesi.

Per la stessa ragione essere sintetici non significa essere superficiali. Lo dimostrano le parole di Churchill e di Reagan che abbiamo visto sopra.

Più facile il contrario: chi resta in superficie può anche impiegare molte parole per farlo. L'industriale e saggista francese Auguste Detoeuf diceva: «Diffidate delle persone che parlano senza dir niente, perché o sono stupide e perdete il vostro tempo, o sono molto astute e perdete il vostro denaro». E, come ha sintetizzato (!) Beppe Severgnini, «La sintesi è una spremuta di pensiero: fa bene alla salute mentale. Aiuta a capire e a far capire. È un lavoro che facciamo per qualcun altro: ce ne sarà riconoscente».

Sintesi non è brevità

Brevità significa scrivere poco. Sintesi significa scrivere poco, ma molto denso di significato. Saper dire di più, scrivendo di meno: è un lavoro su ciò che puoi dare per scontato. Tagliare, asciugare, strizzare all'osso.

Il metodo: forbici e colla

Per arrivare alla sintesi una delle possibili tecniche è tagliare e cucire i pezzi senza aggiungere parole. È la tecnica detta forbici e colla. Per sviluppare questa abilità si può iniziare tagliando testi altrui: un articolo di giornale, una pagina di un romanzo, un post su Facebook.

Come nella scultura

Dopo aver letto il testo, individuato il messaggio principale e stabilita la dimensione da raggiungere:

a. tagliamo i **periodi** che non aggiungono valore al messaggio e le parti superflue dei periodi rimasti
b. tagliamo gli **incisi**, le parole fra parentesi, trattini, virgole, che forniscono informazioni più dettagliate, ma complicano e spesso annoiano
c. tagliamo le **parole inutili**: gli avverbi che appesantiscono il suono della frase, gli aggettivi di troppo, le espressioni ridondanti che non facilitano la comprensione: "entro e non oltre", "a far data dal prossimo primo del mese", "vorrei ricordare quella che è la mia esperienza..."

Infine, **ricuciamo**. Magari, perché tutto funzioni, occorre un aggiustamento, una congiunzione, una virgola. Poco altro.

Attenzione, però, a conservare intatto il messaggio centrale, rispettando il punto di vista dell'autore. Eliminare, dunque, fino al limite della chiarezza e della fedeltà all'originale.

La tecnica è quella dello scultore, che con lo scalpellone ottiene la sagoma, poi con lo scalpellino disegna i particolari. E conclude con qualche ritocco di lima. Per Michelangelo sta qui il senso della scultura, in quella che lui chiama "l'arte di levare", cioè di togliere.

ESEMPI DI SINTESI - Metodo Forbici e colla

1) ~~In particolare, avendo avuto piena e diretta conoscenza del fatto che~~ l'elemento che determinava la mancanza di offerte vincolanti ~~nel termine assegnato~~ era il tempo a disposizione dei concorrenti per ~~poter~~ valutare ~~correttamente tutta~~ la complessa situazione della società in vendita~~, prospettica ed attuale (economico-fiscale-finanziaria-contenziosa-contrattuale ecc.),~~ dall'Amministrazione è stato quindi ~~deciso di~~ concedere una proroga per la presentazione delle offerte, lasciando invariate tutte le condizioni di gara~~, sia quelle indicate dal Consiglio, sia quelle indicate dalla Giunta, sia quelle contenute nel bando, nella lettera di invito e nelle note di comunicazione e di chiarimento inviate ai partecipanti nel corso della procedura~~. (108 parole)

L'elemento che determinava la mancanza di offerte vincolanti era il tempo a disposizione dei concorrenti per valutare la complessa situazione della società in vendita. Dall'Amministrazione è stata quindi con-

cessa una proroga per la presentazione delle offerte, lasciando invariate tutte le condizioni di gara. (45 parole)

2) ~~Il dottor~~ Rossi riporta ~~in apertura di riunione~~ alcune linee guida ~~della futura attività~~ del Comitato regionale per l'orientamento professionale ~~che, quale organismo funzionale della Regione~~, ~~risulta essere pienamente~~ qualificato allo svolgimento del programma della Giunta. ~~In questo contesto, al fine di valutare collegialmente le proposte di riassetto organizzativo, il dottor~~ Rossi sottolinea anche l'esigenza di ~~effettuare al più presto~~ una ~~dettagliata~~ analisi di tutte le eventuali sovrapposizioni~~, sia di funzioni sia di persone,~~ risultanti dalle proposte ~~già~~ inviate ~~alla segreteria generale~~ dai direttori generali. Questo ~~passaggio, in futuro,~~ consentirà all'unità operativa Organizzazione e Personale ~~di intervenire adeguatamente per~~ una migliore ~~e più puntuale~~ definizione degli incarichi. (*108 parole)*
Rossi riporta alcune linee guida del Comitato regionale per l'orientamento professionale, qualificato allo svolgimento del programma della giunta. Rossi sottolinea anche l'esigenza di un'analisi di tutte le eventuali sovrapposizioni, risultanti dalle proposte inviate dai direttori generali. Questo consentirà all'unità operativa Organizzazione e Personale una migliore definizione degli incarichi. (48 parole)

7.1.3 Struttura

Un cumulo di tronchi non vale lo stesso peso del legno sistemato in un albero, diceva Aristotele. Perché l'albero ha una struttura. La struttura di un messaggio, infatti, è già un messaggio. Non importa quale sia il tema dello scrivere: protagonista è sempre l'organizzazione. Una struttura ben organizzata è il primo requisito per una relazione durevole con i lettori.

La struttura del messaggio invia un messaggio al lettore.

La struttura a tre parti: inizio, corpo e fine: introdurre, sviluppare e concludere il messaggio

La classica struttura di un messaggio prevede che l'autore segua tre passi:

- *dico ciò che dirò*
- *lo dico*
- *ridico ciò che ho detto.*

ESEMPIO
La struttura del sergente
– State ben attenti: ora vi darò le istruzioni su come preparare l'equipaggiamento per l'esercitazione di scialpinismo. *(dico ciò che dirò)*
– Tutti dovete mettere nello zaino: bussola, pelli di foca, ghette, pala, occhiali da ghiacciaio, guanti... *(lo dico)*

– Abbiamo visto quale materiale va preparato: attenti, perché chi si presenterà con l'equipaggiamento incompleto non farà l'esercitazione e non otterrà quindi il brevetto. *(ridico ciò che ho detto)*

Lo stesso schema è riconoscibile nella retorica antica. Cicerone, infatti, organizzava così il proprio discorso (Lucchini, 2005, 2006 e 2013).

- *Exordium*. Nell'inizio indicava il messaggio principale e i criteri seguiti nell'esposizione successiva, una specie di "avviamento al percorso del discorso", come diceva Aristotele
- *Narratio et argumentatio*. Nel centro metteva la descrizione dei fatti e la relativa argomentazione, ossia i dettagli, le prove a favore del messaggio stesso
- *Peroratio*. Nel finale riepilogava gli argomenti più importanti e ribadiva il messaggio principale, invitando il pubblico all'azione

Questo lo schema che usava Cicerone davanti ai giudici; lo stesso schema usa anche un altro grande scrittore latino, Tacito, quando fa parlare Calgaco, comandante dei Britanni davanti ai suoi uomini:

ESEMPIO La struttura del discorso di Calgaco
– La libertà è il nostro desiderio, vi dimostrerò perché è necessario combattere. *(exordium)*
– I nostri compagni si sono battuti valorosamente contro un nemico arrogante, che ruba, massacra, rapina e con un falso nome chiama tutto ciò 'impero'. (*narratio*)
– Noi siamo tenuti schiavi e destinati allo sterminio; ma se teniamo alla salvezza, per i nostri avi e per i nostri figli, dobbiamo dimostrare coraggio. *(argumentatio)*
– Abbiamo l'esercito e il capitano: usiamo il coraggio per andare in battaglia, ricordandoci degli avi e dei posteri. *(peroratio)*

Lo schema di Cicerone, ripreso anche da Tacito, introduce il messaggio, poi lo esplicita, poi lo ribadisce con enfasi, inserendo l'invito all'azione.

Questa struttura, però, è efficace solo in un tipo di testo: quello che mira a convincere i lettori a fare o a pensare qualcosa. E non è detto che l'obiettivo di un testo sia sempre convincere.

Vediamo allora meglio quale struttura è adatta per quale obiettivo.

Messaggio principale in cima, in mezzo o in fondo?

You never have a second chance to make the first impression, dice un proverbio.

Non hai mai una seconda possibilità per fare bella figura la prima volta: il primo sguardo, la prima pagina, le prime righe, bisogna giocarsele bene.

E il primo sguardo di un documento, in genere, va alla struttura. L'indice, in un libro; la sequenza dei titoletti, in un documento ben organizzato. Quelle lunghe pagine fitte di testo tutto grigio allontanano anche il lettore più disponibile.

Ci aiutano in questo tre sigle, che indicano tre diversi criteri per disporre gli argomenti in un testo. In pratica, dove mettere l'informazione principale: **B.L.O.T., B.L.I.M., B.L.O.B.**

B.L.O.T. - the Bottom Line On the Top: l'argomento principale all'inizio. Struttura adatta a testi di natura essenzialmente informativa. Secondo questo modello, tipico della scrittura americana, un rapporto aziendale, una lettera, un qualsiasi documento non deve superare le due pagine e deve portare subito al cuore dell'argomento. Innanzitutto il fatto. Poi, se necessario, le condizioni e le conseguenze:

ESEMPIO B.L.O.T.

Abbiamo stabilito di aprire un nuovo sito produttivo della nostra azienda negli Stati Uniti.

La necessità di avvicinare la produzione a uno dei nostri mercati più importanti, ci ha portato a compiere questo passo così importante. La scelta renderà più facile:

– raggiungere i consumatori
– ridurre le spese che ora abbiamo per la logistica
– ampliare ulteriormente in prospettiva il nostro mercato...

La prossima settimana avvieremo la procedura per ottenere le autorizzazioni dalle autorità in loco.

B.L.I.M. - the Bottom Line In the Middle: l'argomento principale in mezzo. Questa formula è consigliata soprattutto quando il messaggio non è gradito al lettore, ma gli vuoi dare comunque una nota positiva. In questo caso essa agisce come un sandwich: due fette di buon pane croccante sopra e sotto coprono il sapore sgradevole di una fetta di formaggio un po' ammuffito. Una buona notizia all'inizio, dunque, poi il messaggio vero e proprio. E la riconciliazione finale con un'altra buona notizia:

ESEMPIO B.L.I.M.

La vostra segnalazione è stata molto chiara e dettagliata. Purtroppo il guasto subìto non è coperto dalla garanzia. Riusciremo comunque a concludere la riparazione nella metà del tempo previsto.

Questo non ci garantisce dalle ire del lettore, ma possiamo sperare che le attenui, e che difenda la relazione, mantenendola su toni positivi, di reciproco rispetto, anche quando il contenuto è negativo.

Approfondiremo questo concetto nel paragrafo 7.4.

B.L.O.B. - the Bottom Line On the Bottom: l'argomento principale alla fine. È lo schema più classico del testo argomentativo. Procede per gradi: introduce la questione, la sviluppa, e porta all'argomento principale come risultato delle considerazioni precedenti. Un po' come il sillogismo di Aristotele, il ragionamento in cui, poste alcune premesse, ne deriva necessariamente una sola conclusione: «Tutti gli uomini sono mortali; Socrate è un uomo; Socrate è mortale».

È anche la struttura più usata da Cicerone, come abbiamo già visto. Per difendere in tribunale Lucio Cecilio Porzio, un amico accusato di aver ucciso la moglie, il grande avvocato si rivolge ai giudici così:

1. Signori della giuria, ora vi dimostrerò che il mio assistito non è colpevole del reato di cui lo accusate, e chiederò per lui la vostra assoluzione. (*Exordium*)
2. Lunedì mattina alle 8 Lucio Cecilio Porzio non era sul luogo del delitto. Era con me sul fiume, a pescare. È passato a prendermi a casa alle 6.30 e intorno alle 7.15 ci siamo imbarcati all'attracco sotto il Ponte Milvio... (*Narratio*) Abbiamo molti testimoni: alle 6.35 abbiamo salutato il custode... Alle 7 abbiamo incontrato mio cugino... (*Argumentatio*)
3. Dunque, signori, vi ho dimostrato che il mio cliente è innocente. Vi chiedo di lasciarlo libero al più presto, perché ha già tanto ingiustamente sofferto. (*Peroratio*)

ESEMPIO B.L.O.B.
Tutte le aziende moderne puntano sulle risorse umane, per vincere la competizione del mercato.
La sua è un'azienda leader che ha sempre anticipato i concorrenti.
Le propongo un programma di formazione sui principali temi della comunicazione, che le permetterà di consolidare la leadership e aumentare la distanza dai concorrenti.

È la struttura B.L.O.B. quella con cui abbiamo sviluppato più familiarità, fin dai tempi della scuola; è utile quando vogliamo dimostrare qualcosa: di aver studiato bene, nei temi; di avere un buon prodotto, o di avere ragione, in un progetto, o in un articolo.

Iniziare/introdurre

Abbiamo visto le tre strutture principali, da scegliere in base all'obiettivo del messaggio.

Vediamo ora alcune tecniche per potenziare i contenuti delle tre parti del testo.

E affrontiamo subito un paradosso: quando si pensa al "corpo" di un messaggio, si pensa a ciò che sta in mezzo. Ma non è lì la parte più difficile.

Prendiamo un volo aereo: decollo, volo in quota, atterraggio. Quali sono le parti più delicate, quelle che determinano il successo e la memoria del volo stesso? L'inizio e la fine. Pochi minuti, massima tensione, molto più che nella parte centrale. Anche in un testo, quelle sono le parti più delicate. Perché l'inizio è legato all'aspettativa e alla sensibilità del lettore. La fine condizionerà il suo agire. Su queste due parti va messa la massima attenzione.

ESEMPIO
Un inizio potente
È morto, è morto nella sua Palermo, è morto fra le lamiere di un'auto blindata, è morto dentro il tritolo che apre la terra, è morto insieme ai compagni che per dieci anni l'avevano tenuto in vita coi mitra in mano. È morto con sua moglie Francesca.
È morto, Giovanni Falcone è morto. Ucciso dalla mafia siciliana alle 17,58 del 23 maggio 1992.

Con questo inizio, il giornalista italiano Attilio Bolzoni annunciava la strage di Capaci. Un inizio che si legge d'un fiato, che ci catapulta dentro il testo, con le ripetizioni, i numeri, i dettagli: ci siamo anche noi lettori, nella scena.

Vediamo alcune tecniche efficaci per buoni inizi nella prosa aziendale, che ci emancipino da quell'ammuffito "Con la presente siamo lieti d'informarla". Iniziamo dalle 5 W e dalla tecnica delle domande (Lucchini, 2005, 2006 e 2013).

- **Le 5 W.** *Who* = chi, *What* = che cosa, *Where* = dove, *When* = quando, *Why* = perché.
  Regola valida per il giornalista di cronaca, per il professionista di comunicazione e per chiunque abbia per le mani un testo con un forte contenuto informativo: l'arrivo di un nuovo manager, l'adozione di nuovo modello organizzativo, l'acquisizione di una società, la quotazione di un'azienda in Borsa.
- **Le domande**. Porre una domanda è apre il dialogo con l'interlocutore. Una domanda retorica di cui si conosce già la risposta invece consente di fare un'affermazione.
  Nella lettera di un direttore commerciale ai suoi venditori sentiamo il diverso effetto di questi due inizi:

  a. *Svegliatevi! La concorrenza ci sta superando! Se non reagiamo subito abbiamo vita corta!*
  b. *Dobbiamo rassegnarci a subire l'aggressività della concorrenza, oppure possiamo mettere in campo le nostre migliori energie, recuperare posizioni e vincere?*

La domanda apre la comunicazione per questo è molto usata dalle campagne pubblicitarie e dai giornali, con o senza il punto di domanda. Per esempio: "*Che cosa accadrà con la nuova legge di bilancio*", "*Quali prospettive per la pace in Medioriente*."
La domanda avvia la relazione con l'interlocutore, aiuta chi scrive a mettersi nei suoi panni, fa venire voglia di trovare la risposta al destinatario. Lo sapeva bene Cicerone, quando aprì con una raffica di domande la sua famosa orazione contro Catilina:

> *Fino a quando abuserai, o Catilina, della nostra pazienza?*
> *Per quanto tempo ancora codesta follia si prenderà gioco di noi?*
> *Fin dove si spingerà la tua sfrenata insolenza?*

- **Mettersi nei suoi panni**. Oltre che per le domande, l'esordio della prima Catilinaria è famoso anche per un altro motivo. Le domande sono rivolte a Catilina, ma il messaggio è rivolto ai senatori, ai quali Cicerone chiede una condanna per Catilina. Egli non si limita a essere pubblica accusa, "terza parte" tra giudici e imputato. Si mette fisicamente nei panni dei senatori (i *decision maker*): "Fino a quando tu abuserai della nostra pazienza? Per quanto tempo ancora la tua follia si prenderà gioco di noi?".

  Poche parole, e tutto il senato è con lui.
  L'espressione "mettersi nei panni dell'altro", inoltre, nella scrittura assume un significato ben più che metaforico. Conviene farlo davvero. Pensiamo alla nostra posizione fisica quando scriviamo: mani sul tavolo, schiena contratta, penna o tastiera tra le mani. Il corpo esprime l'ansia di comunicare. Come il corpo del venditore di fronte al cliente.
  Pensiamo ora alla posizione del lettore: corpo rilassato, un po' svogliato, gambe accavallate, schiena sprofondata nella sedia. Più lontano dal tavolo: chi scrive è in attacco, chi legge è in difesa. Come il cliente di fronte al venditore.
  Quando abbiamo finito di scrivere, mettiamoci un attimo dall'altra parte del tavolo: l'impressione sarà più distaccata, più obiettiva, più vicina a quella del lettore vero. Tornando di qua, di sicuro cambieremo qualcosa, soprattutto nell'inizio.

- **Le citazioni**. In genere all'inizio di un testo una citazione piace. Purché sia breve, pertinente, facilmente condivisibile e firmata da un personaggio di facile consenso. Il gusto della citazione va però controllato. Può destare attenzione, ma può anche distrarre dal tema principale. Può persino suonare come una mancanza di rispetto per il lettore, che non sempre ha la cultura dello scrittore. Viva i dizionari delle citazioni, allora, ma come fonte d'ispirazione, non come comodo rifugio per ogni vuoto creativo.

- **L'inizio, alla fine**. Un buon inizio non viene quasi mai all'inizio del processo di scrittura ma dopo che si è lavorato molto sul testo, tagliando e rimodellando. Si può buttar giù in prima stesura ma poi occorre molta revisione.

Sviluppare e argomentare

L'inizio e la fine, abbiamo detto, sono le parti più difficili. È pur vero che spesso il messaggio vero e proprio viene espresso nel mezzo (Lucchini, 2005, 2006 e 2013).

Vediamo alcuni criteri per distribuire gli argomenti nella parte centrale del testo.

- ***Piramide rovesciata***. Tipico schema dei giornalisti. Dopo le 5 W, l'articolo segue lo schema della piramide rovesciata: dal fatto più importante a quelli meno importanti, così che l'attenzione del lettore vada subito ai fatti principali; e poi, per chi ha voglia e tempo, ai dettagli.
- ***Deduzione***. Dal grande al piccolo. Dal generale al particolare. Dall'idea al fatto. Consideriamo il contesto e spingiamo poi il lettore verso le conclusioni. Un percorso a imbuto, ad alto potere di convinzione, adatto ai testi pubblicitari come alle lettere di vendita.
- ***Induzione***. È il contrario del precedente: dal piccolo al grande, dal particolare al generale, dal fatto concreto al concetto astratto. Entra subito nel cuore dei fatti, prima di illustrarne il contesto.
- ***Cronologia***. Schema semplice e immediato. Ideale per cronache di eventi, studi di caso, biografie, narrazioni.
- ***Problema/soluzione***. Altro sistema adatto a case history, relazioni tecniche, rapporti di marketing. Prima si descrive il problema, poi la soluzione, con ricchezza di particolari su ostacoli superati, risorse coinvolte, tempi e costi. E con l'accento sui vantaggi ottenuti.
- ***Con & pro***. La dizione americana indica prima gli argomenti a sfavore (*con*), poi quelli a favore (*pro*), a differenza della nostra *pro e contro*. Se lo scrittore presenta i propri punti deboli, prima che lo faccia il lettore, dimostra di esserne consapevole e di non voler ingannare. E se lo fa prima di descrivere i punti di forza, dà a questi ultimi ancora più risalto.

ESEMPIO - Con & pro

Per evitare che la crisi di una singola banca si propagasse in modo incontrollato sono stati necessari ingenti interventi pubblici. Questi, da un lato hanno comportato elevati oneri per i contribuenti e in alcuni casi compromesso l'equilibrio del bilancio pubblico; dall'altro lato, hanno permesso di evitare danni al sistema finanziario e all'economia reale; in futuro, consentiranno di gestire le crisi in modo ordinato attraverso strumenti più efficaci e con l'utilizzo di risorse del settore privato, riducendo gli effetti negativi sul sistema economico ed evitando che il costo dei salvataggi gravi sui contribuenti

- ***Alfabeto***. Che presenti una lista di vitamine, località turistiche, prodotti o dipendenti, l'ordine alfabetico è sempre apprezzato dal lettore. Pratico e facile da seguire, l'ordine alfabetico è adatto a presentare liste ed elenchi, ma può anche essere un modo originale per impostare una brochure, una pagina web o una relazione per un convegno. Trovate le parole chiave di un'azienda o di un prodotto, le mettiamo in ordine alfabetico e per ciascuna scriviamo un paragrafo.
- ***Elenchi***. Numeri, lettere dell'alfabeto, trattini, pallini, freccette. Gli elenchi facilitano la lettura, le danno ritmo, aiutano a concentrarsi su alcuni punti specifici. A volte è utile richiamare anche nel titolo queste proprietà attenzionali: "*Dieci idee per ottimizzare le risorse*", "*I nostri quattro principi guida per il prossimo triennio.*"
- ***Q&A***. *Questions & Answers*. Domande e risposte. Ogni argomento è descritto con un titolino-domanda e un paragrafo-risposta. Schema chiaro, facile da seguire e da memorizzare.
- ***FAQ***. *Frequently Asked Questions*, le domande più frequenti. Derivato dal precedente, è un genere nato per la comunicazione interna, utile a costruire e potenziare l'identità e lo stile dell'organizzazione: spiegare i valori principali di un'impresa ai nuovi assunti e addestrarli a rispondere in modo omogeneo ai quesiti della clientela.
- ***Ordine Nestoriano.*** Prende il nome da Nestore, generale greco reso celebre dall'*Iliade* di Omero, che usava questa struttura per disporre l'esercito. Da lui presero esempio gli oratori antichi per disporre gli argomenti in questo modo: presentare per primo un argomento forte, seguito, in mezzo, dall'argomento più debole, per finire con il più forte. La forza di questa struttura consiste nel peso dedicato alle due parti rilevanti dell'inizio e della fine, in modo coerente con l'intero impianto del testo.

Concludere

La struttura basata sui tre passi e cioè "dico cosa dirò, lo dico e dico cosa ho detto", sembrerebbe contraddire la necessità di sintesi. In realtà bisogna distinguere la ripetizione dal richiamo. La prima irrita e va evitata. Il secondo invece è utile al lettore perché dà la possibilità di verificare la comprensione e aiuta a ricordare i punti principali. L'ordine del sergente, e quello di Cicerone realizza infatti una sequenza attesa dal lettore: quando introduciamo il messaggio egli si aspetta un'esposizione più dettagliata; quando annunciamo la conclusione si aspetta una ripetizione sintetica del messaggio.

È chiaro che occorre il massimo sforzo contro il peggior nemico dello scrittore: la noia. Bisogna far apprezzare al lettore ogni richiamo e formule come "*dunque*", "*in sintesi*", "*per finire*" lo accompagnano alla conclusione.

Ecco alcune idee per concludere un testo.

a. **Riepilogo finale**. Soprattutto dopo un testo complesso, ricco di argomenti, il lettore gradisce trovare un riepilogo che gli dica in sostanza gli argomenti fondamentali che ha letto. Come fa Manzoni alla fine de *I promessi sposi*, quando spiega "il sugo della storia", cioè quello che Renzo e Lucia hanno imparato.

b. **Finestra sul futuro**. È con un'immagine di azione che si può salutare il lettore. Aprirgli davanti una finestra e proiettarlo al di là del testo, in un mondo in cui si senta a proprio agio e faccia ciò che gli chiediamo.
   Per aumentare l'impegno dei suoi venditori, un direttore commerciale può chiudere citando i risultati che si raggiungeranno quando l'azienda avrà migliorato la sua posizione nel mercato.
   Per vendere piani d'investimento, il consulente finanziario può accennare agli sgravi fiscali o ai vantaggi per chi entra nel club-clienti. Per invitare i lettori a un evento aziendale, il manager può accennare ai contatti esclusivi con i più autorevoli esperti di quell'argomento.

c. **Post-scriptum**. Molti sostengono che sia una buona scelta nelle lettere, ma non per altri documenti. Invece un post-scriptum in un comunicato stampa, in una circolare, in un meeting report, può aggiungere un tocco di originalità e di efficacia. Il lettore coglie a colpo d'occhio quelle righe, evidenziate in grassetto: sono la prima e anche l'ultima cosa a cui presta attenzione.
   Si può riassumere qui il tema principale, o precisare un dettaglio (es. la data di scadenza di un'offerta), sottolineare i vantaggi che il lettore otterrà se accetterà la proposta.

P.S. Si può anche scrivere il P.S. a mano:
genera più attenzione, personalità, e spinge ad agire subito.

7.1.4 Se-duzione

Se-durre, condurre a sé. È la capacità di catturare l'attenzione del lettore, aiutandolo a superare la noia, la fretta, la distrazione. Con le domande, gli elementi di sorpresa, le variazioni di ritmo e di stile, la potenza della retorica, i giochi con le parole e con i numeri. E soprattutto, scrivere in modo orientato al lettore, pensare a lui come a una persona, non come a un "target".

In un testo scritto è importante prima meritare e poi tenere viva l'attenzione del lettore. Ecco alcune tecniche.

Metafora. Dal greco *metaphérein*, trasportare: trasferire una parola in un altro contesto. È una scintilla che scocca quando uniamo due espressioni che hanno significati distinti, ma un punto in comune. Per esempio la frase "*fanciulla dai capelli d'oro*". Capelli e oro vivono in contesti diversi ma hanno un punto in comune: il colore biondo. La metafora potrebbe essere spiegata per esteso come: "*la fanciulla dai capelli biondi come l'oro*." Nella metafora nel punto in cui le due aree semantiche hanno l'elemento comune avviene una fusione. La metafora è un atto creativo.

Se cambiamo all'improvviso il soggetto in una frase come per esempio in "*La mela, io me la mangio*", commettiamo un errore. Ma se lo facciamo apposta è un **anacoluto** e ci aiuta a dare al nostro scritto la vivacità tipica dei dialoghi.

Oppure prendiamo la **prosopopea**, cioè la rappresentazione in forma umana di cose inanimate. È usata dai poeti, ma anche il giornalista, quando scrive "*l'inflazione divora i risparmi degli anziani*", usa una prosopopea: e l'inflazione non è più un principio astratto dell'economia, ma un mostro che si mangia la pensione della nonna. Lo stesso fa il manager quando scrive che "*il magazzino ha bisogno di ossigeno*", rappresentando un pezzo dell'azienda come un paziente in crisi respiratoria.

Questioning. Domande, appunto. L'abbiamo già trovata nel paragrafo dedicato agli inizi. Ma si può applicare ad altre parti del testo: all'oggetto, al post scriptum, ai titoletti che scandiscono il ritmo dell'argomentazione, o addirittura al titolo, per attivare subito il processo dialettico con il lettore.

Teaser. È qualcosa che stuzzica la curiosità prima di presentare il contenuto del messaggio, che ci aiuta a svelare gli argomenti pian piano. Diceva Calvino: «Scrivere è sempre nascondere qualcosa, in modo che poi venga scoperto». Per promuovere un servizio di videoconferenza, per esempio, un albergo ha titolato così il proprio dépliant: "*Meglio muovere le persone o muovere le idee*"? Per presentare un piano d'investimento, una società di consulenza finanziaria ha scritto sull'esterno della busta: "*Contiene informazioni che la sua banca non le darebbe mai*". Per evocare l'urgenza di un profondo cambiamento, uno studio legale ha inviato ai clienti un'avveniristica "*Lettera dal futuro*".

Variazioni. Uno stile omogeneo, sempre uguale, anche se semplice e diretto, può risultare noioso. La soluzione è in ciò che i latini chiamavano *variatio*. Le parole corte sono più efficaci, ma meglio alternarle con qualche parola lunga. Così i periodi: quelli brevi e incalzanti danno ritmo alla lettura, ma dopo un po' irritano. Meglio alternarli con un periodo più lungo e profondo. E con qualche esclamazione! O un periodo sospeso… E perché non una domanda?

Calembour. Sono quelle battute che storpiano un detto popolare o il titolo di un libro famoso, di una canzone, di un film. Maestro di calembour era Totò, genio capace d'inventare frasi come "*Ma cosa credete che io sia qui a parlare con Chicche e Sia?*", e molte altre.

Numeri. I numeri creano aspettativa e scandiscono il ritmo dei pensieri.

Reader focused writing: scrivere in modo orientato al lettore

L'autoreferenzialità è un vizio tipico della scrittura di aziende, istituzioni, pubblica amministrazione. In primo piano ci sono gli autori, con ciò che fanno, dicono, producono: solo alla fine ci sono le persone cui si rivolgono.

> *La nostra azienda, dal 1975 leader nel mercato dei prodotti per l'igiene, è orgogliosa di presentarle...*
>
> *Siamo lieti di informarla che stiamo organizzando un importante convegno sul tema...*

Lettere che cominciano con "Gentile Cliente", o "Egr. Sig./Gent.ma Sig.ra". Ma come, l'autore sa bene il tuo nome (ti ha scritto, no?), sa se sei femmina o maschio, può fare senza fatica un'intestazione proprio per te. Perché si ostina su una formula impersonale? O meglio, visto dalla tua parte, perché tu dovresti dare ascolto a una lettera scritta così?

Vediamo ora un esempio di scrittura *writer focused,* e poi lo stesso testo in versione *reader focused.*

ESEMPIO

Writer focused

Con riferimento alle precedenti circolari informative in materia, la scrivente Direzione Centrale ha rilevato l'esigenza di ribadire nell'allegato le modalità ed i criteri di utilizzo degli istituti sindacali nell'Ente, facendo presente che tali procedure sono tuttora normate, oltre che dalla contrattazione nazionale, dal Protocollo d'intesa sul sistema di relazioni sindacali.

Reader focused

Trovate nell'allegato le procedure previste dal contratto nazionale e dal Protocollo d'intesa sul sistema di relazioni sindacali, per una puntuale applicazione degli istituti sindacali nell'Ente.

Attenzione: scrivere *reader focused* è importante non soltanto nella comunicazione esterna (a clienti e *prospect*, ai giornalisti, agli opinionisti): è importantissimo anche nella comunicazione all'interno dell'organizzazione. I capi e i colleghi di lavoro, infatti, spesso sono i nostri lettori più assidui e più interessati. Notiamo tre differenti linguaggi per un messaggio di comunicazione interna. Ovvio che il terzo, quello *reader focused*, è il più efficace.

ESEMPIO

Linguaggio utile per lo scrittore

Ho il compito d'illustrare al consiglio di amministrazione l'incidenza che gli investimenti hanno sulla gestione dell'impresa. Vi prego pertanto di farmi pervenire entro la prossima settimana un rapporto completo sulle spese sostenute dal vostro reparto negli ultimi sei mesi.

Linguaggio utile per l'azienda
Il consiglio di amministrazione vuole controllare l'incidenza che gli investimenti hanno sulla gestione dell'impresa. Vi prego di farmi pervenire entro la prossima settimana un rapporto completo sulle spese sostenute dal vostro reparto negli ultimi sei mesi.

Linguaggio utile per i destinatari
È opportuno dimostrare al consiglio di amministrazione che gli investimenti sono da voi gestiti in modo corretto, e che incidono positivamente sulla gestione dell'impresa. Vi prego di farmi pervenire entro la prossima settimana un rapporto completo sulle spese sostenute dal vostro reparto negli ultimi sei mesi.

Scrivere *reader focused*, dunque, significa scrivere facendo centro sul lettore. Pensare a lui/lei come a un individuo in carne e ossa, renderlo/a protagonista del nostro messaggio, rivolgersi come vorremmo si rivolgesse a noi: se possibile, chiamiamolo per nome, usiamo un tono personale, chiediamoci quali saranno i suoi commenti, le sue domande, i suoi dubbi, le sue preoccupazioni sul nostro messaggio. Lasciamo che le nostre parole esprimano i nostri sentimenti, e soprattutto cerchiamo di incrociare i suoi.

Correre qualche rischio

Determinate scelte aiutano a dipingere un'immagine più esclusiva dello scrittore. Eccone alcune possibili.

- *La formula di saluto*. A volte si può saltare del tutto iniziando subito con un pensiero. Magari inserendo il nome del lettore più avanti, a un certo punto della prima o della seconda riga.
- *La chiusura*. Anche in questo caso, anziché le solite frasi, un "*Grazie*", o "*A presto*", o "*Teniamoci in contatto*", o anche niente, possono essere appropriati.
- *La data*. In certi casi si può aggiungere personalità alla data di una lettera, anziché usarla come un dettaglio formale: la scadenza di un'offerta, la nascita di una nuova società, la data di un convegno, possono stare nel titolo. Es.: "*3 ottobre 2020: un gran giorno per migliorare la comunicazione*".

7.1.5 Sim-patia

Sun-pàtheia, il sentire insieme con l'altro: è la componente emotiva del linguaggio. O forse empatia. Dote di sapore psicologico. Saper toccare le corde emotive del messaggio. Considerare la percezione del destinatario, la sua aspettativa, il suo possibile feedback. Che poi significa lavorare sull'impatto delle parole e delle frasi, saper convincere il lettore, per raggiungere l'obiettivo.

In questa direzione, è molto utile conoscere i sistemi rappresentazionali.

I sistemi sensoriali, o rappresentazionali

Sono sistemi per elaborare informazioni, usati dalle persone per conoscere e rappresentare il mondo (Lucchini, 2005).

Ogni essere umano, mentre si muove nella realtà, la rielabora a partire dalle informazioni che riceve dai suoi *canali di ingresso*: i cinque sensi. Le informazioni sono poi ulteriormente rielaborate nel linguaggio. Così egli si crea una rappresentazione mentale del mondo fatta di immagini, suoni, gusti, odori e sensazioni sempre frutto di una semplificazione del modello originario.

I sistemi rappresentazionali *visivo* (V), *auditivo* (A) e *cenestesico* (K) indicano qual è l'organo sensoriale privilegiato nel raccogliere ed elaborare le informazioni percepite da vista (V), udito (A) e olfatto-gusto-tatto ed emotività in generale (K).

Ognuno di noi può organizzare la propria esperienza con tutti i sistemi rappresentazionali, ma tendiamo a prediligerne uno. Questa inclinazione comporta una scelta – inconsapevole, ma accurata – delle parole usate per codificare l'esperienza stessa. Le parole sensorialmente specificate, dunque, esplicitano il processo di percezione che le sottende.

Naturalmente non sono solo le parole a rivelare il sistema rappresentazionale dominante. Prima ancora, l'analisi dei comportamenti espressivi dice parecchio. Qualche esempio.

I **visivi** hanno una forte immaginazione, di ogni avvenimento memorizzano soprattutto colori, dimensioni e distanze. Hanno tono e volume di voce alto, respirazione veloce, postura eretta e sguardo alto; fanno poche pause. La loro gestualità è descrittiva, le mani si muovono verso l'esterno, con i palmi aperti a taglio e rivolti verso il basso.

Gli **auditivi** hanno un tono di voce alternativamente armonico e monotono. Spesso inclinano la testa verso la fonte del suono. La loro gestualità è a tempo con le parole; le mani, spesso vicine alle orecchie.

I **cenestesici** hanno un tono e un volume di voce bassi, fanno pause lunghe assaporando ogni singola sensazione. Spalle rilassate, sguardo basso, respiro profondo, addominale. La loro gestualità muove dall'esterno verso il proprio corpo. Hanno il palmo delle mani spesso rivolto verso l'alto, in modalità propiziatoria.

Sintonizzarsi sul sistema rappresentazionale dell'interlocutore è un metodo molto efficace per conquistarne la fiducia. Ecco perché le ricerche in questo campo hanno condotto anche alla nascita di una nuova disciplina, il neuromarketing, che studia l'impatto dei canali comunicativi nell'attività decisionale (non solo di prodotto, ma anche politica). Mette insieme marketing, neurologia, psicologia.

Il sistema rappresentazionale visivo

Può essere impiegato per osservare il mondo che ci circonda e per riprodurre o visualizzare internamente delle immagini. Nel linguaggio, l'influenza del sistema dominante visivo si manifesta nella scelta di parole che rimandano alla vista: *vedere*, *osservare*, *chiarire*, *focalizzare*, *dipingere*, *tratteggiare*; *chiaro*, *limpido*, *cristallino*, *nitido*, *brillante*, *oscuro*, *fosco*, *torbido*; *immagine*, *quadro*, *scenario*, *schema*, *colori* e così via.

I visivi usano frasi di questo tipo:

- *Il Direttore ha disegnato un quadro a tinte meno fosche di quanto dipinto nella precedente riunione*
- *Ho rivisto il contratto per il 2019. Puoi darle un'occhiata per vedere se può andare?*
- *In una prospettiva a lungo termine, il quadro della situazione si presenta più roseo del previsto*
- *Eccoti la bozza per il rinnovo 2004. Puoi darle un'occhiata per vedere se può andare?*

I visivi curano molto anche gli aspetti non verbali della scrittura: scelta e dimensione dei caratteri tipografici, titoli ben evidenti, formattazione del paragrafo, spaziature, interlinea, sfondi, loghi ed elementi decorativi.

Il sistema rappresentazionale auditivo

Esalta l'attenzione prestata a come "suonano" le informazioni che una persona sta acquisendo ed elaborando, e porta a costruire dialoghi per organizzare le proprie percezioni. L'influenza del sistema auditivo si manifesta nel linguaggio con la scelta di parole che rimandano all'udito: *ascoltare*, *sentire*, *parlare*, *dire*, *spiegare*, *chiedere*, *suonare*; *acuto*, *sordo*, *stridulo*, *forte*, *piano*; *campanello d'allarme*, *dissonanza* e così via.

Gli auditivi usano frasi come:

- *Ti comunico le scadenze delle garanzie da rilasciare alla società XYZ. Dimmi se potete dare risposte rapide.*
- *Nel brusio ho orecchiato delle frasi che stridevano con quanto ci eravamo detti.*
- *Il silenzio di Paolo è stato molto rumoroso: mi aspetto però di sentire da lui discorsi forti e a tono.*

Nella scrittura, chi predilige questo sistema rappresentazionale presta in genere molta attenzione anche agli aspetti paraverbali del messaggio, soprattutto al ritmo: allitterazioni, assonanze, metrica, lunghezza delle parole e delle frasi. Ma anche respiri e pause; riprese veloci o fluire tranquillo del testo.

Il sistema rappresentazionale cenestesico

Organizza le percezioni del mondo intorno alle sensazioni tattili, olfattive e gustative. La produzione linguistica è qui caratterizzata da parole che appartengono alla sfera delle sensazioni fisiche e dell'emotività. Le scelte lessicali prediligono verbi come *sentire*, *provare*, *gustare*; aggettivi come *caldo*, *freddo*, *pesante*, *concreto*; sostantivi come *odore*, *contatto*, *sapore*, *sensazione*, *attrazione* e così via.

I cenestesici costruiscono frasi di questo tipo:

- *La sua relazione è stata concreta, ha espresso bene gli umori del momento, ma anche il sapore della sua scelta.*
- *Nel pieno della stagione estiva, una visita a uno dei nostri borghi antichi è un'occasione da non perdere per assaporare la quiete di una giornata o di un fine settimana lontano dalle folle, in un ambiente incontaminato, dove si trovano ancora prodotti gastronomici gustosi e genuini.*
- *Il servizio dedicato alle Marche propone un modo attraente per coniugare gli ozi della spiaggia alle puntate verso un entroterra dolce e affascinante, ricco di profumi e sapori, tutti da scoprire.*

ESPRESSIONI TIPICHE

Scrittura visiva (V)

- vedo chiaramente quello che indichi
- facciamo una prospettiva a lungo termine
- diamo una visione d'insieme
- vedo un futuro roseo
- non vedo una via d'uscita
- chiariscimi bene il tuo pensiero
- schematizzami, tratteggiami, dipingimi la tua idea

Scrittura auditiva (A)

- ascoltiamo tutte le campane
- quello che dici è musica per le mie orecchie
- siamo in sintonia, sulla stessa lunghezza d'onda
- la mia proposta non ha avuto risonanza
- l'importante è andare d'accordo, in buona armonia

Scrittura cenestesica (K)

- questa situazione puzza di bruciato
- sento un peso sulle spalle
- non ho in pugno la situazione, vorrei toccare con mano
- non posso digerire quella persona, mi sta qui
- non so bene perché: è una sensazione di pelle
- mi ha colpito come un pugno nello stomaco
- è stata un'esperienza disgustosa

Come usare i sistemi rappresentazionali nella scrittura?

Quando scriviamo uno-a-uno, è molto utile riconoscere il sistema rappresentazionale dominante del nostro interlocutore, e usare le sue parole per instaurare una relazione di fiducia.

Se invece scriviamo a un pubblico ampio, meglio ricorrere a più sistemi rappresentazionali, passando rapidamente da uno all'altro, e provocando un accumulo sensoriale percettivo che rende la comunicazione più aperta, ricca e degna di interesse. Come ha fatto uno che se ne intendeva.

Dolce (K) e chiara (V) è la notte e senza vento (K),
e queta (A) sovra i tetti e in mezzo agli orti
posa (K) la luna, e di lontan rivela (V)
serena (V) ogni montagna. O donna mia,
già tace (A) ogni sentiero, e pei balconi
rara traluce (V) la notturna lampa (V)

Va bene, si dirà. È Giacomo Leopardi. E chi di noi piò volare a quei livelli? Ma tutti possiamo addestrarci a scrivere separando i tre sistemi sensoriali, pensando a un singolo lettore, oppure miscelandoli insieme, pensando a un pubblico misto.

Ecco un esempio, tratto proprio da un esercizio d'aula: la descrizione della famosa Place Jeem el Fnaa di Marrakech, un luogo carico di evocazioni sensoriali. Nel primo testo c'è una piazza tutta immagini e colori, dedicata ai visivi. Nel secondo, suoni e melodie, per gli auditivi. Nel terzo, profumi e sensazioni, per i cenestesici. Infine, la combinazione dei tre stili.

ESEMPIO

Scrittura visiva (V)

La sera la piazza si accende di immagini magiche.

Una nuvola di fumo la avvolge e ogni figura perde i suoi contorni, diventa evanescente. Nell'aria immobile, le fronde delle palme bruciate dal sole si stagliano sul fondo scuro del cielo senza luna, penzolando indolenti, come braccia di una ballerina stanca.

In mezzo agli incantatori di serpenti, che con i loro flauti disegnano nell'aria affascinanti ricami, il bagliore delle fiaccole illumina due occhi scuri, bistrati di nero. Occhi misteriosi e luccicanti, occhi curiosi, che si mostrano un istante, per tornare subito dopo a inabissarsi nella spessa oscurità di un velo rosso cupo.

Quando lascerai quel luogo, sai che porterai via con te, nei tuoi occhi, lo scintillio di quello sguardo.

Scrittura auditiva (A)
La sera la piazza echeggia di melodie ipnotiche.
Un universo sonoro di musiche e rumori amalgamati nella spessa cortina di fumo che attutisce ogni suono. Gli incantatori di serpenti, che rincorrono le note con i loro flauti penetranti, accompagnano come un sottofondo le voci profonde dei narratori di storie, che avvolgono chi li ascolta nel ritmo cadenzato delle loro parole. E, in mezzo al tintinnio dei campanelli dei venditori d'acqua, dal minareto si leva la nenia del muezzin, che scandisce il momento della preghiera.
Quando lascerai quel luogo, sai che porterai via con te, nella tua mente, l'eco di quei suoni.

Scrittura cenestesica (K)
La sera la piazza si riempie di profumi.
Fragranze e aromi talmente intensi da rendere l'atmosfera palpabile.
Il fumo denso che si sprigiona dai kebab scatena la voglia prepotente di assaporare quel cibo sconosciuto. Tutto lì intorno porta con sé la promessa di invitanti piaceri. Sei lì in mezzo, schiacciato da mille corpi sudati, e respiri con avidità quell'aria arroventata dalla calura del tramonto, carica di spezie e umanità. E quell'aria ti ubriaca l'anima e ti accende i sensi.
In quell'assetata arsura, la freschezza della coppa di rame che ti porge il vecchio venditore d'acqua ti scende dentro come un balsamo.
Quando lascerai quel luogo, sai che porterai via con te, sulla tua pelle, la carezza di quelle sensazioni.

Scrittura polisensoriale (V-A-K)
La sera la piazza diventa ipnotica. Una nuvola di fumo carico di odori la avvolge, attutendo i suoni e sfumando i contorni delle immagini. Lontana, l'eco della nenia del muezzin annuncia l'inizio della notte. Il bagliore delle fiaccole illumina misteriosi occhi scuri, che si mostrano per un istante, per poi tornare rapidi a nascondersi dietro ai veli colorati.
Carni speziate sfrigolano sui kebab, e diffondono un profumo invitante, mentre il tintinnio dei campanelli del venditore d'acqua scivola dentro di te ancor prima che la freschezza della coppa di rame raggiunga le tue mani. L'incantatore di serpenti intesse col suo flauto ondulate melodie che accompagnano, come un sottofondo, le voci profonde dei narratori di storie, che incatenano chi li ascolta nel ritmo cadenzato delle loro parole. E tu sei lì, schiacciato in mezzo a quei corpi accaldati, stordito dal frastuono vitale e accecato dall'esplosione di colori che ti circonda. Sei lì, e respiri con avidità quell'aria arroventata dalla calura del tramonto, carica di spezie e umanità.
Quando lascerai quel luogo, sai che porterai via con te, forse per sempre, lo scintillio di quegli sguardi, l'eco di quei suoni, la carezza di quelle sensazioni.

7.1.6 Stra-vaganza

Stra-vagare, vagare extra, muoversi al di fuori dei sentieri più battuti.

Dote metodologica, trasversale a tutte le altre, che significa molte cose.

Per cominciare, concepire il processo di scrittura in modo un po' diverso da come ci è stato insegnato a scuola.

A quei tempi c'erano "la brutta" e "la bella". Il flusso di coscienza, con quei fogli pasticciati e sofferti (ah, peccato aver dedicato così poco tempo alla scaletta!). E poi la copia pulita da consegnare al prof.

Ma le fasi della scrittura non sono due: sono tre. E la più importante è proprio quella allora più trascurata: la progettazione. E la tecnica di progettazione più efficace non è la scaletta, ma il *clustering* (cluster = grappolo), che sfrutta le funzioni dei due emisferi del cervello, portando risultati migliori con meno fatica.

I due emisferi del cervello

Sì, perché il foglio bianco, o lo schermo vuoto, spesso provoca un blocco a molti scrittori. Mettere d'accordo i due emisferi del cervello, prima d'iniziare a scrivere, aiuta a superare quel blocco.

Vediamo, anzitutto, come funziona il lavoro dei due emisferi.

L'emisfero sinistro è depositario della logica, della razionalità. Lavora in base a regole predeterminate. La descrizione, l'ordine, la tecnica, sono il suo dominio. Al contrario, l'emisfero destro è impulsivo e creativo; non elabora pensieri: genera immagini, sensazioni, coglie intuizioni e sfumature emotive.

Nel lavoro finisce quasi sempre per prevalere l'emisfero sinistro: le regole, le facoltà razionali. Ma la scrittura ha bisogno della vivacità dell'emisfero destro. Quando scriviamo, possiamo trarre vantaggio dall'usare in modo adeguato i due emisferi del cervello nelle varie fasi del processo (Lucchini, 2006).

Le tre fasi della scrittura

Chiamiamole come vogliamo: progetto-redazione-revisione; o generazione-composizione-correzione (Lucchini, 2006).

Oppure all'americana: pre-writing / free-writing / re-writing, dove i prefissi "pre-", "free-" e "re-" esprimono la maggior concentrazione di significato: il pre-writing riassume infatti ciò che si fa prima di scrivere; il free-writing esprime la libertà di una scrittura svincolata da ogni condizionamento di grammatica o di stile; il re-writing esprime l'umiltà della "ri-scrittura", la disponibilità a cambiare, accorciare, eliminare, e magari ricominciare da capo.

Sono comunque sempre tre le fasi dell'esposizione scritta di un pensiero.

1. ***Pre-writing*: la progettazione.** In questa fase cerchiamo di scoprire i nostri pensieri, di portarli alla luce. Non scriviamo frasi compiute. Appunti, liste, note, schizzi, parole chiave, bigliettini: tutto funziona per lasciare scorrere la mente, per "imparare", da noi stessi o da fonti esterne, il più possibile sull'argomento. Dopo la quantità, passiamo alla qualità. Dopo l'assortimento, la selezione: scegliamo gli argomenti più rilevanti e diamo loro una sequenza, individuando priorità e ruoli.
   Emisfero destro nella prima fase, dunque (trovare argomenti); emisfero sinistro nella seconda (scegliere gli argomenti e definirne la sequenza).
   È nato così il "piano redazionale"; molto efficace per questo il *clustering*, come vedremo tra poco.

2. ***Free-writing*: la redazione.** Gli appunti sotto gli occhi, la memoria delle fonti sempre viva, i pori della mente ben dilatati. Giù a scrivere, ora. Torna protagonista la quantità. Scrivere, scrivere, tutto quello che viene. Non importa quanto, si taglierà dopo. Un paragrafo per argomento, i legami più o meno appropriati, gli approfondimenti dove occorrono. Se viene alla mente una nuova idea che non era nel progetto, giù a scriverla, anche male, ma subito, altrimenti scappa. Ne esce una bozza ancora grezza, prolissa, nei contenuti come nella forma. Dalla scrittura per noi stessi siamo comunque passati alla scrittura per gli altri. Siamo entrati cioè nella comunicazione.
   Abbiamo lasciato campo libero, in questa fase, all'emisfero destro.

3. ***Re-writing*: la revisione.** È qui che pensiamo al destinatario in modo più concreto. È qui che pensiamo al modo, appunto, ai "come": come la nostra idea sarà percepita dal lettore, come agirà dentro di lui e quindi come dobbiamo presentargliela. Tono, stile, grammatica, chiarezza, sintesi, efficacia: tutto viene esaminato e corretto pensando all'effetto che farà al lettore.
   Dominio assoluto dell'emisfero sinistro.
   Ben inteso: il processo di scrittura non è mai così nettamente suddiviso. Le fasi sono spesso sovrapposte; né dovremo costringerci troppo a restare in una certa fase se ci viene voglia di passare a un'altra. L'importante è essere sempre consapevoli della fase in cui ci troviamo, e attivare, tra le nostre attitudini, quella più adeguata alla fase stessa.

Progettazione del testo con la tecnica del clustering

Chiamato anche *creativity on demand* (creatività quando occorre, senza aspettare che magicamente si accenda la lampadina!), il *clustering* è un metodo di progettazione del testo che stimola l'ispirazione creativa. Il metodo è simile al *brainstorming*, la "tempesta di cervelli", usato in molti campi per generare processi creativi: una fase iniziale di rilassamento e pulizia mentale, poi una raffica di associazioni di pensiero, parole chiave in libertà che fanno emergere spontaneamente e poi aggregare le idee.

Tutti conosciamo il modo tradizionale di organizzare i pensieri: la scaletta. Comoda e funzionale, la scaletta ha però un limite: obbliga il cervello a procedere in modo lineare. Ma la creatività procede per salti, per associazioni-lampo: il pensiero che ti viene in mente per primo, e che scrivi al primo punto della scaletta, forse non è il più importante. Inoltre la scaletta costringe a fare troppe cose insieme: pensare, registrare e ordinare i pensieri nello stesso momento. Il *clustering*, ottimizzando anche lo spazio, fa emergere naturalmente i pensieri, senza preoccuparci di essere logici, e ci aiuta a risparmiare tempo nelle fasi successive.

Ecco le tre fasi.

1. Scriviamo al centro di un foglio la parola chiave: l'obiettivo, l'argomento di cui dobbiamo parlare, l'idea da sviluppare e disegniamo un cerchio intorno alla parola.
2. Dopo una pausa di relax e di concentrazione, cominciamo a lasciar fluire i pensieri, aprendo al massimo l'emisfero destro del cervello. Registriamo ogni pensiero in una parola, e uniamo con una linea questa parola a quella che l'ha generata: solo parole chiave, non frasi complete. Otterremo così un grappolo, che ha già in sé il senso delle priorità: dal concetto fondamentale ai concetti secondari. Ma fino all'ultimo ci lascia liberi di cambiare le priorità, approfondire alcuni sotto-cluster o eliminarne altri.
3. Ordiniamo i pensieri, coinvolgendo l'emisfero sinistro. Pensiamo a ogni cluster come a un paragrafo distinto. Scegliamo il concetto più importante e segniamolo con la lettera *B (Beginning)*: sarà l'inizio. Scegliamo poi il secondo concetto più importante, e segniamolo con la *E (End)*: sarà la conclusione. Le parti che più s'imprimono nella memoria sono l'inizio e la fine. Quindi, assegniamo dei numeri agli altri cluster, secondo il criterio che ci viene più naturale.

Oltre a essere una delle tecniche più funzionali per la progettazione del testo, il clustering risulta anche il più adatto per scrivere in internet: i concetti di collegamento e approfondimento ipertestuale, di link, di uso delle parole chiave, così importanti nel web, sono gli stessi.

Ecco alcuni esempi che aiutano a capire come può essere utile questa tecnica: il clustering e, accanto, il testo che ne è nato.

ESEMPIO CLUSTERING 1

Maria

B Multimediale, multisensoriale, multidisciplinare, multiforme. Multitutto. Impossibile definirla: Maria è tutto e il contrario di tutto. E naturalmente questo è il suo vanto.

1. Non è un caso se i suoi gusti musicali spaziano dall'opera al rap. Multigenere anche il gusto letterario: Hemingway il suo preferito, ma con un debole per il *fantasy*.

2. "Complessità – dice lei – è sinonimo d'intelligenza". Certo, dicono gli altri, se si accompagna a comprensione, apertura mentale, disponibilità a riconoscere le ragioni degli altri.

3. Invece, fedele al suo segno – capricorno – non retrocede di un passo neanche di fronte al torto più evidente. Ma non dirle mai, tu, "Hai ragione", potresti scatenare una scena isterica.

4. "Bellicosa", dice di lei la sua analista. Definizione in cui lei si riconosce appieno.

5. Suo gran divertimento: le chiacchiere. Su ogni tema, in ogni istante, con ogni mezzo. Se non le squilla il cellulare per dieci minuti rischia una crisi d'abbandono. E non azzardare mai una mail "Ciao, come va?": t'intaserebbe il server.

6. Altro hobby: le balle. Bugie, storie inventate. A volte per convenienza, altre volte così, per sport. Seduce solo uomini sposati, incontra solo miliardari, ex brigatisti o astronauti in ferie. Mai che le capiti un impiegato, o un postino. Forse anche mitomane, ne spara di più grosse di lei, sbalordendo i neofiti come i più smaliziati.

E Quando è stanca di prestazioni da superwoman, si rifugia nella buona tavola. "Combatte la depressione", spiega. "La linea? Oh, basta ogni tanto ritoccare il guardaroba." La pensa così anche la sua sarta.

ESEMPIO CLUSTERING 2

Phone banking: la banca al telefono

Perché perdere l'occasione di un'operazione di borsa importante mentre sei in vacanza?
Perché dover fare salti mortali per accompagnare tuo figlio a scuola, fare un pagamento urgente e arrivare in orario al lavoro?
Con Phone Banking, dovunque sei, direttamente dal tuo telefono puoi:

- consultare il tuo conto, la tua carta e la tua polizza titoli
- effettuare operazioni (bonifici, giroconto, compravendita titoli…)
- accedere ai mercati finanziari per informazioni e operazioni

Tutto questo, nella massima sicurezza e semplicità, quando e come vuoi, senza costi telefonici.
Phone banking: comoda la vita.

ESEMPIO CLUSTERING 3

La vela

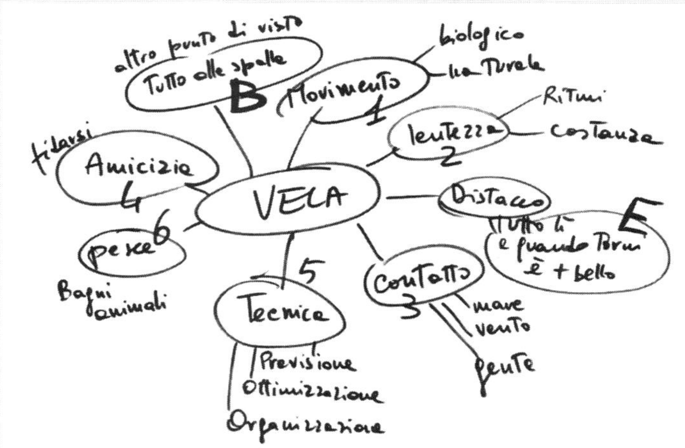

E basta con il clacson! … ma che fa quello, dorme? … Non la sopporto più questa città.
Voglio partire, staccarmi, mollare, allentare tutto …
Muoversi sì, ma non così, non come i terragni.
Distaccarmi lentamente, essere spinti dal vento, sfruttare il sole per muoversi. Che bel concetto…
E seguire i miei ritmi: stare sveglio finché mi va e dormire quando ho sonno.
Godo nell'essere immerso in questa natura: il sale sulla pelle (ma è proprio importante fare una doccia al giorno?), i capelli gonfi di vento ed il sole che ti scalda quando vai di poppa.
Ed i discorsi con gli altri: non si parla di «che lavoro fai?», non c'è niente di terragno nei discorsi. Lo abbiamo lasciato a terra questo modo di comunicare, con i nostri ruoli.
In barca si passa ad altri registri, ci si fida e si sa che bisogna dare affidamento. Siamo come un organismo ed ogni organo deve fare la sua funzione nei tempi e nei modi giusti.
Sì, in barca ci si deve fidare, e questo rimane indelebile!
E poi si lavora di testa: osserviamo, annotiamo, prevediamo e discutiamo, ci conosciamo.
E ci scambiamo informazioni, dritte: una regolazione fine della randa per guadagnare qualche decimo di nodo…
E i bagni al largo e il pesce, cucinato appena pescato.
Il mare e la terra da osservare da punti di vista e ad orari mai praticati dalla vita terragna. Un altro mondo.
E quando ci avviciniamo a terra, cosa incredibile, sembra di aver dimenticato che ci sono i clacson, gli addormentati e gli isterici… e siamo anche curiosi e pronti a cogliere dei lati mai apparsi del nostro mondo.

Scrivere a più mani: un'abilità da sviluppare nelle organizzazioni moderne

C'era una volta un cuoco che girava molti paesi insegnando ricette di piatti saporiti. Era famoso per la sua polvere d'oro che rendeva tutto squisito, e per la sua creatività: sapeva usare le risorse dei luoghi; ai pescatori insegnava a cucinare il pesce; ai cacciatori, la carne; agli agricoltori, le verdure. Ogni paese lo aspettava con trepidazione, desideroso di imparare qualcosa di nuovo. Un giorno, arrivato in un paese povero, decise di insegnare la ricetta del minestrone.
Andò nella piazza principale, accese un fuoco, vi appoggiò la sua grande pentola, mise l'acqua, un po' di sale e la sua polvere magica.

Dopo un po' assaggiò e disse, come tra sé: "Certo, ci fosse una cipolla... ". Subito un passante corse a casa a prendere una cipolla. Il cuoco la mise nella pentola, assaggiò e disse "Uhm, meglio... magari, ora, una patata...": un altro corse a prendere una patata. "Uhm, sempre meglio – disse – mancherebbe una carota", e un altro fu felice di contribuire con la sua carota.
Arrivarono man mano un peperone, una zucchina, un po' di prezzemolo, uno spicchio d'aglio e così via, sino a ottenere un minestrone squisito. Gli abitanti lo gustarono, e dissero che non avevano mai mangiato un minestrone così buono, tutto merito della polvere magica del cuoco.
Lui sapeva che il merito era un altro. Ma questo era il suo segreto.[1]

Quali pensieri ci suggerisce questa storia? E che c'entrano con il concetto di stra-vaganza?

Pensiamo, ancora, a quant'è diverso l'uso della comunicazione scritta nella scuola rispetto agli ambienti di lavoro.

Certo, posso prepararmelo da solo un buon minestrone. Ma se ci mettiamo quattro mani, o sei, idee e fantasie diverse, la cena diventa più gustosa.

Scrivere è la stessa cosa. Ci hanno insegnato a starcene lì, soli, testa bassa, schiena curva sul quaderno, guai chi disturbava: il genio stava creando! Eppure sempre una vocina dal corridoio, le notizie dal tg, o la radio, o i rumori della strada, lì a distrarci. Una fatica, trovare l'intimità per coordinare testa-cuore-mano-foglio.

Poi è arrivato l'ufficio: gli *open space*, il caos dei lavori di gruppo, la frenesia dei confronti, l'accavallarsi delle riunioni, e noi sempre a rincorrere emergenze. «Questo me lo porto a casa, che qui non riesco a scrivere». L'idea che è passata, spesso, è che scrivere rimanga un supplizio individuale, impossibile da condividere. E così finiamo per allungare il nostro tempo di lavoro: la sera, o l'alba, o il fine settimana.

Ma ci sono anche esperienze diverse. Alcune persone riescono a giocare in squadra anche nello scrivere. Così come ci sono difensori, centrocampisti e attaccanti, che danno il meglio di sé quando hanno i loro compagni intorno, ci sono scrittori che sanno trasformare una veduta in un panorama, un "a solo" in una sinfonia; uno spuntino in un convivio, appunto. Sanno scrivere a più mani.

Ed è più della normale collaborazione tra colleghi (io butto giù, tu arricchisci). Più della divisione dei compiti (io scrivo l'inizio, tu il corpo, tu la fine). Più del confronto con le persone care, o con l'editor di fiducia, che sanno trovare i punti deboli del tuo testo perché conoscono i tuoi. Si tratta

[1] Questo testo è tratto dal libro di Consuelo Casula *Giardinieri, principesse, porcospini: metafore per l'evoluzione personale e professionale* (Franco Angeli, 2002).

di costruire un messaggio ricco di tante idee, articolato in più punti di vista, forte di molte voci, vivace per gli stili che armonizza. Compatto, infine, come uno solo.

Anche in questo il *clustering* aiuta: progettare il testo in gruppo, poi scegliere ciascuno la parte da sviluppare individualmente, e poi di nuovo insieme per ripulire, amalgamare, armonizzare. È un buon gioco di squadra.

Nelle organizzazioni moderne non c'è più tanto spazio per i meravigliosi solisti. Le professioni puntano quasi tutte sulla squadra. Non solo nelle agenzie o nei laboratori creativi, dove è possibile farfalleggiare per ore e poi magari in un attimo esce il capolavoro. Scuole, università, aziende, studi professionali, enti pubblici, ospedali, uffici di ogni settore e di ogni dimensione: si scrive per pensare insieme, per lavorare insieme, per imparare insieme. Per crescere, insieme.

Re-writing su un testo altrui

Qualche volta, qualcuno si aspetta un aiuto dalla nostra revisione. In questo caso, correggere non è fare l'autopsia. Non dobbiamo per forza trovare qualcosa di sbagliato. Quando facciamo l'editor a un collega la nostra responsabilità non è quella della stesura finale, ma quella di aiutare lo scrittore (Lucchini, 2006). Quando facciamo un taglio, usiamo lo scalpello, non la mannaia.

Ci sono tre fasi che l'editor deve seguire: leggere, esaminare, ascoltare. Anche queste, come le tre della scrittura, non sono contemporanee.

1. **Leggere**. I peggiori editor sono quelli che cominciano a leggere con la penna in mano, pronti a correggere prima di capire che cosa l'autore vuole dire. Leggiamo fino alla fine, prima di fare correzioni. Siediamoci sulle mani o andiamo in una stanza in cui non ci sono penne o matite, non facciamo segni sul testo prima di aver finito di leggerlo. Poi, se non l'abbiamo capito, restituiamolo allo scrittore e chiediamogli di spiegarci che cosa aveva in mente quando scriveva.
2. **Esaminare**. Che non significa cambiare. Significa studiare, soppesare, analizzare, considerare. Rivolgiamoci queste domande sul testo: è solido? attrae l'attenzione fin dall'inizio? il finale è forte o debole? scorre? è facile da leggere anche se l'argomento è complesso? le informazioni sono chiare? qualcuna può essere eliminata? è coerente? se l'inizio era attraente, il testo poi soddisfa la curiosità che ha generato? o la delude? insomma, funziona?
3. **Ascoltare**. L'ascolto è il passo più importante per stabilire un rapporto di collaborazione tra editor e scrittore. Se non ascoltiamo, falliscono anche i punti 1 e 2. Ascoltiamo, prima di correggere. Facciamo in modo che lo scrittore chieda ciò che vuole sapere e imparare. Se ci sono cose che lo scrittore non sa, non diciamogliele noi: facciamogli le domande

che lo aiutino a capire. Siamo diretti e specifici, evitiamo le frasi fatte. «Questo punto non è chiaro» non significa niente per lo scrittore, se non gli spieghiamo perché.

7.1.7 Stile

Abbiamo visto all'inizio semplicità, sintesi e struttura: abilità razionali, *hard skill*, che si collocano nell'emisfero sinistro, quello della logica e della razionalità. Abbiamo visto poi se-duzione, sim-patia e stra-vaganza: *soft skill*, che si collocano nell'emisfero destro, quello della passione, della creatività e dell'istinto. Tra i due emisferi c'è una membrana, il corpo calloso, che li separa o li fa comunicare. Nella nostra metafora il corpo calloso è lo *stile*, quell'abilità che fa prevalere un emisfero o l'altro, secondo necessità.

Stile: l'origine della parola ci riporta alla manualità della scrittura. Lo stilo era lo strumento appuntito con cui nell'antichità si scriveva incidendo sulle tavolette di cera. Nello stile c'è dunque l'impronta individuale, il tocco della personalità.

Trasmettiamo la nostra writing voice

Lo stile non è come la grammatica. Non ha un repertorio di regole che basta rispettare. Lo stile è ciò che differenzia uno scrittore da un altro: gli americani parlano di *writing voice*. Ciascuno ha la propria. Migliorarla e renderla riconoscibile richiede tempo e lavoro. S'inizia leggendo chi scrive bene. E anche chi non lo fa: si capiscono meglio le differenze. E poi si fa pratica, prove su prove.

Bisogna poi essere ambiziosi, e voler imparare. E non è che a un certo punto s'impara, e poi basta. Lo stile non è un monolito: cambia, evolve, si trasforma.

Studiare gli stili dei maestri significa trovare fonti d'ispirazione per sviluppare il proprio stile. Se leggi un brano di uno scrittore che ami, lo riconosci alle prime righe. Come riconosci la voce di un amico al telefono, solo dal "ciao".

Questo è l'obiettivo degli esercizi di scrittura: costruire uno stile che sia riconoscibile dai nostri lettori.

Write the way you speak

Il dipartimento di scrittura della City University di New York insegna un approccio basato sul motto *Write the way you speak*: scrivi come parli. Più avvicini la tua lingua a quella parlata, più sarà autentica ed efficace. Per un business writer significa sviluppare uno stile vivace, accattivante e personale. Come le persone riconoscono la voce della persona quando parla, la riconosceranno anche quando scrive. Resta sottinteso che la lingua parlata sia una buona lingua parlata, corretta, priva di errori.

Forse per far questo bisognerà fare in modo un po' diverso da come ci è stato insegnato: a scuola ci hanno insegnato che i due registri, scritto e parlato, vanno tenuti ben distinti. Il primo deve rimanere più elevato del secondo.

Ci hanno insegnato a seguire le regole. E quando osservavamo che molti scrittori-modello non lo facevano, ci parlavano di *licenza-poetica.*

Oggi sappiamo che molti scrittori hanno speso gran parte della loro vita a dimenticare gli insegnamenti ricevuti, appunto per cercare il proprio stile. È un percorso che ciascuno di noi deve compiere, per conto proprio.

Esercizi di stile

Un discorso sullo stile nella scrittura non può prescindere dagli *Esercizi di stile* di Raymond Queneau. Il famoso scrittore francese racconta un banale litigio su un autobus in 99 modi diversi: 99 stili, appunto.

Ecco il brano originale:

> *Sulla S, in un'ora di traffico. Un tipo di circa ventisei anni, cappello floscio con una cordicella al posto del nastro, collo troppo lungo, come se glielo avessero tirato. La gente scende. Il tizio in questione si arrabbia con un vicino.*
>
> *Gli rimprovera di spingerlo ogni volta che passa qualcuno. Tono lamentoso, con pretese di cattiveria. Non appena vede un posto libero, vi si butta. Due ore più tardi lo incontro alla Cour de Rome, davanti alla Gare Saint-Lazare. È con un amico che gli dice: "Dovresti far mettere un bottone in più al soprabito." Gli fa vedere dove (alla sciancratura) e perché.*

E, come esempio, alcune tra le tante varianti uscite dalla fantasia di Queneau.

> ***Ampolloso.*** *Quando l'aurora dalle dita di rosa imparte i suoi colori al giorno che nasce, sul rapidissimo dardo che per le sinuose correnti dell'Esse falcatamente incede, grande d'aspetto e dagli occhi tondi come toro di Bisanzio, ...*
>
> ***Volgare.*** *Aho! Annavo a magnà e te monto su quer bidone de la Esse – e 'an vedi? – nun me vado a incoccià con 'no stronzo con un collo cche pareva un cacciavite, e 'na trippa sur cappello? ...* [2]
>
> ***Sonetto.*** *Tanto gentile la vettura pare*
> *che va da Controscarpa a Ciamperretto*
> *che le genti gioiose a si pigiare*
> *vi van, e va con esse un giovinetto...*

[2] Queneau non parlava romanesco. La traduzione è di Umberto Eco, nell'edizione Einaudi, Torino, 1983

Lettera ufficiale. *Ho l'onore di informare la S.V. dei fatti sottoesposti di cui ho potuto essere testimone tanto imparziale quanto orripilato. In questa stessa giornata, verso mezzogiorno, mi trovavo sulla piattaforma di un autobus che andava da rue de Courcelles verso place Champerret. Detto autobus era pieno, anzi più che pieno, oso dire...*

Emozioni diverse guidano il lettore al variare dello stile del racconto: infatti gli *Esercizi di stile* sono un riferimento per chi studia la scrittura.

Ogni scrittore può provare a trattare un testo con diversi stili, pensando a diversi tipi di lettore, o anche a diversi momenti, e a diversi umori, dello stesso lettore. Possono guidarlo, in questo, i consigli offerti da un altro maestro, Joseph M. Williams, nel suo libro *Style Ten Lessons in Clarity and Grace*, che in America è considerato la bibbia del settore.

Dieci lezioni di stile, di Joseph M. Williams

1) Per uno *stile rispettoso*: ricorda che i tuoi lettori probabilmente conoscono meno di te ciò che stai chiedendo loro di leggere. Devi essere più semplice di quanto pensi.
2) Per uno *stile corretto*: scrivi non come i grammatici dicono che dovresti scrivere, ma come scrivono gli scrittori che più ammiri.
3) Per uno *stile chiaro*: metti le persone nei soggetti delle tue frasi, poi uniscile ai verbi che descrivono le loro azioni.
4) Per uno *stile ben connesso*: organizza le informazioni in modo che ogni frase accompagni il lettore, da quelle che gli sono più familiari a quelle che gli sono nuove.
5) Per uno *stile coerente*: inizia ogni frase in un modo coerente, non casuale, con parole che per i lettori richiamino solo quel tipo di idee.
6) Per uno *stile enfatico*: finisci le frasi con le tue parole più energiche.
7) Per uno *stile incisivo*: taglia, taglia ancora, poi taglia un'altra volta.
8) Per uno *stile scorrevole*: controlla i legami tra le parti grammaticali più importanti. Evita i soggetti lunghi. Metti ogni soggetto vicino al suo verbo e ogni verbo vicino al suo complemento oggetto.
9) Per uno *stile proporzionato*: usa frasi brevi, evita di inchiodare una frase qualsiasi a un'altra frase qualsiasi, e soprattutto evita di inchiodarcene una terza.
10) Per uno *stile elegante*: crea periodi bilanciati e paralleli, e controlla come le strutture, le idee, i suoni funzionano gli uni con gli altri.

I nemici dello stile

Ci sono anche i nemici dello stile: lo irrigidiscono, vanificando gli sforzi che abbiamo fatto per costruire la relazione con il lettore. Eccone alcuni.

- **Luoghi comuni**. "Da sempre la nostra azienda", "scelta vincente", "grande impatto emotivo, soluzioni su misura"... Per risparmiare la fatica d'inventare nuove espressioni, spesso usiamo quelle logore. Così anche contenuti interessanti perdono fascino. È perciò necessario un controllo attento dei luoghi comuni con i quali potremmo aver contaminato il testo.

- **Scrittura a singhiozzo**. "Egr. sig. Luca Rossi", "Racc.ta A/R, Spett.le Ditta XYZ S.p.A.", "Alla c.a. di...", "Abbiamo ricevuto la gradita vostra del 12 u.s...". Le abbreviazioni appesantiscono la lettura, danno un senso di fretta e superficialità. Un percorso a singhiozzi, a sgambetti. Proprio il contrario di ciò che il lettore si attende da noi.
- **Uso dissennato delle maiuscole**. Troppi "Prodotti, Istituti, Direttori, Clienti". Troppi "siamo lieti di informarLa che il Suo conto corrente ha maturato un tasso d'interesse...", le iniziali maiuscole esprimono inutile deferenza, irrigidiscono la scrittura e disperdono l'attenzione. Nessun lettore si offende se non trova le maiuscole sui pronomi che lo riguardano o sulle parole chiave del testo.
- **Rabbia**. Un cliente che non paga, un ex amico che ci fa scrivere dall'avvocato, un fornitore che ci vende un prodotto difettoso... Se stiamo esplodendo di rabbia, non cerchiamo il dialogo: ci lanciamo sulla tastiera per dirgliene quattro. I signori da *gentili* diventano *egregi*; i saluti, da *cordiali*, diventano *distinti*; e non siamo a disposizione per nessun chiarimento. Ma i testi che trasudano rancore portano di rado buoni risultati.
- **Sarcasmo**. È la rabbia, travestita da umorismo. Il sarcasmo distrugge le relazioni. Uno sfogo o un tono di sfida aggravano la ferita. Invece un tono fermo ma pacato, senza battute o inutili allusioni, può ottenere una reazione positiva.
- **Fretta**. La calma e la lucidità sono spesso lontane dai ritmi di lavoro. Ma con la fretta, la scrittura si fa approssimativa e inefficace. Se possibile, concediamoci il lusso della lentezza. Lasciamo riposare i pensieri, facciamone asciugare l'impeto prima di mandarli in missione. Nelle e-mail, per esempio, esiste uno strumento straordinario per questo: le bozze. Mettere un messaggio importante nelle bozze, prima di spedirlo, significa farlo riposare, decantare, e prenderci il tempo per un ultimo decisivo controllo. È un atto di rispetto per il lettore.
- **Pignoleria**. Troppi particolari, dettagli, cavilli. Che noia! La paura di non convincere o di essere fraintesi spinge spesso gli scrittori a essere molto precisi, ma distrugge l'attenzione. Specie all'inizio e alla fine di un testo, meglio cercare curiosità, velocità, ritmo, non precisione. Nel corpo centrale sì, ma con misura.

E rispettiamo la punteggiatura

Per concludere la riflessione sullo stile un pensiero va dedicato alla punteggiatura, uno tra gli aspetti più trascurati della scrittura contemporanea, professionale e non. La punteggiatura dà ritmo al pensiero. È difficile però bloccarla in regole precise: evolve, si contamina con altre lingue, si piega a molte sfumature interpretative. Limitiamoci qui a vedere i principali segni di punteggiatura e il loro valore.

- Le virgole devono essere usate con parsimonia. Gli usi più comuni sono: le elencazioni, le proposizioni coordinate e subordinate, gli incisi. Altri impieghi sono possibili ma è preferibile evitarli.
- Il punto e virgola si usa in elencazioni complesse. Non va usato per sostituire un punto.
- Il punto esclamativo è sconsigliato nella prosa funzionale perché l'enfasi si deve ottenere con argomentazioni.
- Il punto interrogativo serve per formulare le domande vere e proprie. Può essere usato anche per scandire un concetto con il ritmo domanda-risposta ed evocare così l'energia del dialogo.
- I due punti uniscono due proposizioni e danno risalto a quanto segue. Sono da usare sempre prima di un elenco, un discorso diretto, un commento.
- Il punto scandisce la fine di un pensiero compiuto e l'inizio di un altro. Il punto e a capo accompagnato da uno spazio fra i periodi o dal rientro a destra del capoverso visualizza le unità fondamentali del ragionamento che si sta svolgendo. Attribuisce movimento al testo e contribuisce a tenere viva l'attenzione del lettore.
- L'uso dei puntini sospensivi e del punto esclamativo è così problematico che conviene evitarlo. Lascia incompiuto un pensiero: del tutto sconsigliato nella prosa funzionale. Al fine di scoraggiarne l'uso Umberto Eco sostiene che sono propri degli scrittori dilettanti e maldestri.
- La barra (/) indica opposizione fra due termini. Per esempio: prodotto/servizio.
- Il trattino (-) va utilizzato per alcune parole composte come per esempio "gerarchico-funzionale", anche se di solito può anche essere evitato e non va spaziato. Si usa inoltre per gli incisi e in questo caso va spaziato, ma poiché gli incisi non sono ammessi nella prosa funzionale questo è un uso da evitare. Non può mai essere utilizzato come segno di punteggiatura.
- Le virgolette a doppio apice ("), nell'uso più diffuso, svolgono tre funzioni: 1) indicano l'impiego ironico o deviante di una parola o di una espressione; 2) delimitano citazioni testuali di frasi e brani scritti da altri; 3) indicano termini di un altro autore (per esempio in un testo sui modelli organizzativi scriverò "castello ", "rete", "nodi" e così via se mi riferisco alle definizioni che ne ha dato Butera).
- Le virgolette semplici (') si usano per citazioni all'interno di altre citazioni. Per esempio: "La celebre battuta 'Essere o non essere' ha costituito

il cavallo di battaglia di tutti gli interpreti shakespeariani". Le virgolette italiane (<< >>) non sono di uso corrente.

- Le parentesi si possono usare per citare delle fonti, per introdurre delle sigle e degli acronimi, per specificare la traduzione di un termine, per menzionare un singolo numero. In teoria si possono usare per gli incisi ma essendo questi ultimi non consentiti nella prosa funzionale, questo uso di fatto non può essere applicato.

Come aumentare l'impatto delle parole

Semplici, corte, positive. Le parole più efficaci sono quelle che pronunciamo ogni giorno, quelle che tutti capiscono senza correre a cercarne il significato sul dizionario. Scrivere usando parole difficili non è segno di bravura, ma di insicurezza e di poco rispetto per i lettori. Scegliamo le parole più semplici, e tra queste scegliamo quelle più corte e di uso quotidiano. Parole concrete, che descrivano cose reali prima che concetti. Evitiamo le parole astratte: possono essere fraintese e disperdere il messaggio.

Tabella 7.1 Aumentare l'impatto delle parole: esempi

anziché così	*meglio così*
al fine di	per
nel caso in cui	se
nell'eventualità che	se
in seguito a	dopo
assistere	aiutare
omettere di	non
inoltrare	mandare
a partire da	da
conseguentemente a	dopo che
rappresentare	essere / comunicare
nel corso dell'anno 2020	nel 2020
in numero limitato	pochi

Preferire il linguaggio positivo

Privilegiamo le parole e le frasi che hanno un tono positivo, più efficace di quello negativo. Le parole e le frasi negative, spesso scritte sotto l'influsso della rabbia o del rancore, contengono una critica implicita al lettore e sono percepite come arroganti o accusatorie. Per esempio, quando scriviamo: "Lei lamenta che..." è come se scrivessimo: "Tu dici così, ma io non ci credo". L'espressione "Lei ha fallito nel..." è aspra e offensiva, implica un giudizio d'incompetenza. La sua negligenza... condanna un comportamento volontariamente cattivo. Se il nostro scopo non è colpevolizzare il lettore, ma motivarlo ad accettare la nostra idea, senza forzare le sue scelte, il linguaggio positivo funziona meglio.

Tabella 7.2 Il linguaggio positivo: esempi

anziché così	*meglio così*
La cifra raggiunta è il 50% in meno dell'obiettivo che ci eravamo dati.	Abbiamo raggiunto il 50% dell'obiettivo.
La sua mancanza di puntualità al lavoro è intollerabile	Deve migliorare la sua puntualità.
La sua proposta, nella nostra attuale situazione finanziaria, è del tutto impraticabile.	Quando aumenteremo il margine di profittabilità, il metodo che lei ha suggerito potrà funzionare.

Ancora, quando vogliamo esprimere un pensiero in modo positivo, ma la soluzione è subordinata a un'ipotesi, al posto del *se* usiamo il *quando*. Notiamo la differenza tra queste due frasi:

- *Se i risultati saranno soddisfacenti, ti offriremo un lavoro a tempo pieno.*
- *Quando i risultati saranno soddisfacenti, ti offriremo un lavoro a tempo pieno.*

Invece di una vaga ipotesi, abbiamo espresso una condizione del tutto realizzabile. L'effetto è più concreto, credibile. È solo questione di tempo, penserà il lettore, in modo positivo.

7.2 Dal business writing al web writing: un percorso circolare

Il viaggio dalla carta al web non è un viaggio di sola andata ma un percorso circolare di andata e ritorno, senza fine. Allenarsi a scrivere per il web fa scrivere meglio anche sui mezzi tradizionali perché rafforza le doti del business writer. Vediamo come.

- *Padroneggiare il processo di scrittura.* Sapere che nel web si possono gestire meglio le tre fasi nello scrivere (progetto, redazione, revisione, vedi al paragrafo 1.6 di questo capitolo). Imparare a progettare il testo sviluppandolo non più su due dimensioni (larghezza e lunghezza), ma soprattutto sulla terza dimensione (profondità).
- *Scrivere chiaro.* Scrivere per farsi capire, con semplicità, eliminando i disturbi della comprensione.
- *Sintetizzare.* Internet impone la sintesi. Andare subito al punto, scrivere breve, con sintassi lineare. Evitare la prolissità, perché il lettore è sempre impaziente, in un mezzo veloce, dagli spazi piccoli (lo schermo del pc, del tablet o dello smartphone – mostra poche righe alla volta).

- *Organizzare la struttura*. Ossia potenziare le parti più importanti del testo in base all'obiettivo (informare? negoziare? convincere?).
- *Scrivere efficace*. Più ancora che sulla carta, in un testo web l'efficacia è determinata dal linguaggio. La rete ci chiede di esprimerci in modo semplice, di abbandonare i paroloni per riscoprire l'efficacia delle parole comuni.
- *Catturare l'attenzione del lettore*. Insidiato dalla noia e dalla fretta, il lettore può facilmente distrarsi e perdere interesse. Nel web lo scrittore deve saper usare tutti i mezzi per meritarsi la sua attenzione: il linguaggio pubblicitario, le domande, gli elementi di sorpresa, le variazioni di ritmo e di stile, la potenza della retorica. Scrivere meno, ma in modo più interessante.
- *Scegliere lo stile*. Trovare lo stile più adeguato ai lettori e allo scopo del testo, evitare il linguaggio aulico e troppo formalizzato, costruire le frasi nel modo più simile a come le diremmo a voce. Ma attenzione: anche evitare la sciatteria, uno stile che imita il parlato sgrammaticato e banale.

Strategie di scrittura

Stabilire criteri di leggibilità e di buona formazione del testo significa tutelare la comunicazione tra chi produce e chi riceve l'informazione.

Un buon testo web dev'essere *legible* e *readable*. Nel primo caso badiamo alla leggibilità materiale (spaziatura, contrasto, font); nel secondo tocchiamo la dimensione intellettuale e psicologica (vocabolario, logica, contesto).

Dunque:

- adottiamo uno stile coerente con l'oggetto e l'obiettivo della comunicazione (informare, descrivere, convincere…)
- curiamo l'inizio e la fine di una pagina e le prime e ultime righe di ogni paragrafo: è qui che va e torna l'attenzione del lettore
- costruiamo periodi brevi, con colonne di testo strette e spazi bianchi tra i paragrafi
- movimentiamo il testo: meglio il grassetto del tutto maiuscolo per le parole-chiave
- attenzione al corsivo (poco leggibile), no alla sottolineatura perché si confonde con i link
- privilegiamo le intestazioni per ricreare in poche righe l'intero messaggio e offrire un supporto all'interpretazione
- usiamo i punti elenco: razionalizzano l'esposizione ed esplicitano i rapporti gerarchici, di priorità o di comunanza tra gli elementi
- giochiamo con le parole chiave, termini molto visibili e usati ripetutamente, che balzano fuori dalla pagina e attraggono un'attenzione speciale
- rendiamo le note un'espansione del testo, in cui offrire al lettore idee e suggerimenti.

Una rivoluzione?

Molti studiosi hanno parlato, anni fa, di "rivoluzione dell'ipertesto". Ne siamo sicuri? Anche un testo tradizionale, come un libro, si può leggere in modo ipertestuale, sfogliandolo da una parte all'altra, senza seguire l'argomento di filato.

Sul web il testo si espande in profondità, anziché in lunghezza, ed è arricchito da elementi extratestuali: suoni, colori, link, animazioni.

I "blocchi di testo" diventano "blocchi di lettura", e attraverso i link l'utente può ricevere una grande quantità d'informazioni, muovendosi lungo percorsi liberi ma che, nel contempo, erano già programmati da chi ha progettato l'ipertesto.

E se il lettore ha la possibilità di scegliere quello che preferisce, ha anche l'aspettativa di trovare qualcosa di rilevante in ogni momento della navigazione. Magari una sorpresa.

Protagonista il lettore

Il lettore ha quindi un nuovo ruolo: deve cooperare all'attuazione dell'ipertesto, che si crea appunto con l'uso, attraverso i tanti passaggi possibili.

Ciò può generare un certo disorientamento: dove mi trovo esattamente? da dove arrivo? dove vado? Un testo aperto è infatti più complesso di un testo chiuso.

L'autore deve cambiare il suo comportamento di conseguenza. A ogni passaggio egli deve garantire, oltre alla qualità, la continuità significativa dell'informazione, riducendo al minimo il senso di smarrimento. Quando costruisce un ipertesto, l'autore deve chiedersi chi è il lettore, cosa gli interessa e in quale successione vuole leggere i contenuti, quale priorità attribuisce alle informazioni, con quale ritmo vuole soddisfare il suo desiderio di sapere.

Da scrittura lineare a scrittura profonda

Per passare dalla scrittura lineare alla scrittura profonda bisogna quindi organizzare le informazioni su diversi livelli e collegarle per mezzo di link. Questo lavoro di progettazione è il compito fondamentale dello scrittore online: il percorso di lettura, che si svolge attraverso i link, deve essere sì libero, ma non caotico, e deve sempre favorire la relazione instaurata tra autore e lettore.

Non è un caso che si dica *costruire*, e non *scrivere* ipertesti. Come avviene anche per la costruzione di una casa: prima di prendere calce e cemento, bisogna disegnare bene la struttura, i muri portanti, e poi via via i particolari. Altrimenti non starà in piedi.

Scrivere visivo

Scrivere per il web comporta progettare testo, grafica e impaginazione nel loro complesso: il formato infatti è in questo caso un elemento costitutivo della scrittura. Questo significa che lo scrittore, anche senza diventare un esperto di grafica, deve capirne qualcosa. Abituato a pensare in bianco e nero, deve imparare a scrivere in termini visivi, unendo parola e immagine.

Niente pagine pesanti o massicci blocchi di testo, ma paragrafi leggeri e ariosi, ben spaziati, con titolini e link che danno vivacità alla lettura.

La grafica studiata per il web è libera e senza canoni prestabiliti. Deve garantire semplicità e chiarezza, senza perdere in eleganza e distinzione. Una grafica ben concepita offre una segnaletica comprensibile da tutti.

Il web writer diventa così garante delle parole, ma anche dello spazio in cui abiteranno, e del filo che le unirà dopo tre o quattro click.

Per questo lo scrittore deve diventare anche un po' grafico: non relegare le scelte di formato allo specialista, ma intenderle come parti integranti del testo.

La grafica creativa "disegna" i contenuti, introduce con leggerezza il testo, in modo semplice e attraente.

Microcontent: piccole grandi cose

La sintesi trova nel web la massima espressione nei cosiddetti *microcontent*: brevissimi testi che concentrano grandi significati, "perle di chiarezza" che fanno prevedere i *macrocontent* di intere pagine o di un sito.

I linguisti usano un nome più scientifico per definirli: *paratesto*. Possono essere:

- *Titoli*. Sono la prima fonte d'informazione per il lettore: devono essere chiari, densi di contenuto e catturare l'attenzione.
- *Sottotitoli e titoli di paragrafo*. Sono dei segnalatori di interessi specifici: servono a canalizzare l'attenzione su concetti precisi.
- *Abstract*. Messi tra il titolo e l'inizio del testo, contengono un indice o una sintesi dei contenuti: devono invogliare il lettore a proseguire.
- *Alt text*. O *alternative text*. È la breve didascalia che compare quando sfiori un'immagine con il mouse, o che prende il posto dell'immagine mentre questa viene caricata (o quando non viene caricata): alleggerisce l'attesa, fornendo già un'informazione utile. Si usa anche per arricchire i link d'informazione (in questo caso si chiama *link title*): sfiorando il link, si apre una finestrella dalla quale il lettore capisce se gli conviene cliccare o no.
- *Link*. Sono i collegamenti, gli snodi tra le varie porzioni dell'ipertesto. Sono la tipica forza del web. Rendono quasi sempre un buon servizio al lettore, arricchendo la sua navigazione e rendendo ogni pagina più interessante. Lo fanno uscire dal percorso principale, secondo una logica co-

munque prevista dall'autore: per rimandare a un'informazione più completa o parallela, per rendere omaggio a un lavoro migliore o approfondito, o per avere il sostegno di un'autorità.

Possono essere di quattro tipi:

- link **strutturali** (di navigazione)
- link **esplicativi** (glossario, help…)
- link **associativi** (pagina interna, argomento affine, *per saperne di più, vedi anche…*)
- link **esplorativi** (collegamenti esterni).

Nel costruire un link – ossia scegliere l'argomento e soprattutto titolarlo – sta il vero talento editoriale del web writer. Va scelta con cura anche la posizione del link: non all'inizio del paragrafo, perché svierebbe il lettore troppo presto, o non troppo vicino ad altri, perché potrebbe imbarazzare le sue scelte.

Autoconsistenza

Conviene qui riflettere sull'autonomia semantica dei *microcontent*, e in generale di ogni testo internet. La parola più usata è "autoconsistenza": in sostanza, il valore del testo, fuori contesto.

Un libro, un quotidiano, una rivista, sono testi chiusi e ben riconoscibili. Sul web è diverso. Ogni pagina, perfino ogni blocco di testo è percepito come autonomo rispetto al resto. Non esiste un *prima* e un *dopo*: è il lettore a decidere la successione delle pagine, alle quali può arrivare anche con itinerari non prevedibili (spedito da un motore di ricerca, o invitato da un link di un altro sito). Sta allo scrittore far funzionare ogni pagina in tutte queste situazioni, fornendo al lettore gli elementi utili a ricontestualizzare la pagina, che altrimenti è come il foglio strappato di un libro, isolato e inutile. È una riflessione centrale, questa, che cambia non solo le nostre abitudini di stile, per esempio facendoci abbandonare tutte le formule di sequenza (*come abbiamo visto, come si vedrà più avanti…*): cambia soprattutto la struttura dello scrivere.

Strategie per il cyberspazio

Per orientare il lettore negli ipertesi è necessario unire libertà e rigore, irregolarità e regolarità, essenzialità e completezza. Sono di grande aiuto, per questo, alcune strategie.

Le guide alla navigazione. Poiché a una pagina web si può arrivare nei modi più impensati, e poiché ogni pagina è indipendente dalle altre, è bene poter rispondere alle due tipiche domande del visitatore: "dove sono?" e "che cosa ci faccio qui?". Utilissimi gli elementi funzionali del sito (titolo del sito, logo dell'azienda, link alla home page, barra di navigazione, mappa del sito). Anche le mappe visive, facilitando la lettura dei testi (titoli, spazi bianchi, indici, parole chiave, colori, frecce, liste numerate o a punti) diminuiscono i rischi d'incomprensione e di abbandono.

La piramide invertita. Ossia iniziare dalla fine, dal cuore della notizia. Se nella carta può essere un errore arrivare subito al dunque, nel web, proprio perché il lettore non ama *scrollare* fino a fondo pagina, è utile mettere le conclusioni all'inizio, come in un articolo di un quotidiano.

I blocchi di testo. Lo schermo è un limite fisico. Il lettore web non legge più di una quindicina di righe per volta. Utile perciò dare ai blocchi di testo questa lunghezza massima, e pensarli come testi a sé: un titolo, un concetto, un blocco. Senza congiunzioni o formule di passaggio (*quindi, di conseguenza, perciò*). Meglio usare colonne non molto larghe. Ampi margini sulla destra, con un agile movimento della colonna, e un'impostazione allineata *(a bandiera)* a sinistra garantiscono la migliore leggibilità.

L'interattività. È fondamentale. Scrivere nel web non è solo mettere in rete dei testi: è aprire un nuovo contesto di comunicazione con persone che condividono gli stessi interessi. Un contesto in cui fare leva sui vari strumenti dell'interazione – e-mail, blog, forum, chat... – per coinvolgere le persone e rendere semplice per loro esprimersi. Già a partire dalla homepage, che non deve essere sovraccarica, ma accogliente come una vera porta d'ingresso, e piena di promesse per il lettore.

Tutto questo vale per qualsiasi genere della scrittura web: dal sito aziendale all'intranet, passando da newsletter, forum, chat, newsgroup, questionari e sondaggi, blog, compresi i social network.

Generi che, ciascuno nella propria dimensione di strumento specifico, sono trattati in altre parti di questo testo.

Conclusione

Questo capitolo sul business writing si è proposto di offrire alcuni spunti per una buona gestione della comunicazione scritta professionale, strumento indispensabile per ogni professionista, che dovrà saperla adattare secondo i propri destinatari e le proprie finalità relazionali.

Alcuni consigli, in conclusione.

- *Scrivere sempre.* Più si scrive, meglio si scrive. Appunti di viaggi, d'incontri, racconti, canzoni, poesie, diari. Sempre con umiltà: Hemingway diceva *We are all apprentices in a craft where no one ever becomes a ma-*

ster, siamo tutti principianti in un mestiere in cui nessuno diventa mai un maestro. Lo diceva lui, figuriamoci noi.

- *Scrivere di tutto.* Quando Italo Calvino scrisse le *Lezioni americane*, inserì la *molteplicità* tra i valori guida per il nuovo millennio. Lui parlava di letteratura; noi di scrittura professionale, ma il consiglio vale allo stesso modo. Molteplicità come capacità di usare forme diverse e attitudine a contaminare gli stili, evitando la fossilizzazione.
- *Leggere.* Leggere rimane uno dei modi più efficaci per scrivere bene. Leggere di tutto. Letture professionali, ma soprattutto narrativa. Teatro, poesie, romanzi. La creatività nasce proprio dalla sedimentazione e rielaborazione delle idee stimolate dalla lettura.
- *Riscoprire i valori del passato.* Soprattutto la retorica, intesa come l'arte di parlare e scrivere in modo chiaro e convincente. Forse una nuova retorica, più agile di quella classica e più consona ai generi della letteratura aziendale.
- *Scoprire i valori del futuro.* Internet, ovvio, e tutti gli strumenti della scrittura online, compresi i social, che, se usati bene, possono anche essere di stimolo per accrescere le nostre competenze di scrittura. Brevità, uso di interazioni multimediali, capacità di raccontare e di suscitare interesse: sono tutti aspetti che possono aiutare ogni scrittore a evolversi: una sana palestra che abitua a uno stile semplice, diretto, coinvolgente, con grandi benefici anche nella scrittura più tradizionale o ufficiale.

Recap

Dopo aver studiato questo capitolo, lo studente:

- sarà consapevole delle sette competenze fondamentali da sviluppare per un'efficace scrittura professionale: semplicità, sintesi, struttura, se-duzione, sim-patia, stra-vaganza, stile
- avrà appreso i principi di base per una scrittura chiara, tecniche per sintetizzare un testo, modelli per strutturare in modo efficace un testo
- sarà consapevole dell'importanza di sviluppare una scrittura orientata al lettore
- conoscerà le fasi della scrittura e saprà come gestirle nello sviluppo di un testo proprio, così come i principi da adottare per intervenire su un testo altrui
- saprà adottare accorgimenti utili a sviluppare uno stile di scrittura che sia riconoscibile dai nostri lettori e al contempo sia in grado di trasmettere in modo più efficace un messaggio

CAPITOLO

8

Il social media management per la comunicazione d'impresa

di Silvia Ravazzani

Obiettivi di apprendimento

- Comprendere come la gestione dei social media si situi nel panorama più ampio della comunicazione d'impresa
- Conoscere la definizione, l'evoluzione e le principali tendenze relative ai social media e le caratteristiche chiave della social media communication
- Distinguere le principali tipologie di social media e le relative applicazioni in ambito di comunicazione d'impresa sia interna sia esterna
- Approfondire le implicazioni dei social media per due ambiti specifici della comunicazione d'impresa: la comunicazione internazionale e la comunicazione nel settore no profit
- Riflettere in maniera critica sulle opportunità e sulle sfide che i social media presentano per la comunicazione d'impresa

Questo capitolo approfondisce una delle aree emergenti della comunicazione d'impresa: la gestione dei social media. Il primo paragrafo introduce il social media management all'interno della comunicazione d'impresa, offre una definizione di social media e ne delinea evoluzione, tendenze e caratteristiche di comunicazione. Il secondo paragrafo presenta alcune teorie fondamentali per classificare i social media in sei tipologie principali corredate da esempi. Il terzo paragrafo illustra le implicazioni dei social media per due ambiti specifici: la comunicazione internazionale e la comunicazione nel settore no profit. L'ultimo paragrafo discute le opportunità e i rischi legati alla social media communication e conclude evidenziando alcuni temi emergenti per la comunicazione d'impresa.

8.1 Capire i social media: definizione e caratteristiche chiave

Questo paragrafo situa la gestione dei social media all'interno del panorama più ampio della comunicazione di impresa ne illustra la definizione, l'evoluzione e le principali tendenze. Discute inoltre le caratteristiche chiave della social media communication.

8.1.1 Definizione, evoluzione e tendenze

Gli ultimi anni hanno visto una vera e propria esplosione nel numero e nell'uso dei social media (Cornelissen, 2017). Solo per citarne alcune, tra le piattaforme social media più conosciute e utilizzate (Overdrive Interactive, 2019) rientrano quelle dedicate alle attività di: *video sharing* come YouTube; *photo sharing* come Instagram; *blogging* come WordPress; *microblogging* come Twitter; *social networking* come Facebook; *messaging* come WhatsApp.

Come introdotto nel capitolo 1 di questo volume, i social media rientrano tra gli strumenti e le tecniche fondamentali che compongono il *communication mix* di cui ogni comunicatore moderno deve possedere conoscenze e competenze di pianificazione, gestione e misurazione dei risultati. I social media in particolare sono enumerati tra gli strumenti essenziali per l'*engagement* degli stakeholder. Essi infatti facilitano interazioni dirette con i soggetti che rappresentano e comunicano per conto dell'azienda e che la rendono più trasparente e autentica agli occhi degli stakeholder. Un engagement che sui social media include azioni come *like* o *following* e che si sviluppa anche tramite i contenuti generati online nelle interazioni tra l'azienda e gli stakeholder (Lovari, 2015).

Le imprese di conseguenza si stanno muovendo in maniera sempre più decisa all'interno del mondo in evoluzione dei social media con l'obiettivo di: connettersi in modi nuovi e più immediati con tutti gli stakeholder, dai collaboratori ai clienti attuali e potenziali; aumentare la consapevolezza e la conoscenza dei propri marchi, prodotti, servizi e in generale di ogni aspetto legato alle proprie attività di business, inclusi temi come la sostenibilità e la responsabilità sociale; aumentare e difendere sia i profitti sia la reputazione aziendale soprattutto in caso di crisi e di *sentiment* negativo nei confronti dell'azienda. Nella pratica così come nella ricerca accademica i social media sono diventati sempre più protagonisti all'interno delle diverse aree e sub-aree della comunicazione d'impresa come relazioni con i media, comunicazione interna, comunicazione di crisi e CSR (Kaul e Chaudhri, 2015).

Definizione di social media

All'interno di questo contesto in evoluzione è importante chiarire fin da subito due termini chiave: web 2.0 e social media. In effetti vi è molto spesso confusione su come definire e differenziare questi due termini.

Il **Web 2.0** è il generale cambiamento ideologico e tecnologico nell'uso delle tecnologie online (Kaplan e Haenlein, 2010; Cornelissen, 2017). Questo termine perciò descrive l'evoluzione dall'era dell'informazione del Web 1.0 all'era del web sociale del Web 2.0 (Macnamara, 2017). Il Web 1.0 era una piattaforma in cui i contenuti potevano essere creati e pubblicati da un individuo o da un'organizzazione e fruiti dagli altri utenti senza altro intervento. Si trattava di pagine statiche come in un tradizionale sito web. Il Web 2.0 è invece una piattaforma in cui i contenuti possono essere creati, condivisi e modificati in maniera continua e collaborativa da tutti gli utenti: le pagine sono interattive come avviene nel caso di un blog o di un wiki. Il Web 2.0 fornisce quindi la piattaforma per i social media e rappresenta un nuovo modo di pensare e comunicare più che un mero cambio tecnologico (Macnamara, 2017).

Il concetto di **social media** ha acquisito popolarità nei primi anni 2000 con l'apparizione dei siti di social networking come MySpace nel 2003 e Facebook nel 2004. I social media possono essere definiti come: "Un gruppo di applicazioni basate sulle premesse ideologiche e tecnologiche del Web 2.0 e che consentono di creare e scambiare contenuti generati dagli utenti" (Kaplan e Haenlein, 2010, p. 61)[1].

Freberg (2019) caratterizza i social media come un *hub* online di informazioni, dialogo e gestione delle relazioni, specificando che "questi nuovi strumenti basati sulle nuove tecnologie di comunicazione consentono a singoli utenti e organizzazioni di interagire, raggiungere, persuadere e intercettare pubblici chiave in modo più efficace e su piattaforme multiple. Professionisti d'impresa, studiosi e utenti dei social media hanno sviluppato diverse definizioni e concettualizzazioni del termine social media. Alcuni sottolineano il ruolo dei social media come toolkit che consente agli utenti di creare e condividere contenuti. Altri si concentrano su come i social media estendono le tecnologie del Web 2.0 per avvicinare le comunità"[2] (Freberg, 2016, p. 773). Lo spazio discorsivo creato dai social media (Lovari, 2015) si distingue per i concetti di *user-generated content* e di collaborazione e interattività "bottom-up" e "side-to-side" (Macnamara, 2017): i social media permettono in maniera democratica a tutti gli utenti online di generare, condividere, scambiare, commentare o modificare informazioni, idee, messaggi e altri contenuti multimediali come foto, audio e video.

La crescente popolarità dei social media è dimostrata da tendenze comuni a livello globale. Per esempio, le statistiche relative alla ricerca sullo stato del digitale nel mondo di We Are Social & Hootsuite (2019) mostrano che nel mondo ci sono 4,388 miliardi di utenti Internet e 3,484 miliardi di utenti attivi sui social media. Entrambi i dati sono cresciuti del 9% rispetto all'anno precedente. In media nel mondo le persone trascorrono 2 ore e 16 minuti sui social media al giorno, con tempi più elevati per le generazioni più giovani. In Italia, il numero di utenti attivi sui social media si attesta sui 35 milioni cioè il 59% della popolazione e con una media di 7,4 account social a utente.

Alle organizzazioni quindi la sfida di inserirsi in questo scenario mediatico in evoluzione per cogliere con tempestività e consapevolezza le opportunità per la comunicazione d'impresa.

---

[1] Traduzione dall'inglese a cura dell'autrice.
[2] Traduzione dall'inglese a cura dell'autrice.

8.1.2 Caratteristiche della social media communication e impatto sulla comunicazione d'impresa

Nel cercare di comprendere i social media per la comunicazione d'impresa è fondamentale delineare le caratteristiche della social media communication e le differenze fondamentali tra i media tradizionali e i media digitali e social.

Le caratteristiche della social media communication

La comunicazione sui social media è caratterizzata da: interattività diffusa con flussi dal basso e in maniera orizzontale; volume, velocità e viralità; accesso democratico; credibilità; ricchezza dal punto di vista delle modalità di espressione e navigazione.

Le caratteristiche di **interattività** e di generazione e scambio di contenuti secondo modalità **"bottom-up" e "side-to-side"** (Macnamara, 2017) sono state già illustrate nelle pagine precedenti.

La social media communication si distingue in termini di enorme **volume** di informazioni veicolabili, **velocità** della trasmissione e soprattutto **viralità** dei messaggi in grado di propagarsi in maniera esponenziale e capillare in brevissimo tempo (Gonzales-Herrero e Smith, 2010; Pfeffer, Zorbach e Carley, 2014). Sui social media, un'opinione personale e soggettiva può diventare velocemente una "verità collettiva" (Aula, 2010, p. 46) difficile da correggere. Dei commenti negativi da parte di clienti o collaboratori scontenti possono trasformarsi in vere e proprie crisi che investono l'azienda e che possono avere un grosso impatto dal punto di vista economico e di reputazione anche attraverso l'eco fornita dai media tradizionali come TV e giornali. In caso di crisi sui social media le aziende sono chiamate a reagire nel giro di poche ore se non di minuti.

I social media consento un **accesso democratico alle piattaforme e all'informazione** (Fuchs, 2014). Il concetto di accesso democratico si riferisce al fatto che tutti gli utenti online possono produrre e diffondere notizie e informazioni e accedervi. In linea di principio le nuove tecnologie permettono a qualsiasi individuo di diventare un "editore globale di contenuti" (Cornelissen, 2017, p. 38). Un esempio è il fenomeno del *citizen journalism*: grazie alle fotocamere digitali e ai telefoni cellulari, i cittadini possono agire come fotoreporter e videomaker e diffondere contenuti sui propri account Twitter o Facebook con immediatezza e senza intermediazione (per approfondire questo fenomeno, riferirsi al Capitolo 4).

Un'altra caratteristica rilevante è la percepita **credibilità** dei contenuti veicolati sui social media. Diversi studi indicano che anche i media tradizionali attingono sempre più spesso alle informazioni e conversazioni postate sui social media da utenti e *influencer* per creare le proprie notizie invece di riferirsi a fonti ufficiali (Veil, Buehner e Palenchar, 2011) al fine di sfruttarne la notiziabilità immediata. Queste dinamiche *cross-media* (Pfeffer, Zorbach e Carley, 2014) hanno però come rischio quello di contribuire a diffondere *fake news* prive di fondamento (per approfondire questo fenomeno riferirsi al Capitolo 4). In generale studi sul tema attestano che la comunicazione tra pari che avviene tra utenti dei social media è considerata credibile e affidabile (Marken, 2007; Veil, Buehner e Palenchar, 2011), valutata addirittura più fidata di quella veicolata dai media tradizionali o da fonti dirette e ufficiali come quella aziendale (Colley e Collier, 2009; Stephens e Malone, 2009).

Infine, la comunicazione sui social media è **ricca** grazie alle possibilità di multimodalità e ipertestualità (Veil, Buehner e Palenchar, 2011; Ravazzani e Maier, 2017). Da una parte, vi è la presenza contemporanea di diverse modalità semiotiche, come testi scritti, immagini statiche e dinamiche, suoni. Dall'altra, la comunicazione è anche caratterizzata dall'ipertestualità, che avviene tramite link e rimandi tra pagine e siti diversi.

Differenze tra media tradizionali e media digitali e social

Le differenze fondamentali tra i media tradizionali di massa e i media digitali e social possono essere sintetizzate in sei punti principali (Cornelissen (2017).

1. *Approccio alla comunicazione: broadcasting versus crowdcasting.* Il broadcasting è un approccio di trasmissione delle informazioni che vede pubblici di massa ricevere i messaggi secondo quanto pianificato dall'organizzazione emittente. Il **crowdcasting** consiste in un processo di comunicazione in cui i pubblici diventano partecipanti che producono e diffondono contenuti sull'organizzazione. Le conversazioni intorno a un'organizzazione, un brand, un prodotto, un servizio o un'iniziativa aziendale possono essere innescate dall'azienda stessa; oppure nascere in modo spontaneo dal basso dalle conversazioni che avvengono tra utenti sui social media e che solo in un secondo momento vedono l'eventuale intervento dell'organizzazione.
2. *Modello di comunicazione: uno-a-molti versus molti-a-uno e molti-a-molti.* Il modello di comunicazione uno-a-molti è tipico di un'organizzazione che comunica a un vasto pubblico attraverso un annuncio via radio, giornale o TV. A questo oggi si affiancano i modelli di comunicazione **molti-a-uno e molti-a-molti** in cui le voci che avviano conversazioni e scambiano messaggi sono molteplici. Un esempio del modello molti-a-uno è un'azienda che legge il feedback dei clienti sui propri account social o su piattaforme dedicate come Reddit. Il modello molti-a-molti mette l'accento sulla possibilità per gli utenti online di avviare di propria spontanea volontà una o più conversazioni intorno a un'organizzazione senza che questa ne sia direttamente iniziatrice o partecipante.

3. *Principio guida: corporate positioning versus content generation.* Tradizionalmente le attività di comunicazione si sono basate sul principio del posizionamento aziendale, in cui una forte pianificazione di messaggi e campagne aziendali è votata a costruire e mantenere nel tempo una solida e distintiva reputazione nella mente degli stakeholder. Con l'avvento dei social media le aziende si sono rese conto dell'opportunità di affiancare all'obiettivo di posizionamento il **principio di generazione dei contenuti**. Tale principio si basa sull'incoraggiare la generazione e diffusione di contenuti aziendali da parte degli utenti sui social media. La produzione e la diffusione dei contenuti su un'organizzazione, un brand, un prodotto, un servizio o un'iniziativa aziendale diventano di conseguenza un'attività congiunta tra un'organizzazione e gli stakeholder.
4. *Metafore chiave: medium e canale versus piattaforme e arene di discussione.* Da un lato, abbiamo i concetti classici di medium e canale che caratterizzano l'ambiente mediatico tradizionale, dove la comunicazione è pianificata, controllata, mirata a un pubblico ampio e passivo. Dall'altro lato, si fanno strada i nuovi concetti di **piattaforme e arene** che caratterizzano il nuovo ambiente mediatico digitale e social, dove la comunicazione avviene alla presenza di una molteplicità di voci e in spazi di discussione che un'organizzazione non può gestire e controllare appieno.
5. *Regole di comunicazione: fisse e controllate versus caotiche e emergenti.* Alla luce di quanto già presentato, le stesse regole di comunicazione non sono più le stesse. Il nuovo ambiente mediatico richiede **regole flessibili**, il riconoscimento che la numerosità di voci, opinioni, spazi di interazione e discussione possano avere anche conseguenze imprevedibili per un'organizzazione.
6. *Costi di produzione e diffusione del contenuto: alti versus contenuti.* Infine, una differenza fondamentale tra l'ambiente mediatico tradizionale e quello dei social media riguarda i costi relativi alla produzione e diffusioni di messaggi da parte di un'organizzazione e in generale di qualsiasi utente online. Le tecnologie digitali consentono infatti un considerevole **abbassamento dei costi**; si pensi per esempio a una campagna di comunicazione veicolata tramite la pagina Facebook o il canale YouTube aziendale rispetto alla sua diffusione tramite mezzi televisivi.

Nel complesso, i social media hanno cambiato in maniera rilevante il modo in cui le organizzazioni comunicano. Nello specifico è avvenuto un cambiamento nel modello classico della comunicazione d'impresa (Cornelissen, 2017) che ha visto un passaggio: da una relazione esclusiva con i media tradizionali all'uso di fonti e canali online alternativi per diffondere informazioni intorno a un'organizzazione, un brand, un prodotto, un servizio o un'iniziativa aziendale; da un modello basato sul controllo a uno aperto a conversazioni interattive e orizzontali con gli stakeholder; dall'accentramento della comunicazione d'impresa nelle mani dei professionisti di comunicazione al coinvolgimento di *influencer* e anche di collaboratori come voci alternative e intermediari dell'azienda sui social media.

Con riferimento agli *influencer*, questi rappresentano oggi potenti mediatori nella comunicazione d'impresa e nella percezione di imprese e brand. I "nobodies" del passato sono diventati oggi i "new somebodies" (Booth e Matic, 2011, p. 184) in grado di amplificare i messaggi aziendali e dare visibilità e credibilità a prodotti e brand. Sempre più aziende quindi coinvolgono noti *influencer* nella propria strategia di comunicazione sui social media per fare leva sulla loro autorevolezza, conoscenze e competenze reali o percepite. Sempre più aziende inoltre permettono ai propri collaboratori di intervenire sui social media aziendali con le proprie *stories*. La voce e l'esperienza diretta dei collaboratori conferiscono grande credibilità ai messaggi veicolati per esempio sull'account corporate LinkedIn o Instagram.

8.2 I social media per la comunicazione d'impresa: principali tipologie e applicazioni

Questo paragrafo approfondisce le principali tipologie di social media e le relative applicazioni in ambito di comunicazione d'impresa. La tipologia proposta si basa su teorie provenienti dagli ambiti di ricerca sui media e sui processi sociali secondo quanto proposto da Kaplan e Haenlein (2010) e poi applicato da diversi autori nell'ambito delle organizzazioni e della comunicazione d'impresa come per esempio Cornelissen (2017), Lovari, (2015) e Van Looy (2016).

Il modello di Kaplan e Haenlein (2010) propone due dimensioni per categorizzare i social media: il grado di contatto immediato possibile e le opportunità di costruzione del sé possibili.

Il grado di contatto immediato

La dimensione relativa al grado di contatto immediato possibile è la prima dimensione fondamentale per la classificazione dei social media. Tale dimensione è basata sulle teorie della *social presence* e della *media richness*.

La teoria della *social presence* (**presenza sociale**) distingue i media in funzione del grado di contatto acustico, visivo e/o fisico tra le entità che stanno comunicando. La presenza sociale è influenzata quindi da: intimità, che è alta per la comunicazione interpersonale e minore per quella mediata; e immediatezza, che è bassa per la comunicazione asincrona e maggiore per quella sincrona. Maggiore è la presenza sociale permessa dal mezzo, maggiori sono il contatto e l'influenza reciproca tra le entità che sono in relazione.

La teoria della *media richness* (**ricchezza dei media**) si riferisce a quantità, velocità e chiarezza delle informazioni che possono essere scambiate tra le entità in comunicazione. I media ricchi sono più efficaci di altri nel risolvere ambiguità e incertezza nei messaggi scambiati. Esempi di comunicazione ricca sono le conversazioni faccia a faccia e la messaggistica istantanea tramite Whatsapp e Facebook Messenger in cui è possibile interagire e inviare e ricevere feedback in tempo reale.

Le opportunità di costruzione del sé

La seconda dimensione per classificare i social media riguarda le opportunità di costruzione del sé possibili. Tale dimensione è basata sulle teorie della *self-presentation* e della *self-disclosure*.

La teoria della *self-presentation* (**presentazione del sé**) afferma che in qualsiasi tipo di interazione sociale le persone hanno il desiderio di comunicare l'immagine desiderata di sé e di influenzare in modo positivo le impressioni delle altre persone.

La teoria della *self-disclosure* (**rivelazione del sé**) spiega che la presentazione di sé avviene attraverso l'auto-divulgazione, ovvero la rivelazione di informazioni personali come pensieri, opinioni, stati d'animo, simpatie, antipatie in coerenza con l'immagine che il soggetto desidera trasmettere agli altri.

Le due dimensioni incrociate sono rappresentate nella Tabella 8.1 che offre una visione d'insieme delle principali tipologie di social media. Tipologie e applicazioni nell'ambito della comunicazione d'impresa sono illustrati di seguito. Van Looy (2016) sottolinea come non sia necessario per un'organizzazione utilizzare tutte le tipologie di social media ma solo quelle che sono più rilevanti per il particolare contesto organizzativo e di business.

8.2.1 Blog

Il blog è una contrazione da *web log* che significa diario di bordo della rete. È considerato una delle prime forme di social media. Il blog è caratterizzato da un basso livello di contatto immediato e un alto livello di opportunità di costruzione del sé (Kaplan e Haenlein, 2010). Si tratta di una pagina internet personale controllata dal suo creatore e curatore: il blogger o vlogger

Tabella 8.1 Classificazione delle tipologie di social media.

	Il grado di contatto immediato possibile			
Le opportunità di costruzione del sé possibili	***Livello***	***Basso***	***Medio***	***Alto***
	Alto	Blog (es. HuffPost)	Social network (es. Facebook)	Mondi virtuali sociali (es. Second Life)
	Basso	Progetti collaborativi (es. Wikipedia)	Comunità di contenuto (es. YouTube)	Mondi virtuali di gioco (es. World of Warcraft)

Tradotto e adattato dall'autrice sulla base di Kaplan e Haenlein (2010, p. 62).

BOX 8.1 **I BLOG: APPLICAZIONI PER LA COMUNICAZIONE D'IMPRESA**

Le aziende possono sfruttare i blog o vlog per la comunicazione d'impresa in due modi principali. In primo luogo, possono coinvolgere e interagire con influenti blogger e vlogger, inclusi opinion leader, analisti del settore, giornalisti o celebrità in grado di sostenere il corporate brand, i marchi e i prodotti dell'azienda. In secondo luogo, possono creare il proprio corporate blog dove CEO, professionisti di comunicazione, manager o collaboratori assumono il ruolo di portavoce aziendale e condividono in maniera trasparente le proprie storie e esperienze aziendali. A volte i corporate blog sono utilizzati anche per testare campagne pubblicitarie o nuovi prodotti (Quesenberry, 2019).

General Motors è stata tra le prime aziende a utilizzare in maniera strategica lo strumento del corporate blog (Quesenberry, 2019). Creato nel 2005, il GM Fastlane Blog era stato affidato al top management con gli obiettivi di svecchiare l'"immagine da dinosauro" (p. 123) dell'azienda, raggiungere in maniera diretta e veloce i clienti attuali e potenziali e creare traffico verso il sito corporate e gli altri social media aziendali.

Altre aziende decidono di toccare temi solo indirettamente legati al proprio business: per esempio, il blog di viaggi di Ryanair (http://blog.ryanair.com) ospitato all'interno del sito corporate ma privo di contenuti commerciali.

nel caso di un blog nel quale la forma principale di comunicazione sia il video. Le storie di solito sono centrate su un tema particolare o sulla vita privata o professionale del blogger e sono pubblicate con regolarità, aperte ai commenti degli utenti e organizzate in ordine cronologico inverso seguendo lo stile di un diario. Alcuni blogger con il tempo sono diventati veri e propri *influencer*, come nel caso di Clio MakeUp in Italia o Perez Hilton negli Stati Uniti.

8.2.2 Progetti collaborativi

I progetti collaborativi sono caratterizzati da un basso livello sia di contatto immediato sia di opportunità di costruzione del sé (Kaplan e Haenlein, 2010). Essi consentono di creare in modo congiunto e simultaneo contenuti da parte di molteplici utenti in un ambiente online. Il principio base è che la collaborazione e lo sforzo di gruppo portano a risultati migliori e più creativi.

È possibile distinguere tra due sotto-tipologie di progetti collaborativi. La prima è rappresentata dai ***wiki***, pagine internet che permettono agli utenti appassionati di un determinato argomento di creare, modificare, aggiungere o rimuovere contenuti in maniera collaborativa. L'enciclopedia online Wikipedia è l'esempio più famoso.

La seconda sotto-tipologia di progetto collaborativo è rappresentata dai siti per il ***social bookmarking***, in cui gli utenti collaborano nella raccolta, classificazione e archiviazione di segnalibri o *bookmark*, che siano link o contenuti multimediali. Gli utenti ricercano e salvano collegamenti di loro interesse a pagine e risorse web, anche tramite video o foto, utilizzando un sito di social bookmarking per memorizzare questi collegamenti. Questi elenchi sono di solito pubblici e consultabili dagli altri utenti appartenenti

BOX 8.2 I PROGETTI COLLABORATIVI: APPLICAZIONI PER LA COMUNICAZIONE D'IMPRESA

Le imprese sfruttano i progetti collaborativi soprattutto per usi interni (Van Looy, 2016). Per esempio, wiki aziendali presenti nelle Intranet aziendali e dedicati alla condivisione di conoscenze e alla collaborazione in ambienti aziendali protetti. I collaboratori IBM per esempio hanno a disposizione 56.000 wiki interni con più di un milione di pagine visitate ogni giorno (Quesenberry, 2019). A volte i wiki aziendali sono aperti anche alla collaborazione esterna, per esempio con fornitori e clienti selezionati, per lo sviluppo collaborativo di idee innovative e nuovi prodotti.

Per quanto riguarda ambienti e progetti collaborativi esterni gestiti da utenti, anche siti come Wikipedia richiedono alle aziende uno sforzo continuo di monitoraggio relativo alle pagine che parlano dei loro brand, prodotti e servizi. Spesso infatti le informazioni riportate non sono sempre corrette e complete e possono andare a intaccare in modo negativo o confondere l'identità e la reputazione dell'azienda.

alla stessa comunità virtuale. Un esempio è la piattaforma Delicious. Anche Pinterest ha tradotto il concetto di social bookmarking puntando sull'elemento visivo.

8.2.3 Social network

I social network sono siti internet che consentono agli utenti di relazionarsi tra loro, di creare profili personali, di invitare amici e colleghi a consultare tali profili e informazioni individuali, di pubblicare post secondo un proprio flusso di aggiornamenti e condivisioni e di scambiare messaggi anche privati all'interno della propria rete. I social network sono caratterizzati da un livello medio di contatto immediato e da un livello alto di opportunità di costruzione del sé (Kaplan e Haenlein, 2010). Le pagine personali sono infatti ricche in termini di comunicazione perché possono includere qualsiasi

BOX 8.3 I SOCIAL NETWORK: APPLICAZIONI PER LA COMUNICAZIONE D'IMPRESA

Social network come Facebook sono sempre più utilizzati dalle aziende per creare un'identità personale dell'organizzazione o del brand e per attività quali: veicolare campagne di comunicazione; creare una brand community; raccogliere informazioni e dati su consumatori e stakeholder; distribuire i propri prodotti e servizi. Starbucks per esempio ha una pagina Facebook molto attiva e seguita. I contenuti sono di forte impatto visivo e centrati sullo sviluppo della cultura del caffè e sull'engagement dei follower attraverso quiz, concorsi e competizioni, richieste di condivisione di esperienze.

Un altro esempio di social network molto utilizzato è rappresentato da LinkedIn, piattaforma di riferimento sia per i professionisti al fine di rimanere in contatto o cercare offerte di lavoro; sia per le aziende per pubblicare offerte di lavoro, cercare potenziali candidati e condividere iniziative e storie positive sull'azienda tramite i propri collaboratori.

Infine, sono sempre più diffusi anche i social network di uso solo interno alle aziende (Van Looy, 2016). Per esempio Yammer, piattaforma Microsoft definita come una sorta di "Facebook for the Enterprise" e pensata per facilitare la comunicazione interna e la socializzazione tra colleghi (per approfondire riferirsi al Capitolo 3).

BOX 8.4 COMUNITÀ DI CONTENUTI: APPLICAZIONI PER LA COMUNICAZIONE D'IMPRESA

L'elevata popolarità delle comunità di contenuto le rende un canale di comunicazione sempre più interessante per la comunicazione d'impresa. Tra le pratiche più comuni, vi è la creazione di uno o più canali YouTube aziendali al fine di: presentare discorsi tenuti dell'alta dirigenza o da opinion leader del settore; condividere comunicati e importanti informazioni aziendali; lanciare e pubblicizzare prodotti e servizi; mostrare le attività interne all'azienda per reclutare collaboratori e promuovere l'azienda come luogo di lavoro attrattivo (il cosiddetto employer branding). LEGO da diverso tempo è in cima alla classifica dei canali aziendali YouTube più seguiti (Socialbakers, 2019). LEGO ha un pubblico molto vasto che va dai bambini agli adulti e attraverso YouTube è in grado di raggiungere questo pubblico eterogeneo per lanciare spot di prodotto, promozioni di film e stop motion animation, competizioni tra appassionati dei mattoncini le cui idee di prodotto sono poi implementate dall'azienda.

tipo di informazione come testi scritti, foto, video e audio e sono dedicate all'interazione sociale e alla presentazione di sé all'interno del network. L'esempio più famoso è Facebook.

8.2.4 Comunità di contenuto

Le comunità di contenuto hanno come obiettivo la condivisione di contenuti multimediali all'interno di una comunità di utenti online. Sono caratterizzate da un livello medio di contatto immediato e un livello basso di opportunità di costruzione del sé (Kaplan e Haenlein, 2010). Esistono comunità per una vasta gamma di contenuti oltre il semplice testo: foto condivise con piattaforme come Flick, video condivisi con piattaforme come YouTube o presentazioni di diapositive condivise con piattaforme come SlideShare.

8.2.5 Mondi virtuali sociali

Un mondo virtuale è un ambiente tridimensionale simulato al computer in cui gli utenti possono apparire sotto forma di avatar personalizzati, esplorare in modo simultaneo e indipendente il mondo simulato, partecipare a delle attività, interagire e comunicare tra loro. Di conseguenza i mondi vir-

BOX 8.5 SECOND LIFE: APPLICAZIONI PER LA COMUNICAZIONE D'IMPRESA

Molte organizzazioni sono presenti su Second Life. Questo mondo virtuale di tipo sociale viene utilizzato sia per la comunicazione esterna sia per quella interna. Come nel mondo reale, le aziende veicolano campagne di comunicazione, rilasciano comunicati, organizzano eventi, pubblicizzano e vendono prodotti e servizi all'interno di negozi virtuali. Per quanto riguarda la comunicazione interna, questi spazi sono utilizzati per aprire filiali virtuali, facilitare gli scambi di conoscenze interne, la collaborazione su progetti, l'organizzazione di incontri e riunioni virtuali. Anche molte università, come quelle di Harvard e Oxford, hanno colto le opportunità offerte da Second Life come ambiente di apprendimento, di sperimentazione formativa e di dialogo tra docenti, ricercatori e studenti.

tuali forniscono il più alto livello di contatto possibile (Kaplan e Haenlein, 2010). Esistono due sotto-tipologie di mondi virtuali: sociali e di gioco.

La prima sotto-tipologia di mondo virtuale è quella di tipo sociale. Qui il livello di opportunità di costruzione del sé è alto. Infatti gli utenti, o residenti di tali mondi, sono liberi di scegliere la propria identità e le proprie strategie di auto-presentazione e auto-rivelazione, in maniera molto simile alla vita reale. L'esempio più conosciuto è quello di Second Life, lanciato nel 2003. Qui i residenti possono agire come nella vita reale: per esempio, possono socializzare con altri avatar o partecipare a concerti e mostre. Second Life consente inoltre di creare contenuti come oggetti di abbigliamento o arredamento virtuali che possono poi essere venduti attraverso una valuta virtuale, i Linden Dollar.

8.2.6 Mondi virtuali di gioco

I mondi virtuali di gioco sono la seconda sotto-tipologia più comune di mondo virtuale, indicati come *massively multiplayer online role-playing game* (MMORPG). Essi sono caratterizzati da un livello basso di opportunità di costruzione del sé (Kaplan e Haenlein, 2010). In questi mondi infatti gli utenti sono limitati nell'espressione della propria identità e costruzione del sé da regole di gioco precise e avatar predefiniti, che si tratti di un guerriero o un mago. Grazie alla diffusione di console come l'X-Box di Microsoft e la Play-Station di Sony che consentono il gioco simultaneo tra una moltitudine di utenti a livello globale, questo genere di mondo virtuale è divenuto molto popolare dando vita a vere e proprie comunità di appassionati. Esempi di successo globale sono "World of Warcraft", "Dungeons & Dragons" e "Final Fantasy".

BOX 8.6 — I MONDI VIRTUALI DI GIOCO: APPLICAZIONI PER LA COMUNICAZIONE D'IMPRESA

I mondi virtuali di gioco offrono interessanti opportunità per la comunicazione d'impresa. Per esempio le aziende li sfruttano per attività di in-game advertising in cui le comunicazioni commerciali vengono integrate nel gioco stesso come immagini e video di sottofondo oppure nelle pause di caricamento del gioco. A volte la comunicazione è integrata nel gioco stesso: per esempio nel settore automobilistico milioni di utenti tramite i loro avatar hanno potuto conoscere nuovi modelli di auto e testarli attraverso esperienze di guida e tour virtuali come parte di un gioco. Alcune aziende scelgono anche di creare i propri piccoli mondi virtuali con giochi all'interno del sito corporate. Per esempio McDonalds per il lancio di Spicy Chicken McBites ha dato ai visitatori la possibilità di creare la propria musica usando i McBite come tasti di un pianoforte (Van Looy, 2016).

8.3 Approfondimenti: la comunicazione internazionale e nel settore no profit

Questo paragrafo è dedicato alle implicazioni dei social media per due ambiti specifici della comunicazione d'impresa: la comunicazione internazionale e la comunicazione nel settore no profit.

8.3.1 Social media e comunicazione internazionale

Un tema da molti anni presente nella comunicazione d'impresa, ma divenuto ancora più pressante con l'avvento dei social media, è quello della comunicazione internazionale e della necessità di valutare con attenzione se e quali elementi della strategia di comunicazione **adattare** in funzione del Paese di riferimento (Ravazzani, 2014; Mazzei, Butera e Dell'Oro, 2015; Tench & Yeomans, 2009).

Se i social media da una parte consentono una comunicazione immediata, in grado di superare barriere geografiche e di raggiungere in maniera uniforme pubblici molti vasti, dall'altra offrono importanti opportunità di personalizzare i messaggi a pubblici mirati e locali (Freberg, 2019). Lo sviluppo di strategie e attività di social media communication adattate a Paesi diversi dal proprio richiede sia una conoscenza della **lingua** e dei diversi **sistemi culturali, politici, economici, legali** (Guirdham, 2005; Sriramesh e Vercic, 2001), sia delle **abitudini online** e dei **social media** utilizzati in un determinato Paese. Per esempio invece che Facebook o Twitter in Cina prevalgono WeChat per il *messaging*, Youku per il *video sharing* e Sina Weibo per il *micro-blogging*.

La social media communication richiede un'attenzione particolare alla luce del fatto che anche un minimo errore è in grado di provocare una reazione negativa immediata e incontrollabile a livello transnazionale (Pfeffer, Zorbach e Carley, 2014). Sono molti gli esempi di campagne di comunicazione internazionale fallite a causa della mancanza di sensibilità culturale e dell'uso inappropriato dei social media. Primo fra tutti, l'esperienza disastrosa di Dolce & Gabbana nel 2018 legata alla diffusione online di alcuni video promozionali per una sfilata a Shanghai considerati dai cinesi derisori e offensivi. A peggiorare la situazione, l'uso maldestro e tardivo dei social media nel presentare un videomessaggio di scuse poco credibili. Il tutto ha provocato reazioni di indignazione in tutta la Cina e successivamente nel resto del mondo, la rimozione dei video promozionali dai social media cinesi nel giro di 24 ore, la cancellazione dell'evento di presentazione della nuova collezione e il boicottaggio da parte di consumatori e star cinesi, con una perdita economica e di reputazione ingente (Pompili, 2018).

8.3.2 Social media e comunicazione nel settore no profit

Note anche come organizzazioni senza scopo di lucro, le organizzazioni no profit hanno saputo cogliere e sfruttare appieno le opportunità offerte dai social media per veicolare i loro messaggi. I social media sono particolarmente attrattivi in ragione del basso costo in rapporto alla moltitudine di utenti raggiungibili, della possibilità di *engagement* degli utenti e della creatività nella comunicazione per una maggior efficacia comunicativa (Freberg, 2019). Le organizzazioni no profit infatti, a causa delle risorse disponibili spesso limitate, necessitano di contenere i costi e allo stesso tempo di aumentare la visibilità e l'impatto comunicativo delle proprie campagne per attirare l'attenzione degli stakeholder e dei donatori in particolare e mobilitarli in azioni a supporto della causa specifica (Valentini, 2018).

Non è un caso che molte organizzazioni no profit siano diventate in questi ultimi anni fra le più seguite sui social media (Freberg, 2019): campagne creative e innovative presentano storie di grande impatto, instillano un senso di urgenza e invitano a mettere in atto gesti concreti e immediati. Tra le organizzazioni no profit più seguite sui social media figurano organizzazioni note a livello internazionale quali National Geographic Society (46 milioni di *like* su Facebook e 23,5 milioni di *follower* su Twitter), Ted Talks (13 milioni di *like* su Facebook e 11,4 milioni di *follower* su Twitter), UNICEF (7,8 milioni di *like* su Facebook e 7,8 milioni di *follower* su Twitter) e WikiLeaks (3,7 milioni di *like* su Facebook e 5,5 milioni di *follower* su Twitter) (dati aggiornati a novembre 2019).

Tra gli obiettivi principali di comunicazione perseguiti dalle organizzazioni no profit attraverso i social media rientrano (Johnson, 2017): diffusione delle informazioni relative alle cause sostenute; engagement dei pubblici di interesse, in particolare volontari, donatori, sostenitori, pubbliche amministrazioni e aziende; rafforzamento del corporate brand e della reputazione a livello locale, nazionale e/o internazionale; reclutamento di volontari e di sostenitori a vario titolo delle attività organizzative; infine raccolta di fondi e donazioni online.

I social media si sono rivelati strumenti di comunicazione molto efficaci in particolare per le attività di *crowdfunding* e *crowdsourcing* (Van Looy, 2016) che sono fondamentali per le organizzazioni no profit (Freberg, 2019).

Il ***crowdfunding*** è una pratica di microfinanziamento dal basso che consiste nel raccogliere denaro per finanziare singoli progetti e idee, o l'organizzazione nel suo complesso, grazie al sostegno di un gran numero di persone (il *crowd*, ovvero la folla). Si tratta quindi di un processo collaborativo attraverso cui un gruppo di persone, su base volontaria e normalmente privati, decide di sostenere gli sforzi di un'organizzazione con donazioni anche di piccola entità. Anche le start-up e le imprese in espansione utilizzano questa modalità per avere accesso a finanziamenti alternativi e creare allo

BOX 8.7 **GREENPEACE E LA STRATEGIA DI CROWDFUNDING SUI SOCIAL MEDIA**

Un caso esemplare è quello riguardante Greenpeace, l'organizzazione non governativa ambientalista celebre in tutto il mondo per le sue campagne spesso controverse su temi come il nucleare, la deforestazione, la pesca commerciale di balene o la difesa di altre specie animali in pericolo di estinzione. La Rainbow Warrior è una delle navi simbolo della flotta di Greenpeace ed è esistita in tre differenti versioni. La prima è stata varata nel 1978. Affondata nel 1985 al largo della Nuova Zelanda dai servizi segreti francesi prima di poter raggiungere e bloccare un sito per i test nucleari, è stata poi rimpiazzata dalla Rainbow Warrior II. Nel 2010, Greenpeace lancia una campagna di *crowdfunding* con l'obiettivo di raccogliere fondi sufficienti per realizzare una nuova e più sofisticata imbarcazione, la Rainbow Warrior III (Wenger e Secher, 2014). La campagna digitale viene lanciata su una piattaforma online accompagnata dallo slogan "The Earth needs a new warrior. It needs you" (Johnson, 2011). I donatori avevano l'opportunità di scegliere e contribuire all'acquisto di un componente della nuova nave: da un desalinatore (7.000€) a una penna (1€). Con oltre 100.000 donazioni, Greenpeace ottiene un enorme successo nel raccogliere 23 milioni di euro per costruire e mettere in servizio la nuova nave.

stesso tempo conoscenza e informazione intorno a se stesse e alle proprie attività (Unione Europea, 2015). Oltre a piattaforme dedicate come i siti "GoFundMe" e "Kickstarter", le campagne di raccolta fondi possono essere organizzate sui social media come Facebook che offrono la possibilità di effettuare donazioni online direttamente alle organizzazioni no profit.

Il ***crowdsourcing*** è anch'essa una pratica collettiva e collaborativa che si svolge online. Tuttavia lo scopo non consiste nel raccogliere fondi e donazioni, ma informazioni, input e supporto da parte della comunità online allo scopo di aiutare l'organizzazione a risolvere un problema o sviluppare un particolare progetto. Gli utenti per esempio, intervengono nel *naming* di campagne di comunicazione, nella scelta di temi, immagini o testimonial (Maggi, 2012). Come per il *crowdfunding*, oltre a piattaforme dedicate come il sito "Namethis" usato per suggerire e votare la scelta del nome di un'organizzazione, un brand o un progetto, le campagne di *crowdsourcing* pos-

BOX 8.8 **BRIGHTER PLANET E LA STRATEGIA DI CROWDSOURCING SUI SOCIAL MEDIA**

Un caso esemplare è rappresentato da Brighter Planet, una comunità online no profit che incoraggia gli utenti a partecipare a progetti di *crowdsourcing* per la risoluzione di importanti questioni di impatto globale come la riduzione delle emissioni serra, lo sviluppo di uno stile di vita ecosostenibile, la produzione e la distribuzione di prodotti eco-friendly (Biggar, 2010). Attraverso analisi quantitative avanzate e la proposta di modelli progettuali concreti, organizzazioni profit e no profit sono successivamente invitate nella realizzazione effettiva delle idee generate dalla comunità. Dalla sua introduzione nel 2006, Brighter Planet lancia periodicamente progetti di *crowdsourcing*. Tali progetti vanno dalla ricerca di soluzioni legate ai temi energia pulita e cambiamento climatico, come il concorso "The Brighter Planet Project Fund" che offre in palio 5.000$ alle idee migliori votate dall'intera comunità; a progetti educativi realizzati per le scuole come "Climate Education: 10 Essential Facts and Strategies".

sono essere organizzate su social media come Twitter attraverso il lancio di *hashtag* che descrivono l'obiettivo da raggiungere e l'input da raccogliere.

8.4 Opportunità, sfide e temi emergenti per la comunicazione d'impresa

I social media per la comunicazione d'impresa non si limitano a essere un semplice veicolo per costruire e condividere messaggi online in parallelo rispetto ai media offline e tradizionali. I social media per loro natura diminuiscono il controllo sul processo comunicativo e sul suo esito da parte delle aziende e lo trasferiscono agli utenti, al contrario di quanto avviene con media come radio, TV, carta stampata. Riconoscere le caratteristiche, le potenzialità ma anche i rischi legati alla comunicazione sui social media diventa essenziale la comunicazione d'impresa.

Tra le principali opportunità offerte dai social media (Cornelissen, 2017; Freberg, 2019; Lovari, 2015) vi sono:

- l'**integrazione** nel *communication mix* aziendale di nuovi modi per raggiungere e coinvolgere gli stakeholder, in complementarietà con le modalità e gli strumenti di comunicazione offline e tradizionali come eventi e relazioni con la stampa;
- l'instaurazione di un dialogo continuo e di **conversazioni dirette** con gli stakeholder, il cui input può essere utilizzato strategicamente per individuare potenziali problemi e anticipare crisi, migliorare comunicazioni e prodotti, valutare l'efficacia della comunicazione anche in tempo reale;
- l'adozione di una **voce più informale e colloquiale** e di un'immagine più umana e autentica agli occhi degli stakeholder;
- infine, la stimolazione di **comportamenti a supporto** dell'organizzazione e della sua reputazione da parte di stakeholder interni e esterni che agiscono come ambasciatori del brand.

Tra le sfide più pressanti (Cornelissen, 2017; Freberg, 2019; Lovari, 2015; Macnamara e Zerfass 2012; Tuten e Solomon, 2018) rientrano:

- tenere il passo con gli **sviluppi tecnologici** attraverso la creazione di procedure, competenze, profili interni dedicati come il *social media strategist* e il *community manager* e una vera e propria **strategia** di social media communication basata su esigenze e contesto specifico dell'impresa;
- i temi del **controllo** e del **monitoraggio** dei messaggi e delle conversazioni scambiati sui social media in merito all'organizzazione, a un suo un brand, prodotto, servizio o iniziativa, che risultano difficoltosi a causa delle caratteristiche intrinseche dei social media in termini di volume, velocità e viralità e di accesso alla Rete da parte di qualsiasi utente in qualsiasi parte del mondo;

- la **misurazione dei risultati** per valutare il successo e il contributo delle iniziative di comunicazione sui social media attraverso indici qualitativi e quantitativi che vanno a misurare aspetti come *share of voice, engagement, sentiment, conversion rate*;
- infine le imprese devono spesso affrontare vere e proprie "**online firestorms**" (Pfeffer, Zorbach e Carley, 2014, p. 118) causate dal proliferare improvviso e incontrollabile di passaparola negativo sui social media.

In maniera più specifica, i media *owned, paid* e *earned* (illustrati nel capitolo 4 attraverso il Modello PESO) convergono a creare un "nuovo ecosistema di comunità e network" (Freberg, 2019, p. 8) che impatta sulla comunicazione d'impresa e crea specifiche opportunità e sfide (Cornelissen, 2017, pp. 40-41):

- ***Owned*** *(social) media* detti anche media proprietari. Per esempio il sito web aziendale, il corporate blog, gli account Twitter e LinkedIn aziendali, le pagine ufficiali dell'azienda su Facebook o il canale YouTube aziendale. Questi media sono sotto il controllo delle aziende che li possiedono: esse possono pianificare quali messaggi pubblicare, scegliere il tono, le immagini e ogni altro elemento. A volte questi media consentono di avere un'interazione con gli utenti, come nel caso della pagina Facebook dove gli utenti possono fare *like*, commenti e condivisioni. In ogni caso questi contenuti possono essere usati dagli utenti per costruire loro contenuti. Tra le sfide più rilevanti, le aziende devono impiegare strategie per superare due rischi: il primo è il rischio di non conseguire un effettivo engagement da parte degli utenti; il secondo è che i messaggi veicolati vengano percepiti con scetticismo perché provengono dall'organizzazione.
- ***Paid*** *(social) media.* Per esempio la pubblicità display, i link sponsorizzati, la pubblicazione a pagamento di post da parte di blogger o vlogger. In maniera simile agli *owned (social) media*, essi offrono opportunità per comunicare in modo immediato e controllare i messaggi veicolati. I messaggi veicolati tramite questi media si inseriscono in un ambiente di comunicazione frammentario, ridondante di messaggi che provengono da molteplici organizzazioni che bombardano consumatori e stakeholder. La sfida è che l'uso dei *paid (social) media* deve essere fatto con la consapevolezza che esiste un rischio di bassa credibilità quando gli utenti si rendono conto che l'azienda sta pagando per diffondere contenuti e menzioni positive dei propri brand e prodotti.
- ***Earned*** *(social) media.* Per esempio passaparola online sull'organizzazione e diffusione virale di contenuti aziendali. Qui è lo stesso passaparola generato dagli utenti intorno a un'organizzazione, un brand, un prodotto, un servizio o un'iniziativa aziendale a diventare il medium. Gli *earned (social) media* prendono la forma di *like*, *share*, *retweet*, menzioni di contenuti che l'azienda ha generato sui media proprietari e *paid*. A

volte gli utenti generano in modo indipendente dei contenuti sull'azienda ma in ogni caso commentano e riprendono dei messaggi dell'azienda o delle esperienze che hanno avuto entrando a contatto con l'azienda. Il principale vantaggio è le comunicazioni *earned* sono percepite più credibili e autentiche dato che sono generate dagli utenti stessi. Inoltre sono in grado di indirizzare traffico e attenzione verso i media proprietari. Tra le sfide per i comunicatori d'impresa, rientrano però la perdita di controllo, la natura negativa di alcuni commenti e la difficoltà di far sentire e rendere credibile la voce diretta dell'azienda.

Da queste considerazioni è evidente la crescente rilevanza rivestita oggi dai social media per le organizzazioni e per la comunicazione d'impresa per i benefici che sono in grado di apportare. Le strategie di social media management richiedono la capacità di creare una combinazione strategica tra i media *owned*, *paid* ed *earned*.

I temi emergenti

Molto rimane da studiare e sperimentare in questo universo di comunicazione in piena evoluzione. Tra i temi emergenti, rientra la distinzione tra ***influencer* di tipo "mega, macro, micro, nano"** (CMS Wire, 2018) che avviene in termini di numero di *follower* e di area di specializzazione delle competenze. Ognuno di questi quattro tipi di *influencer* offre particolari opportunità e sfide: mentre un celebre *mega influencer* che dispone di almeno 1 milione di *follower* rende la comunicazione più visibile a un vasto numero di utenti, un *nano influencer* la rende più mirata e autentica grazie alle specifiche conoscenze e relazioni personali di cui dispone all'interno di una comunità ristretta di utenti.

Un altro tema emergente destinato ad avere impatto sulla social media communication è l'implementazione sempre più consistente e avanzata dell'**intelligenza artificiale**. Questa viene definita come "l'abilità di un sistema di interpretare dati esterni in maniera corretta, di imparare da tali dati e di usare ciò che ha imparato per raggiungere obiettivi e compiti specifici attraverso una capacità di adattamento flessibile"[3] (Kaplan e Haenlein, 2019, p. 17).

Già oggi molte aziende utilizzano l'intelligenza artificiale nella forma di *chatbox,* assistenti virtuali online in grado di rispondere in automatico ai quesiti degli utenti in tutte le lingue e di raccogliere dati e feedback in maniera efficiente (Freberg, 2019). Oppure per monitorare i social media e raccogliere informazioni in tempo reale utili a sintonizzare e migliorare le proprie strategie di comunicazione, come nel caso della startup americana Dataminr (Kaplan e Haenlein, 2019). Tra le tendenze attuali vi è anche la

---

[3] Traduzione dall'inglese a cura dell'autrice.

creazione di *virtual influencer* in grado di impersonificare un brand, come nel caso dell'androide Erica per Gucci o della trasformazione digitale del colonnello Sanders, storico volto di KFC (Dara, 2019).

La social media communication richiama infine **aspetti di etica** che richiedono una profonda riflessione (Beninger, 2017; Macnamara, 2017; McKenna, Myers e Newman, 2017; Van Looy, 2016). I comunicatori d'impresa sono tenuti a conoscere sia le regole relative ai diversi social media e le legislazioni nazionali in merito, sia a rispettare i diritti degli utenti qualora vi siano delle zone d'ombra non trattate in modo esplicito. Per esempio la distinzione tra ciò che è privato e pubblico nel caso della raccolta e analisi di *big data* relativi agli utenti, a partire dai nomi che sono visibili sulla maggior parte delle piattaforme. Un altro aspetto è la partecipazione a conversazioni online in cui la presenza dell'azienda dovrebbe essere sempre resa esplicita e trasparente.

Le numerose opportunità, le possibili sfide e i temi emergenti discussi mostrano come i social media rappresentino oggi le nuove frontiere del rapporto con stakeholder sempre più attivi e esigenti. Alla luce di ciò i professionisti della comunicazione d'impresa sono chiamati a sviluppare conoscenze, competenze e strategie adeguate e aggiornate in base alle evoluzioni continue del mondo online.

Recap

Dopo aver studiato questo capitolo, lo studente:

- saprà fornire una definizione di social media e comprenderne l'importanza all'interno delle imprese contemporanee
- conoscerà le principali tendenze e le caratteristiche della social media communication in funzione delle quali valutare forme e modalità d'impiego e le possibili criticità
- conoscerà le tipologie dei social media e il tipo di comunicazione che permettono
- saprà distinguere le principali tipologie di social media e riflettere sulle relative applicazioni in ambito di comunicazione d'impresa interna ed esterna
- conoscerà le implicazioni dei social media per la comunicazione internazionale e nel settore no profit
- saprà riflettere in maniera critica sulle opportunità, sulle sfide e sui temi emergenti legati alla social media communication, aspetti da conoscere e approfondire al fine di sviluppare strategie di successo e al passo coi tempi

CAPITOLO

9

La pianificazione della comunicazione

di Alessandra Mazzei e Alfonsa Butera

Obiettivi di apprendimento

- Acquisire consapevolezza delle modalità di gestione manageriale della comunicazione d'impresa
- Conoscere le fasi del processo di pianificazione della comunicazione d'impresa
- Conoscere alcuni strumenti di ascolto strategico necessari per inquadrare il contesto in cui avviene la comunicazione da parte dell'impresa
- Apprendere i principali aspetti della pianificazione delle attività di comunicazione e della gestione dei progetti di comunicazione
- Comprendere il ruolo della misurazione nel processo di pianificazione

9.1 Cosa è la pianificazione

Nel primo capitolo è stato illustrato che la comunicazione d'impresa è una funzione manageriale e strategica che offre a livello corporate un framework per il governo delle relazioni con tutti gli stakeholder dell'azienda. In particolare, è stata definita una funzione manageriale perché è costituita da processi che richiedono l'impiego dei metodi manageriali tipici del ciclo di pianificazione, attuazione e valutazione per essere eseguiti in modo efficace, efficiente e integrato con le altre funzioni aziendali.

La pianificazione nasce dalla necessità di gestire la complessità dell'impresa e di considerare in anticipo come governare le sfide o trarre vantaggio dalle opportunità che si presentano nell'ambiente competitivo (Faccipieri, 1984) e nell'ambito della comunicazione d'impresa porta benefici quali uno sviluppo coerente del corporate brand con la corporate identity (Pastore, Vernuccio, 2008) e una migliore gestione delle relazioni con tutti gli stakeholder (Muzi Falconi, 2002).

La pianificazione della comunicazione è un processo che include:

- stabilire obiettivi di comunicazione
- identificare e conoscere gli interlocutori
- decidere la strategia e le tattiche
- realizzare gli obiettivi
- valutare i risultati e ristabilire nuovi obiettivi, in un'ottica di continuo miglioramento

La pianificazione è da intendersi come un processo perché prevede di svolgere una serie di attività interdipendenti tra di loro e perché include più soggetti: il manager della comunicazione, il top management aziendale e i diversi responsabili di altre funzioni aziendali che possono essere di volta in volta coinvolti nelle attività di comunicazione (Mazzei, Esposito, 2015).

Pianificare la comunicazione è necessario per definirne il ruolo di quest'ultima nella più ampia strategia d'impresa (Collesei, Ravà, 2008) e dovrebbe condurre a un allineamento agli obiettivi aziendali perché la comunicazione sia propriamente strategica (Zerfass *et al.*, 2018a). In questo senso, è rilevante per legittimare la funzione di comunicazione nel sistema organizzativo.

La gestione manageriale della comunicazione d'impresa implica in ogni caso che allo sviluppo di un programma di comunicazione sistematico si associ una certa flessibilità, in modo da assecondare le dinamiche evolutive dell'ambiente in cui l'azienda opera.

Nel prosieguo di questo capitolo, verrà approfondito un modello di pianificazione della comunicazione basato su un modello consolidato nella pratica e nella letteratura: il modello RACE. Il modello RACE (Research, Action planning, Communication, Evaluation) elaborato da Marston (1979) è stato sviluppato da molti studiosi (Gregory, 2017; Mazzei, Esposito, 2015; Wilcox et al., 2014). La versione elaborata dagli autori di questo testo integra diversi spunti e ne propone uno sviluppo per aggiornarlo.

L'acronimo RACE richiama le quattro fasi in sequenza (Figura 9.1):

- *Research*, per conoscere il contesto in cui opera l'organizzazione e comprendere i bisogni degli interlocutori di riferimento
- *Action Planning*, per la pianificazione in senso stretto che include la definizione degli obiettivi di comunicazione e delle modalità per raggiungerli, inclusi messaggi e iniziative da implementare
- *Communication*, per la realizzazione delle iniziative in piano e la messa in atto della strategia per un efficace comunicazione dei messaggi chiave
- *Evaluation*, per valutare se e quanto le iniziative messe in atto hanno permesso di raggiungere gli obiettivi posti in fase di pianificazione

Figura 9.1 Il processo di pianificazione della comunicazione d'impresa.
Fonte: elaborazione propria.

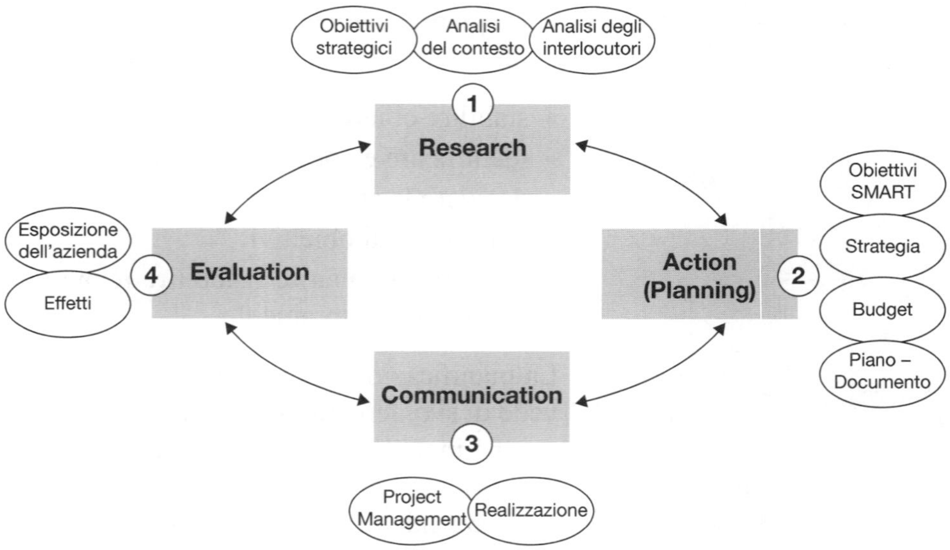

Nelle diverse fasi del processo, il manager di comunicazione può utilizzare un ampio spettro di strumenti a supporto. Zerfass *et al.* (2018b) definiscono gli strumenti di gestione manageriale della comunicazione quali metodi, procedure, processi e framework (*thinking tools*) per guidare l'analisi, la pianificazione, l'implementazione e la valutazione delle attività di comunicazione.

Il modello RACE rappresenta un modello ideale, che può essere applicato in maniera più o meno dettagliata a seconda della situazione e su diversi livelli della comunicazione d'impresa:

- *livello corporate*, quando l'intervento di comunicazione è in merito a questioni di carattere generale che riguardano l'organizzazione e la sua reputazione: ad esempio per aumentare la familiarità degli stakeholder con il corporate brand, per preservare la reputazione di un'azienda nel caso di una crisi che la riguarda direttamente o che interessa il settore di riferimento. L'elaborazione del piano di comunicazione a tale livello è di competenza della funzione corporate communication
- *livello di prodotto*, quando l'intervento di comunicazione è volto a raggiungere obiettivi legati al posizionamento di prodotti o servizi specifici: ad esempio per lanciare un nuovo prodotto sul mercato o sostenere le vendite nel periodo natalizio. In tal caso il piano è elaborato da professionisti che operano nella direzione marketing, per esempio come brand manager.

Infine, è opportuno sottolineare come il processo di pianificazione non vada confuso con il *piano di comunicazione*, che è il documento creato dal manager di comunicazione, condiviso con i top e i middle manager e approvato dai top manager. Il piano di comunicazione è in effetti un output del processo di pianificazione, nello specifico della fase di Action Planning.

9.2 Fase 1: Research

La fase di Resarch è cruciale nel processo di pianificazione della comunicazione ed è parte integrante del processo stesso. Tale fase è identificata come la prima che apre in sequenza il ciclo di pianificazione.

Tuttavia è opportuno sottolineare come in un modello efficace di pianificazione le attività di ricerca siano previste sia all'inizio del ciclo, prima di definire i programmi di comunicazione, sia durante sia a valle delle iniziative realizzate, per determinare se le tattiche e le attività poste in essere sono state efficaci per raggiungere gli obiettivi (Wilcox *et al.*, 2014; Mazzei, 2001).

All'inizio del ciclo di pianificazione, la fase di Research si concentra su:

- definizione degli obiettivi strategici di comunicazione
- analisi del contesto
- analisi degli interlocutori

Definizione di obiettivi strategici

Per quel che riguarda la *definizione degli obiettivi strategici* di comunicazione, il manager della comunicazione dovrebbe operare in stretto coordinamento con il top management aziendale e negoziarli con esso. Addirittura potrebbe essere il top management dell'organizzazione ad assumere in modo diretto questa responsabilità.

Gli obiettivi strategici di comunicazione devono essere infatti ben radicati negli obiettivi di business e congruenti con la mission e i valori aziendali. Compresi dunque quali sono gli obiettivi che l'azienda intende perseguire, la comunicazione è chiamata a contribuire in modo strategico al loro raggiungimento, gestendo in modo appropriato le relazioni con gli interlocutori di riferimento per creare un contesto di business favorevole. Cornelissen (2017) sottolinea che ogni campagna o programma di comunicazione deve avere un intento strategico, che può intendersi come l'obiettivo di generare un cambiamento o un consolidamento della reputazione dell'organizzazione presso i propri stakeholder: colmare cioè un gap fra come l'organizzazione vuole essere vista dai gruppi di stakeholder più rilevanti per essa in funzione della propria vision e come ciascuno di questi gruppi la vede effettivamente.

Analisi del contesto

Per quel che riguarda l'*analisi del contesto*, essa dovrebbe concentrarsi sia sull'ambiente interno sia su quello interno.

Rispetto a un particolare tema o problema da affrontare sul piano della comunicazione, Cutlip *et al.* (2006) richiamano come l'analisi del *contesto interno* possa concentrarsi su:

- missione dell'organizzazione, policy
- analisi dello staff, biografie, membri del consiglio d'amministrazione
- programmi, prodotti, servizi
- statistiche sulle risorse, budget, personale, vendite, profitti
- policy statement e procedure relative al problema specifico
- statement dei top manager che esprimono la loro posizione rispetto al problema specifico
- descrizione di come l'organizzazione sta affrontando la situazione specifica
- lista degli strumenti di comunicazione interna e dei media aziendali

In merito al *contesto esterno*, in funzione dello specifico argomento da gestire sul piano della comunicazione, l'analisi potrebbe concentrarsi su:

- trend rilevanti per l'organizzazione o rispetto al tema che si vuole affrontare
- concorrenti

Ambiente interno *(elevato controllo)*	**Strengths** Risorse o capacità che l'organizzazione può usare per raggiungere i suoi obiettivi	**Weaknesses** Limiti, errori o difetti dell'organizzazione che le impediscono di raggiungere gli obiettivi
Ambiente esterno *(basso controllo)*	**Opportunities** Situazioni di contesto favorevoli che aumentano la rilevanza o l'efficacia di un progetto	**Threats** Pericoli o minacce dell'ambiente

Figura 9.2 La tecnica della SWOT Analysis.

- articoli usciti sui media relativi all'organizzazione e al tema di riferimento
- lista dei media che menzionano l'organizzazione e il tema di riferimento
- regolamentazioni rilevanti, leggi in discussione

Una tecnica di analisi del contesto molto utilizzata è la *SWOT Analysis* (Figura 9.2). Essa prende in considerazione in modo sistematico elementi del contesto interno e del contesto esterno e li mette in relazione, in generale o in riferimento a una specifica issue o tema di business.

I primi due elementi che la SWOT Analysis prende in considerazione, *Strenghts* e *Weaknesses*, rappresentano i punti di forza e i punti di debolezza dell'organizzazione rispetto al tema oggetto di analisi. Si concentrano sull'ambiente interno e rappresentano i fattori su cui l'organizzazione ha maggior controllo, nel senso che essa ha il potere di gestirli.

Gli altri due elementi che questa tecnica prende in considerazione, *Opportunities* e *Threats*, rappresentano le opportunità e le minacce che si configurano per l'organizzazione in relazione al contesto esterno in cui opera. Si riferiscono dunque a fattori su cui l'organizzazione ha poco controllo e possono essere ricavati da una più amplia analisi ambientale e da una selezione degli elementi esterni più rilevanti rispetto a un determinato tema.

Nello specifico:

- i *punti di forza* rappresentano risorse o capacità proprie dell'organizzazione che essa può utilizzare efficacemente per raggiungere il suo obiettivo
- i *punti di debolezza* rappresentano limitazioni, colpe o difetti dell'organizzazione che possono compromettere il raggiungimento del suo obiettivo
- le *opportunità* rappresentano situazioni favorevoli che si verificano nell'ambiente esterno di riferimento per l'organizzazione, in alcuni casi anche una tendenza, un cambiamento o una necessità trascurata che aumenta la rilevanza o l'efficacia del progetto che l'organizzazione intende intraprendere

- le *minacce* rappresentano pericoli che si individuano nell'ambiente esterno di riferimento per l'organizzazione e che possono rendere difficoltoso il raggiungimento dell'obiettivo dell'organizzazione o la realizzazione del suo progetto

Per cogliere le opportunità e contrastare le minacce, l'organizzazione può costruire sui propri punti di forza e lavorare per ridurre al minimo i propri punti di debolezza.

Analisi degli interlocutori

Per quel che riguarda l'*analisi degli interlocutori*, il manager di comunicazione è chiamato a identificare gli stakeholder o i gruppi di stakeholder più rilevanti rispetto a un tema, giungendo a farne una lista. Successivamente il professionista dovrà analizzare le *attitudini e gli atteggiamenti* di tali interlocutori e i loro *bisogni di comunicazione*, inclusi quelli latenti, per poter orientare l'intervento di comunicazione (Mazzei, Esposito, 2015; Siano, Vollero, 2012).

L'analisi degli interlocutori è necessaria per:

- identificare i soggetti che ostacolano o che facilitano la comunicazione
- identificare le strategie di comunicazione più adatte da adottare nei loro confronti
- comprendere se alcuni gruppi di interlocutori debbano essere spostati in posizioni diverse da quelle in cui si trovano rispetto al tema di riferimento

Per condurre tale analisi il team di comunicazione dovrà individuare i metodi più appropriati per la specifica situazione. Secondo l'analisi condotta da Zerfass *et al.* su un campione di 125 manager della comunicazione tedeschi (2018b), uno strumento classico in questo ambito come le mappe degli stakeholder risultano utilizzate da 3 uffici di comunicazione su 4, con un tasso di soddisfazione del 57,7%.

Per svolgere l'analisi degli interlocutori, il professionista di comunicazione potrà ricorrere a dati secondari, ad esempio comunicazioni esistenti tra gli stakeholder e l'organizzazione o studi precedenti. Potrà ricorrere inoltre al proprio network di comunicazione informale, a metodi di ascolto qualitativi o quantitativi come i focus group e l'osservazione o le survey e infine all'analisi del comportamento degli stakeholder sui social media.

Per quel che riguarda l'*analisi degli atteggiamenti* degli interlocutori, essa è utile per individuare appunto il tipo di atteggiamento che essi hanno rispetto all'organizzazione (Mazzei, Esposito, 2015). Per l'analisi degli stakeholder è possibile ricorrere allo strumento messo a punto da Mendelow (1991), la Power-Interest Matrix (Figura 9.3). Gli stakeholder possono essere analizzati sulla base del potere che possono esercitare e dell'interesse che detengono rispetto alle attività dell'organizzazione.

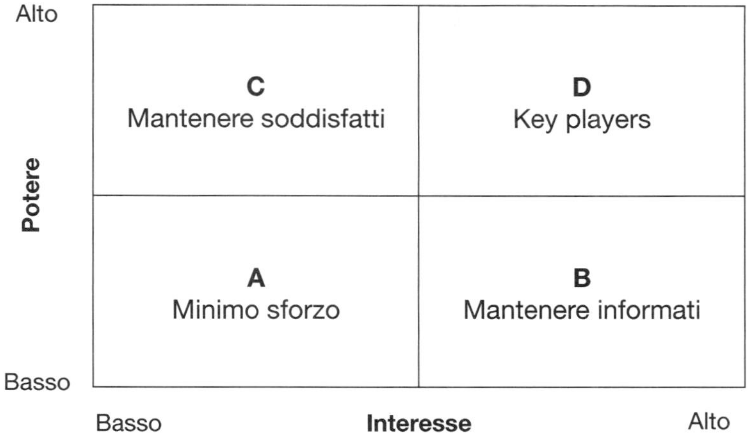

Figura 9.3 La scelta degli strumenti per la comunicazione del cambiamento.
Fonte: elaborazione da Mendelow (1991)

Il manager di comunicazione formulerà quindi le strategie di comunicazione più adeguate in funzione degli stakeholder individuati quali interlocutori di riferimento. In particolare, la reazione o posizione dei "key players" (quadrante D) verso le decisioni e le azioni dell'organizzazione deve essere tenuta in grande considerazione ed è necessario considerarli costantemente quali destinatari di comunicazione.

Ugualmente, coloro che hanno un elevato interesse nell'organizzazione ma un basso livello di potere o influenza (quadrante B) devono essere mantenuti informati dall'organizzazione, affinché restino coinvolti rispetto all'organizzazione stessa e possano diffonderne in modo positivo i messaggi presso altri interlocutori.

Gli stakeholder nel quadrante C sono quelli con cui è più impegnativa la sfida di mantenere relazioni proficue poiché, a fronte di un basso interesse in generale nei confronti dell'organizzazione, essi possono esercitare il loro potere in risposta a una specifica attività o decisione aziendale.

Meno rilevante è infine l'azione di comunicazione nei confronti degli stakeholder che afferiscono al quadrante A, quelli cioè che nutrono un basso interesse nei confronti dell'organizzazione e possono esercitare basso potere nei suoi confronti.

Per quel che riguarda l'*analisi dei bisogni di comunicazione* degli interlocutori, il manager di comunicazione è chiamato a valutare le aspettative di ciascun gruppo in quanto riceventi potenziali della comunicazione, considerando:

- quali temi sono più rilevanti per esso e quali contenuti desidera
- quali fonti d'informazione predilige
- quali canali utilizza per assolvere ai propri bisogni di comunicazione
- quali sono gli aspetti critici relativi alle tematiche, alle fonti, ai canali individuati

9.3 Fase 2: Action Planning

La fase di Action Planning costituisce la fase di pianificazione vera e propria della campagna di comunicazione e rappresenta il secondo momento del ciclo di pianificazione.

Essa include:

- conversione degli obiettivi strategici in obiettivi SMART
- definizione degli interlocutori a cui rivolgersi
- definizione della strategia di comunicazione
- definizione dei messaggi chiave
- declinazione della strategia in tattiche
- definizione del budget e del timing/risorse per la realizzazione delle diverse attività
- definizione di criteri e metodi di valutazione delle attività
- redazione del piano di comunicazione

Definizione di obiettivi SMART

Per quel che riguarda gli *obiettivi*, nella fase di Action Planning il manager di comunicazione è chiamato a convertire gli obiettivi strategici di comunicazione delineati nella fase di Research in obiettivi gestibili sul piano operativo. In sostanza essi vanno definiti in modo da costituire "specific milestones that measure progress towards achievement" (Guth, Marsh, 2000: 241). In questo senso, gli obiettivi stabiliscono l'agenda che guida l'azione del team di comunicazione e sono il benchmark in base al quale l'organizzazione valuterà il piano di comunicazione.

Obiettivi funzionali sul piano operativo devono avere le caratteristiche riassunte da Drucker (1954) nell'acronimo SMART in relazione agli obiettivi di management e proposte da Cornelissen (2017) come seguono in riferimento agli obiettivi di comunicazione. Un obiettivo SMART è:

- *Specific*: specifico, puntuale, non generico
- *Measurable*: misurabile in modo concreto
- *Achievable*: raggiungibile
- *Realistic*: il cui raggiungimento sia realisticamente possibile in funzione del budget e delle risorse disponibili per sostenerlo
- *Timely*: da conseguire in un orizzonte temporale definito

Definizione degli interlocutori target

Tenendo presenti gli interlocutori identificati nella fase di Research e analizzati dal punto di vista dei loro bisogni di comunicazione e i loro atteggiamenti, il manager di comunicazione dovrà quindi definire *a quali interlocutori rivolgersi* in modo specifico con il proprio programma di comunicazione, la strategia di comunicazione più opportuna per raggiungere gli obiettivi SMART nella relazione con tali interlocutori, e infine i messaggi chiave e le tattiche attraverso cui sostenere tale strategia.

Un'organizzazione deciderà se e come rivolgersi a particolari categorie di stakeholder in funzione dei loro bisogni di comunicazione e dei loro atteggiamenti. Gli interlocutori individuati come destinatari di uno specifico programma di comunicazione rappresentano la *target audience*.

Definizione della strategia di comunicazione

In funzione degli interlocutori scelti, il manager di comunicazione definirà dunque quale *strategia di comunicazione* mettere in campo.

La strategia può essere intesa come il ponte fra gli obiettivi di comunicazione (cosa deve essere perseguito) e le tattiche (cosa verrà fatto). Rappresenta dunque il "come" di un programma di comunicazione e non il "cosa" (Gregory, 2017).

Ad esempio, per attivare degli interlocutori inattivi, il manager di comunicazione potrebbe mettere in atto una strategia di interessamento, di creazione di alleanze, di rappresentanza e organizzazione, di ricerca di rimedi, di conferma e identificazione dell'issue, di riconoscimento dell'issue e condivisione di informazioni. In risposta alle attività di interlocutori attivi, il manager di comunicazione potrebbe invece puntare su interventi educativi, preventivi, strategie di negoziazione e di intervento (Mazzei, Esposito, 2015).

Definizione dei messaggi chiave

In funzione degli interlocutori target del programma di comunicazione e della strategia scelta per conseguire gli obiettivi SMART, il professionista di comunicazione svilupperà i *messaggi chiave* della campagna. I messaggi chiave identificano cosa l'organizzazione "deve dire" per modificare il modo in cui gli interlocutori target la percepiscono, nella direzione in cui essa intende essere percepita.

I messaggi chiave fanno riferimento a specifiche abilità, punti di forza o valori di un'organizzazione, comunicati in modo consistente e continuo agli stakeholder per l raggiungimento degli intenti strategici legati al consolidamento o al cambiamento della reputazione dell'azienda (Cornelissen, 2017).

Il messaggio chiave focalizza lo sforzo comunicativo ed è centrato sull'azienda, fungendo da base per lo sforzo persuasivo. Tuttavia sono limitati se intesi in un approccio di comunicazione a una via: se un'azienda desidera entrare in un dialogo genuino con i propri interlocutori, i messaggi andranno intesi come un meccanismo per avviare una conversazione (Gregory, 2017).

Il messaggio chiave è in ogni caso centrale per incentivare il processo di conoscenza e di formazione delle attitudini degli interlocutori target, definire attività e canali appropriati di comunicazione e valutare i risultati.

Ogni messaggio può essere trasferito ricorrendo a modalità e stili diversi. Lo stile del messaggio può essere (Cornelissen, 2017):

- *razionale,* quando esprime un'asserzione di superiorità basata su concreti risultati conseguiti o su benefici realmente generati tramite prodotti, servizi, tecnologie o capacità dell'organizzazione
- *simbolico*, quando persegue una differenziazione psicologica basata su associazioni simboliche
- *emozionale*, quando intende provocare coinvolgimento e reazioni positive attraverso il riferimento a emozioni positive o negative
- *generico*, quando esprime un concetto che potrebbe in realtà attribuirsi a qualunque operatore dello stesso settore industriale
- *di prelazione*, quando al concetto generico aggiunge un suggerimento di superiorità

Il messaggio viene quindi articolato attraverso un concetto creativo, che si concretizza attraverso slogan, immagini, video, loghi, setting tipografico.

Definizione delle tattiche

Le tattiche rappresentano i metodi utilizzati per implementare la strategia (Gregory, 2017). Definiscono come il messaggio chiave debba essere comunicato e come gli interlocutori debbano essere raggiunti, in funzione della strategia scelta per perseguire un dato obiettivo.

La strategia deve guidare il processo di selezione delle tattiche, al fine di escludere dal piano attività e iniziative che non supportano gli obiettivi e la strategia stessa. Di norma ciascun piano di comunicazione implica in ogni caso l'utilizzo contemporaneo di più tattiche o strumenti di comunicazione in un'ottica sinergica.

Il manager di comunicazione potrà scegliere tra un'ampia rosa di tattiche e relativi strumenti, che include tutti quelli illustrati in questo testo.

Nella selezione delle tattiche, il manager di comunicazione dovrà interrogarsi sul fatto che ciascuna di esse sia (Gregory, 2017):

- appropriata rispetto al raggiungimento degli obiettivi e alla strategia scelta
- credibile e influente nei confronti degli interlocutori di riferimento
- adatta a trasferire i messaggi chiave individuati
- compatibile con altre tattiche già in uso
- realizzabile in base alle risorse di budget disponibili, alle competenze delle persone coinvolte e ai tempi a disposizione per la realizzazione del piano
- misurabile

Definizione del budget, delle risorse e dei tempi di realizzazione

La selezione delle tattiche è strettamente connessa alle valutazioni che il manager di comunicazione è chiamato a fare rispetto alle risorse disponibili per la realizzazione del piano: risorse in termini di capacità e forza lavoro disponibile, risorse economiche e di attrezzature, risorse di tempo.

Il manager di comunicazione dovrà in primo luogo fare le opportune valutazioni in merito alla disponibilità in azienda di collaboratori che dispongano di specifiche competenze per l'implementazione di determinate tattiche e che possano essere impiegati nella loro realizzazione in funzione del tempo a loro disposizione. Tali valutazioni sono necessarie per discernere sull'opportunità o necessità di fare ricorso a consulenti, agenzie di comunicazione e professionisti esterni.

Per quel che riguarda il budget, l'organizzazione definisce in genere il suo ammontare sulla base di quanto allocato in passato, apportando se necessario alcuni adattamenti, o in comparazione rispetto a quello dei principali concorrenti di riferimento, o in percentuale sul fatturato.

Il budget disponibile viene speso per la produzione del programma o della campagna di comunicazione, incluso l'eventuale ricorso a consulenti di comunicazione e professionisti creativi come account pubblicitari e copy editor, e per l'acquisto di eventuali spazi sui media per veicolare i contenuti prodotti (Cornelissen, 2017). Nel budget il manager di comunicazione dovrà tenere conto anche di eventuali attrezzature che è necessario acquistare o noleggiare per realizzare una specifica iniziativa.

Infine, per ogni tattica il manager di comunicazione dovrà definire la data di inizio e quella di termine e suddividere ogni tattica in un numero di compiti e definire la data di inizio e quella di termine di ciascuno di essi. Per rappresentare graficamente lo sviluppo temporale di ciascuna tattica o progetto, potrà ricorrere al diagramma di Gantt (Wilcox *et al.*, 2014), da redigere manualmente o tramite software.

Definizione di criteri e metodi di valutazione delle attività

Infine, è già nella fase di Action Planning che il manager di comunicazione definisce come valutare i risultati delle azioni che verranno intraprese. Di fatto la definizione dei criteri e dei metodi di valutazione è strettamente collegata a quella degli obiettivi SMART di comunicazione e avviene parallelamente alla definizione delle tattiche di comunicazione: per ogni attività inserita nel piano il manager dovrà definire metodi, strumenti e criteri di valutazione, che siano applicabili alle specifiche iniziative o attività.

Il paragrafo 5 approfondirà in modo specifico il tema della valutazione.

Redazione del piano di comunicazione

Tutto quanto definito nella fase di Action Planning confluisce nel piano di comunicazione. Come anticipato, esso è un documento e costituisce l'output della fase di Action Planning.

Il manager di comunicazione è responsabile della redazione del piano, che viene poi condiviso con i top e i middle manager e approvato dai top manager.

Per il manager di comunicazione può essere utile sviluppare un documento sintetico, cioè senza eccessive lungaggini in fase di scrittura, e flessibile, cioè in grado di essere facilmente riadattato in funzione delle circostanze e del feedback che potrà pervenire nella fase esecutiva del piano stesso. Il manager di comunicazione deve mantenere cioè in modo costante una mente aperta e un'attitudine riflessiva, senza ritenere che il proprio lavoro sia compiuto nel momento in cui i dettagli di una strategia sono stati messi su carta.

Come detto, la pianificazione è un ciclo in continuo divenire. Il manager di comunicazione deve essere sempre pronto a modificare o addirittura mettere da parte il piano definito su carta in un dato momento per rispondere alle dinamiche evolutive dell'ambiente in cui l'azienda opera e alle nuove esigenze di business che possono sopraggiungere in ogni momento. Nuovi piani possono affiancarsi o sostituire un piano già esistente per rispondere a specifiche necessità intervenute.

9.4 Fase 3: Communication

La fase di Communication è relativa alla realizzazione delle iniziative e delle attività messe a piano. In questa fase il manager effettua un controllo operativo costante sull'esecuzione per verificare:

- il rispetto del budget allocato
- l'impiego effettivo delle persone previste a piano nelle attività a loro attribuite
- il rispetto dei tempi di realizzazione previsti per ciascuna attività
- l'efficacia dell'organizzazione e dei ruoli

Infine, il manager di comunicazione valuta in itinere l'andamento di ogni iniziativa inclusa nel piano in relazione agli obiettivi prefissati.

In questa fase, il manager di comunicazione applica metodi, tecniche e strumenti di project management. Ad esempio, per controllare l'andamento delle attività rispetto ai tempi di progetto, farà riferimento al diagramma di Gantt predisposto nella fase di pianificazione.

Utilizzerà poi strumenti di gestione manageriale sviluppati in modo specifico per governare l'implementazione delle attività di comunicazione. Secondo Zerfass *et al.* (2018b), i briefing di comunicazione, le checklist e i piani editoriali sono esempi di strumenti afferenti a questa fase che risultano particolarmente utilizzati e riscuotono significativo apprezzamento fra i manager di comunicazione.

Figura 9.4 Modello a piramide della valutazione della comunicazione.
Fonte: elaborazione da Mazzei (2015); Macnamara in Gregory (2009); Wilcox et al. (2014)

9.5 Fase 4: Evaluation

Nel ciclo di pianificazione della comunicazione, la quarta e ultima fase è costituita dalla valutazione o misurazione dei risultati conseguiti. In realtà, come già evidenziato, la valutazione è un processo continuo volto a monitorare regolarmente se quanto eseguito rispetta ciò che è stato pianificato e l'andamento delle attività rispetto agli obiettivi di comunicazione: in effetti il prerequisito di ogni attività di valutazione sono gli obiettivi (Wilcox *et al.*, 2014). Gli elementi di feedback raccolti in qualunque momento dell'implementazione del piano potranno essere impiegati per rivedere le attività nelle loro modalità di realizzazione o anche nell'impianto dei messaggi, al fine di risultare più efficaci rispetto agli obiettivi.

Per la valutazione dei risultati di comunicazione è possibile fare riferimento a un modello piramidale a tre livelli (Mazzei, 2015; Wilcox *et al.*, 2014; Macnamara in Gregory, 2009; Lindenmann, 2003) e che include (Figura 9.4):

- una misurazione di base che si concentra sugli *output* di comunicazione, cioè sul numero di comunicazioni che hanno raggiunto le target audience e sulla quantificazione delle audience raggiunte. Include la misurazione dei contenuti prodotti e distribuiti, dell'esposizione delle audience a quei contenuti e della loro ricezione
- una misurazione intermedia che si concentra sugli *outtakes* di comunicazione, cioè su cosa le target audience pensano, sentono o fanno, tipicamente in relazione a una certa decisione da prendere. Include la consapevolezza e la comprensione dei messaggi, il ricordo e l'interesse verso tali messaggi
- una misurazione avanzata che si concentra sugli *outcomes* di comunicazione, cioè sugli effetti conseguiti dalle attività di comunicazione sulle opinioni, le attitudini e i comportamenti delle target audience

Gli *outputs* fanno riferimento al processo di comunicazione e gli *outtakes* e gli *outcomes* agli effetti. È necessario valutare ciascuno di essi perché, se le ultime due categorie di risultati afferiscono al raggiungimento degli obiettivi del piano di comunicazione, gli output consentono di valutare quale sforzo è stato compiuto per raggiungere tali obiettivi.

La valutazione dell'efficacia di un programma può essere valutata sulla base degli *effetti di processo* e degli *effetti di comunicazione* (Cornelissen, 2017). Gli *effetti di processo* concernono la qualità del programma di comunicazione in relazione alla conoscenza raccolta o generata, al livello di dettaglio con cui è stato possibile eseguire il piano, al supporto complessivo ottenuto dall'organizzazione e alla capacità di realizzare le attività in maniera efficace sul piano dei costi. Gli *effetti di comunicazione* riguardano invece gli effetti cognitivi e comportamentali generati presso le target audience in relazione agli obiettivi che la singola attività o il programma nel suo complesso intendeva raggiungere.

Come anticipato, la valutazione implica la definizione di criteri e metodi appropriati in funzione di ciascuna attività a piano e degli obiettivi SMART di comunicazione. È un'attività fondata sulla ricerca e richiede sia metodi qualitativi sia metodi quantitativi di ascolto.

Se gli obiettivi sono informativi, le tecniche di misurazione devono mostrare come l'informazione sia stata comunicata con successo alle target audience. In questo senso le tecniche possono misurare la "disseminazione del messaggio" e "l'esposizione della target audience", senza valutare l'effetto sulle attitudini e tanto meno sulle azioni delle audience (Wilcox *et al.*, 2014).

Se l'obiettivo è connesso alla modifica di opinioni o attitudini, la misurazione dovrà avvenire tramite tecniche e metodi di ascolto applicati sulle target audience prima e dopo l'implementazione delle attività di comunicazione, per valutare se è avvenuto tale cambiamento di opinioni o attitudini e in che misura (Wilcox *et al.*, 2014).

Più difficoltoso è valutare il raggiungimento di obiettivi di comportamento. Se l'obiettivo ad esempio è accrescere le vendite o la quota di mercato, bisognerà individuare il modo per valutare quanto lo specifico programma di comunicazione possa aver direttamente inciso sui comportamenti d'acquisto.

Recap

Dopo aver studiato questo capitolo, lo studente:

- avrà compreso in cosa consiste la gestione manageriale della comunicazione d'impresa
- conoscerà le fasi del processo di pianificazione della comunicazione d'impresa
- conoscerà alcuni strumenti di ascolto strategico, utili a conoscere il contesto in cui l'impresa comunica
- saprà quali sono i principali aspetti da tenere presenti per pianificare le attività di comunicazione e per gestire i progetti di comunicazione
- conoscerà il modello a piramide della valutazione della comunicazione, utile a gestire la misurazione dei risultati conseguiti a seguito delle attività svolte.

Bibliografia

Abruzzo F. (2003), *Codice dell'informazione IV edizione*, Centro di documentazione giornalistica, Roma.

Adriani R. (2019), "The Evolution of Fake News and the Abuse of Emerging Technologies", *European Journal of Social Sciences*, vol. 2, n. 1, pp. 32-38.

ADS (2019), *DMS Quotidiani - Maggio 2019*, disponibile online al link: http://www.adsnotizie.it/ADSReport/report.aspx?nomeReport=DMSFilePubblicato_new&formato=EXCEL&Anno=2019&Mese=5&Periodicita=1&nomeFile=DMS_Quotidiani_52019 (consultato il 5/8/2019)

AgCom (2016), *Osservatorio sul giornalismo - II edizione*, disponibile online al link: https://www.agcom.it/osservatorio-sul-giornalismo-ii-edizione (consultato il 5/8/2019).

AgCom (2018a), *News vs. fake nel sistema dell'informazione*, disponibile online al link: https://www.agcom.it/documents/10179/12791486/Pubblicazione+23-11-2018/93869b4f-0a8d-4380-aad2-c10a0e426d83?version=1.0 (consultato il 5/8/2019)

AgCom (2018b), *Osservatorio sulle testate online Rapporto 2018*, disponibile online al link: https://www.agcom.it/documents/10179/10214149/Studio-Ricerca+13-04-2018/4f2f5a5f-b76b-40f5-b07c-cb89359edecb?version=1.1 (consultato il 30/9/2019)

Altamore G. (2006), *I padroni delle notizie*, Bruno Mondadori, Milano.

Altmeppen K.-D. (2015), "Automaten kennen keine Moral. Metamorphosen des Journalismus und die Folgen für die Verantwortung", *Communicatio Socialis*, vol. 48, n. 1., pp. 16-33.

Argenti P.A. (1996), "Corporate Communication as a discipline: Toward a definition", *Management Communications Quarterly*, vol. 10, n.1, pp. 73-97.

Argenti P.A. (2003), *Corporate Communication*, McGraw-Hill, New York (prima edizione).

Argenti P.A. (2009), *Corporate Communication*, McGraw-Hill International, New York (quinta edizione).

Astra (2018), *Monitor sul Mercato degli Eventi e della Live Communication in Italia*, mimeo.

Aula P. (2010), "Social media, reputation risk and ambient publicity management", *Strategy & Leadership*, vol. 38 n. 6, pp. 43-49.

Badham M. (2018), "Four news media roles shaping agenda-building processes", *Euprera Conference 2018*, 27-29 settembre 2018, Aarhus.

Bailey R. (2017), "Media relations", in Tench R., Yeomans L. (eds.), *Exploring Public Relations*, Pearson Education, Harlow, UK (fourth edition).

Balmer, J. M. (2009), "Corporate marketing: apocalypse, advent and epiphany", *Management Decision*, vol. 47, n. 4, pp. 544-572.

Baptista J., Galliers, R.D. (2012), "Social media as a driver for new rhetorical practices in organisations", SystemScience (HICSS), *45th Hawaii International Conference on System Science. IEEE Computer Society*, p. 3540-3549.

Beninger K. (2017), "Social media users' view on the ethics of social media research", in L. Sloan, A. Quan-Haase (curatori), *The SAGE handbook of social media research methods* (pp. 57-73), Sage Publications, Londra.

Bernstein D. (1984), *Company Image & Reality. A Critique of Corporate Communications*, Holt, Rinehart and Winston, Eastbourne, UK.

Biggar J. (2010), "Crowdsourcing for the Environment: The Case of Brighter Planet", *Journal of Media and Communication,* vol. 2, n. 2, pp. 8-23.

Birgit K., Stadler M. M. (1986), *Corporate Identity: Grundlagen, Funktionen Und Fallbeispiele*, Verlag Moderne Industrie, Landsberg am Lech.

Bivins T. (2011), *Public Relations Writing*, McGraw-Hill, New York (seventh edition)

Booth N., Matic J. A. (2011), "Mapping and leveraging influencers in social media to shape corporate brand perceptions", *Corporate Communications: An International Journal*, vol. 16, n. 3, pp. 184-191.

Brioschi E.T. (2002), *Comunicazione totale*, Vita e Pensiero, Milano.

Brønn, P.S. (2013), *Corporate reputation and the discipline of corporate communication. The handbook of communication and corporate reputation*, in Carrol C.E. (ed.), Wiley-Blackwell, Malden (MA), pp. 53-61.

Bull A. (2013), *Brand Journalism*, Routledge, Abingdon-on-Thames, UK.

Cameron G.T. (1994), "Does Publicity Outperform Advertising? An Experimental Test of the Third-Party Endorsement", *Journal of Public Relations Research*, vol. 6, n. 3, pp. 185-207.

Cennamo D., Fornaro C. (2017), *Professione Brand Reporter: Brand journalism e nuovo storytelling nell'era digitale*, Hoepli, Milano.

Cherubini S. (2015), "Gli eventi come nuovo fenomeno socio-economico: un'opportunità per il marketing e la comunicazione", in Cherubini S., Pattuglia S. (a cura di), *Comunicare con gli eventi. Riflessioni e casi di eccellenza*, FrancoAngeli, Milano (seconda edizione, prima edizione 2007).

Cherubini S., Iasevoli G. (2005), *Il Marketing per generare valore nel sistema evento*, Convegno internazionale Italia-Francia "Le tendenze del marketing in Europa", Parigi.

Chin C.P.-Y., Evans N., Choo R.K., Tan F.B. (2015), "What Influences Employees to Use Enterprise Social Networks? A Socio-Technical Perspective", *Pacific Asia Conference on Information Systems (PACIS) 2015 Proceedings*.

Christensen L.T., Cornelissen J. (2011), "Bridging Corporate and Organizational Communication: Review, Development and a Look to the Future", *Management Communication Quarterly*, vol. 25, n. 3, pp. 383-414.

Christensen L.T., Morsing M., Cheney G. (2008), *Corporate Communications: Convention, Complexity and Critique*, SAGE Publications, London.

Cisco (2018), Cisco Visual Networking Index 2018, disponibile online al link: https://www.cisco.com/c/dam/m/en_us/network-intelligence/service-provider/digital-transformation/knowledge-network-webinars/pdfs/1211_BUSINESS_SERVICES_CKN_PDF.pdf (consultato il 2/12/2019)

Clarkson M.B.E. (1995), "A Stakeholder Framework for Analyzing and Evaluating Corporate Social performance", *The Academy of Management Review*, vol. 20, n. 1, pp. 92-117.

CMS Wire (2018), "Social Media Influencers: Mega, Macro, Micro or Nano", *CMS Wire*, disponibile all'indirizzo https://www.cmswire.com/digital-marketing/social-media-influencers-mega-macromicro-or-nano/.

Cobb R., Elder C. (1972), *Participation in American Politics: The Dynamics of Agenda-Building*, Allyn and Bacon, Boston.

Cocco R., Vecchiato G. (2013), "La progettazione e l'organizzazione di eventi", in Invernizzi E., Romenti S. (a cura di), *Relazioni pubbliche e Corporate communication*, McGraw-Hill, Milano.

Codeluppi V., Polesana M. A. (2019) (a cura di), *Rapporto IULM 2019 sulla Comunicazione d'impresa*, FrancoAngeli, Milano.

Cohen B. (1963), *The Press and Foreign Policy*, Princeton University Press, Princeton.

Collesei U., Checchinato F., Dalle Carbonare M. (2014), *Gli eventi. Come progettarli e realizzarli*, FrancoAngeli, Milano.

Collesei U., Ravà V. (2008) (a cura di), *La comunicazione d'azienda*, Isedi, Torino (prima edizione 2004).

Colley K.L. e Collier A. (2009), "An Overlooked Social MediaTool? Making a Case for Wikis", Public Relations Strategist, pp. 34–35.

Cornelissen J. (2017), *Corporate Communication. A Guide to Theory and Practice*, Sage Publications, London (quinta edizione, prima edizione 2008).

Cutlip S.M., Center A.H., Broom G. (2006), *Effective Public Relations*, Pearson International Edition, Upper Suddle River (nona edizione).

Dara V. (2019), "Il virtual influencer di KFC? È l'ultimo arrivato in un mondo di influencer robot e android", *Inside Marketing*, disponibile all'indirizzo https://www.insidemarketing.it/virtual-influencer-chi-sono-esempi/.

Davidson S. (2017), "Public relations and the media", in Tench R., Yeomans L. (eds.), *Exploring Public Relations*, Pearson Education, Harlow, UK (fourth edition).

Denyer D., Parry E., Flowers P. (2011), "'Social', 'open' and 'participative?' Exploring personal experiences and organisational effects of enterprise 2.0 use", *Long Range Planning*, vol. 44, n. 5, pp. 375-396.

Dietrich G. (2014), *Spin sucks: Communication and Reputation Management in the Digital Age*, Pearson Education, London.

Dolphin R. (1999), *The Fundamentals of Corporate Communications*, Butterworth Heinemann, Oxford.

Dozier D. M., Grunig L. A., Grunig, J. E. (1995), *Manager's guide to excellence in public relations and communication management*, Lawrence Erlbaum, Hillsdale.

Drucker P. (1954), *The practice of management*, Harper & Row, New York.

Edelman (2019), *2019 Edelman Trust Barometer*, disponibile online al link: https://www.edelman.com/trust-barometer (consultato il 3/8/2019).

Einwiller S.A. (2013), "Corporate attributes and associations", in Carroll C.E. (ed.), *The handbook of communication and corporate reputation*, Wiley-Blackwell, Malden, MA, pp. 293-305.

Entman R. M. (1993), "Framing: Toward clarification of a fractured paradigm", Journal of Communication, vol. 43, n. 4, pp. 51-58.
Faccipieri S. (1984), "Il processo di formulazione e di scelta delle strategie", in Rispoli M. (a cura di), *L'impresa industriale*, il Mulino, Bologna.
Falkheimer J., Heide M. (2018), *Strategic communication: An introduction*, Routledge, New York.
Ferrario I. (a cura di) (2019), *Marca, Internet e contrasto alla disinformazione. Tutelare il Brand. Affrontare la crisi. Quantificare il danno*, Centromarca, Milano.
Fill C. (1999), *Marketing Communications: Context, Contents and Strategies*, Prentice Hall Europe, Hemel Hempstead.
Fombrun C., van Riel C.B.M. (1997), "The Reputational Landscape", *Corporate Reputation Review*, vol. 1, n. 1/2, pp. 5-13.
Fontana A. (2018), *Fake news: sicuro che sia falso?*, Hoepli, Milano.
Foremski T. (2012), *Every Media Company Is A Media Company - And That's The Problem*, disponibile online al link: https://www.siliconvalleywatcher.com/every-media-company-is-a-media-company—-and-thats-the-problem/ (consultato il 16/10/2019).
Frandsen F., Johansen W. (2011), "The Study of Internal Crisis Communication: Towards an Integrative Framework", *Corporate Communications: An International Journal*, vol. 16, n. 4, pp. 347-361.
Frandsen F., Johansen W. (2014), "Corporate Communication", in Bhatia V., Bremner S. (eds.), *The Routledge Handbook of Language and Professional Communication,* Routledge, London.
Frandsen F., Johansen W. (2017). "Strategic communication", in C. Scott, L. Lewis (eds.), *The International Encyclopedia of Organizational Communication*, 4 Volume Set, John Wiley & Sons, p. 1-9.
Freberg K. (2019), *Social Media for Strategic Communication. Creative Strategies and Research-Based Applications.* SAGE Publications, Thousand Oaks, CA.
Freeman R.E. (1984), *Strategic Management: A Stakeholder Approach*, Pitman Publishing, Melbourne.
Friedl J., Verčič A.T. (2011), "Media preferences of digital natives' internal communication: A pilot study", *Public Relations Review*, vol. 37, n. 1, pp. 84-86.
Friedman M. (1962), *Capitalism and freedom,* University of Chicago Press, Chicago.
Friedman M. (1970), "The social responsibility of business is to increase its profits", *New York Times Magazine*, 13 September, pp. 32-33.
Fuchs C. (2014), "Social media and communication power", in *Social media: A critical introduction* (pp. 69-93). Los Angeles: SAGE.
Gambetti R., Quigley S. (eds.) (2012), *Managing corporate communication: a cross-cultural approach*, Red Globe Press, London.
Gandy (1982), *Beyond Agenda Setting: Information sudsidies and public policy*, Ablex, Norwood, NJ.
Garbagnati F. (2013), "La gestione delle relazioni con i media", in Invernizzi E., Romenti S. (a cura di), *Relazioni pubbliche e Corporate communication*, McGraw-Hill, Milano.
Gathman C. (2014), "Why people fall for dumb Internet hoaxes", *The Washington Post*, 12 settembre 2014, disponibile online al link: https://www.washingtonpost.com/news/the-intersect/wp/2014/09/12/why-people-fall-for-dumb-internet-hoaxes/?utm_term=.f0b59737fa2c (consultato il 5/8/2019)
Goldhaber G. (1993), *Organizational Communication*, Brown & Benchman, Madison (6th edition; 1st edition 1974).
Gonzalez-Herrero A., Smith S. (2010), "Crisis communications management 2.0: Organizational principles to manage crisis in an online world", *Organization Development Journal*, vol. 28, n. 1, pp. 97-105.
Goodman M.B., Hirsch P.B. (2010), *Corporate Communication: Strategic Adaptation for Global Practice*, Peter Lang, New York.
Gregory A. (2009), "Public relations as planned communication", in Tench R., Yeomans L. (eds.), *Exploring Public Relations*, Pearson Education, Harlow, UK (second edition).
Gregory A. (2017), "Strategic public relations planning and management", in Tench R., Yeomans L. (eds.), *Exploring Public Relations*, Pearson Education, Harlow, UK (fourth edition).
Grunig J.E., Hunt T. (1984), *Managing Public Relations*, Harcourt Brace Jovanovich College Publishers, New York.
Grunig J.E., Repper F.C. (1992), "Strategic Management, Publics, and Issues", in Grunig J.E. (ed.), *Excellence in Pubic Relations and Communication Management*, Lawrence Erlbaum Associates, Hillsdale.
Guatri L., Vicari S., Fiocca R. (1999), *Marketing*, McGraw-Hill, Milano.
Guirdham M. (2005), *Communicating Across Cultures* (seconda edizione), Palgrave MacMillan.
Gunelius S. (2013), *5 secrets to use storytellingfor brand marketing success*, disponibile online al link: https://www.forbes.com/sites/work-in-progress/2013/02/05/5-secrets-to-using-storytelling-for-brand-marketing-success/#19a70cb47d81 (consultato il 16/10/2019).

Guth D.W., Marsch C. (2000), *Public Relations: A values-driven Approach*, Allyn & Bacon, Boston.

Hallahan K. (1999), "Seven models of framing: Implications for public relations", Journal of Public Relations Research, vol.11, pp. 205-242.

Hallahan K. (2001), "The Dynamics of Issues Activation and Response: An Issues Processes Model", *Journal of Public Relations Research*, vol. 13, n. 1, pp. 27-59.

Hallahan K. (2010), "Public Relations Media", in Heath R.L. (ed.), The SAGE Handbook of Public Relations, Sage Publications, Thousand Oaks (CA).

Hallahan K. (2014), "Publicity under siege: A critical comparison and analysis of content marketing, brand journalism, native advertising and user-generated content as challenges to professional practice and transparency", in Ji Y.G., Liu J.H., Li Z.C. (eds.), *17th International Public Relations Research Conference. Public Relations in a More Transparent Age*, IPRRC, Miami Fl.

Hallahan K., Holtzhausen D., van Ruler B., Verčič D., Sriramesh K. (2007), "Defining Strategic Communication", *International Journal of Strategic Communication*, vol. 1., n. 1., pp. 3-35.

Havas Worldwide (2016), *Prosumer Research*, disponibile online al link: http://bko.upa.it/static/upload/hav/havaswwprojectsuperbrand-160120182722.pdf (consultato il 16/10/2019).

Heath R.L. (1994), *Management of Corporate Communication*, Lawrence Erlbaum Associates, Hillsdale.

Heide M., Simonsson C. (2011), "Putting co-workers in the limelight: New challenges for communication professionals", *International Journal of Strategic Communication*, vol. 5, n. 4, pp. 201-220.

Heide M., Simonsson C., Nothhaft H., Andersson R., von Platen S. (2018b), *The Communicative Organization*, Swedish Association of Communication Professionals, disponibile online al link: https://sverigeskommunikatorer.se/globalassets/dokument/forskningsrapporter/the-communicative-organization.pdf (consultato il 7/10/2019)

Heide M., von Platen S., Simonsson C., Falkheimer J. (2018a), "Expanding the scope of strategic communication: Towards a holistic understanding of organizational complexity", *International Journal of Strategic Communication*, vol. 12, n. 4, pp. 452-468.

Hübner H. (2007), *The Communicating Company*, Physica-Verlag, New York.

Invernizzi E. (2000), *La comunicazione organizzativa: teorie, modelli e metodi*, Giuffrè, Milano.

Invernizzi E., Mazzei A. (1993), "Comunicazione strategica tra pubblico e privato", *L'impresa*, n. 3.

Invernizzi E., Mazzei A. (1997), "La comunicazione", in Costa G., Nacamulli R.C.D (a cura di), *Manuale di organizzazione aziendale* (volume 3), Utet, Torino, p. 281-313.

Invernizzi E., Romenti S. (2013) (a cura di), *Relazioni pubbliche e corporate communication*, McGraw-Hill, Milano (prima edizione Invernizzi E., 2001 (a cura di), *Manuale di relazioni pubbliche. Le competenze e i servizi di base*, McGraw-Hill, Milano).

Jackson P.C. (1987), *Corporate communication for managers*, Pitman, London.

Johansson C., Grandien C., Strandh K. (2019), "Roadmap for a communication maturity index for organizations. Theorizing, analyzing and developing communication value", *Public Relations Review*, disponibile online al link: https://doi.org/10.1016/j.pubrev.2019.05.012 (consultato il 7/10/2019)

Johnson G. (2011), "Campaign Spotlight: Greenpeace Raising €23m Through Digital Innovation", *Fundraising & Philantrophy,* disponibile all'indirizzo https://www.fpmagazine.com.au/campaign-spotlight-greenpeace-raising-e23m-through-digital-innovation-266278/.

Johnson J. T., Wanta W., Boudreau T., Blank-Libra J., Schaffer K., Turner S. (1996), "Influence dealers. A path analysis model of agenda building during Richard Nixon's war on drugs", *Journalism & Mass Communication Quarterly*, vol. 73, n. 1, pp. 181-194.

Johnston J. (2013), Media Relations: Issues and Strategies, Allen & Unwin, Sidney (second edition).

Johnston A. (2017). "A strategic guide to social media for nonprofits", *Sprout Social*, disponibile all'indirizzo https://sproutsocial.com/insights/nonprofit-social-media-guide/.

Kalla H.K. (2005), "Integrated internal communications: a multidisciplinary perspective", *Corporate Communications: An International Journal*, vol. 10, n. 4, pp. 302-14.

Kaplan A.M., Haenlein M. (2010), "Users of the World, Unite! The Challenges and Opportunities of Social Media", *Business Horizons*, n. 53, pp. 59-68.

Kaplan A.M., Haenlein M. (2019), "Siri, Siri, in my hand: Who's the fairest in the land? On the interpretations, illustrations, and implications of artificial intelligence", *Business Horizons*, n. 62, pp. 15-25.

Kaul A., Chaudhri V. (2015), "Social Media: The New Mantra for Managing Reputation. Introduction", *The Journal for Decision Makers*, vol. 40, n. 4, pp. 455-491.

Ki E.J., Kim J.-N., Ledingham J.A. (eds.) (2015), *Public Relations as Relationship Management. A Relational Approach to the Study and Practice of Public relations* (2nd Edition), Routledge, New York.

Kim J.N., Rhee Y. (2011), "Strategic Thinking about Employee Communication Behavior (ECB) in Public Relations: Testing the Models of Megaphoning and Scouting Effects in Korea", *Journal of Public Relations Research*, vol. 23, n. 3, pp. 243-268.

Kitchen P.J. (1997), "Was Public Relations a Prelude to Corporate Communication?", *Corporate Communication: An International Journal*, vol. 2., n. 1., pp. 22-30

Kitchen P.J., Schultz D.E. (2003), "Integrated Corporate and Product Brand Communication", *Advances in Competitiveness Research*, vol.11, n.1., pp. 66-86.

Kotler P., Mindak W. (1978), "Marketing and public relations: Should they be partners or rivals?", *Journal of Marketing*, vol. 42, n.10, pp. 13-20.

Light L. (2014), *Brand Journalism Is A Modern Marketing Imperative*, disponibile online al link: https://adage.com/article/guest-columnists/brand-journalism-a-modern-marketing-imperative/294206/ (consultato il 16/10/2019).

Lindenmann, W.K. (2003), *Guidelines for Measuring the Effectiveness of PR Programs and Activities* (2nd ed.), The Institute for PR. Gainesville, FL. Consultato il 20 giugno 2019 al link: https://www.instituteforpr.org/wp-content/uploads/2002_MeasuringPrograms.pdf

Lizzi M. (2017), "L'ufficio stampa", in Masini M., Pasquini J., Segreto G. (a cura di), *Marketing e Comunicazione. Strategie, strumenti, casi pratici*, Editore Ulrico Hoepli, Milano.

Lovari A. (2015), "Digital corporate communication: aziende social e pratiche digitali dei consumatori connessi", in A. Mazzei, *Strategia e management della comunicazione d'impresa. Relazioni e sense-making per gestire e competere* (pp. 75-97), FrancoAngeli, Milano.

Lucchini A. (2005), *La magia della scrittura*, Sperling & Kupfer Editori, Segrate.

Lucchini A. (2006), *Business Writing*, Sperling & Kupfer Editori, Segrate.

Lucchini A. (2013), "La comunicazione scritta", in Invernizzi E., Romenti S., (a cura di), *Relazioni pubbliche e corporate communication*, McGraw-Hill, Milano.

Macnamara J. (2017), "Digital and social media", in R. Tench, L. Yeomans (curatori), *Exploring Public Relations. Global Strategic Communication* (quarta edizione) (pp. 35-59), Pearson Education Limited.

Macnamara J., Zerfass A. (2012), "Social media communication in organizations: The challenges of balancing openness, strategy, and management", *International Journal of Strategic Communication*, vol. 6, n. 4, pp. 287-308.

Madsen V.T. (2017), "The challenges of introducing internal social media–the coordinators' roles and perceptions", *Journal of Communication Management*, vol. 21, n. 1, pp. 2-16.

Maggi S. (2012), "Crowdsourcing: cambiare grazie alle community", *We Are Social*, disponibile all'indirizzo https://wearesocial.com/it/blog/2012/09/crowdsourcing-cambiare-grazie-alle-community.

Marken G.A. (2007), "Social Media... The Hunted can Become the Hunter", Public Relations Quarterly, vol. 52, n. 4, pp. 9-12.

Marston J.E. (1979), *Modern Public Relations*, McGraw-Hill, New York.

Mattiacci A., Pastore A. (2014), *Marketing: il management orientato al mercato*, Hoepli, Milano.

Mazzei A. (2001), "Le tecniche e i metodi dell'ascolto organizzato", in Invernizzi E. (a cura di), *Relazioni pubbliche. Le competenze, Le tecniche e i servizi di base*, McGraw-Hill, Milano.

Mazzei A. (2004b), "La comunicazione interna della Pubblica Amministrazione. Dinamiche di una nuova frontiera", in Rolando S., (a cura di), *I grandi temi della comunicazione di pubblica utilità - Volume 1*, FrancoAngeli, Milano.

Mazzei A. (2004a), *Comunicazione e reputazione nelle università*, FrancoAngeli, Milano.

Mazzei A. (2005), *Comunicazione d'impresa*, Dispensa per il corso di Comunicazione d'impresa, Laurea magistrale in Consumi, distribuzione commerciale e comunicazione d'impresa, Università IULM, Milano.

Mazzei A. (2009), *La comunicazione interna nelle fasi di sviluppo, crisi e ripresa dell'azienda*, FrancoAngeli, Milano.

Mazzei A. (2010a), "Processi comunicativi e modelli organizzativi e valutativi nel pubblico e nel privato", in Rolando S., *Economia e gestione della comunicazione nelle organizzazioni complesse*, Cedam, Padova, pp 131-151

Mazzei A. (2010b), "Promoting Active Communication Behaviours through Internal Communication", *Corporate Communications: An International Journal*, vol. 15, n. 3, pp. 221-234.

Mazzei A. (2014a), "A Multidisciplinary Approach for a New Understanding of Corporate Communication", *Corporate Communications: An International Journal*, vol. 19, n. 2, pp. 216-230.

Mazzei A. (2014b), "Internal communication for employee enablement: Strategies in American and Italian companies", *Corporate Communications: An International Journal*, vol. 19, n. 1, pp. 82-95.

Mazzei A. (2015a), *Strategia e management della comunicazione d'impresa*, FrancoAngeli, Milano.
Mazzei A. (2015b), "Comunicare per la conoscenza e l'alleanza nelle relazioni organizzative", *Strategia e management della comunicazione d'impresa*, FrancoAngeli, Milano.
Mazzei A. (2018a), "La filosofia nella progettazione e gestione della comunicazione delle organizzazioni", in Bonfanti A., Brunetti F., Cassia F., Castellani P., Cobelli N., Giaretta E., Rossato C., Simeoni F., Testa F., Ugolini M., Vigolo V. (a cura di), *Scritti seri e semiseri in onore di Claudio Baccarani*, G. Giappichelli Editore, Torino.
Mazzei A. (2018b), *Engagement e disengagement dei collaboratori*, FrancoAngeli, Milano.
Mazzei A., Butera A. e Dell'Oro C. (2015), "Fattori culturali, organizzativi e di processo per le strategie di comunicazione internazionale", in A. Mazzei, *Strategia e management della comunicazione d'impresa. Relazioni e sense-making per gestire e competere*, FrancoAngeli, Milano.
Mazzei A., Esposito A. (2015), "Pianificare la comunicazione: un processo organizzativo e relazionale", in Mazzei A., *Strategia e management della comunicazione d'impresa*, FrancoAngeli, Milano.
Mazzei A., Quaratino L. (2019), *Rapporto sulla comunicazione interna nelle aziende italiane. Comunicazione e relazioni organizzative per il vantaggio competitivo*, FrancoAngeli, Milano.
Mazzei A., Ravazzani S. (2011), "Manager-employee communication during a crisis: The missing link", *Corporate Communications: An International Journal*, vol. 16, n. 3, pp. 243-254.
Mazzei A., Ravazzani S. (2014), *Dialogare con gli stakeholder. Ascolto e sensibilità interculturale per le relazioni pubbliche e la comunicazione d'impresa*, FrancoAngeli, Milano.
Mazzola P. (2005), *Le investor relations*, Egea, Milano.
McCombs M.E., Shaw D.L. (1963), "The Agenda Setting Function of Mass Media", Public Opinion Quarterly, vol. 36, n. 2, pp.176-187.
McDonald C. (1991), Sponsorship anche the Image of the Sponsor, European Journal of Marketing, 25:11, 31-38.
McKenna B., Myers M.D., Newman M. (2017), "Social media in qualitative research: Challenges and recommendations", *Information and Organization*, vol. 27, n. 2, pp. 87-99.
Mediobanca R&S (2018), Focus R&S sull'editoria (2013-2018), disponibile online al link: https://www.mbres.it/sites/default/files/resources/rs_Editoria%202018_PRESENTAZIONE.pdf (consultato il 5/8/2019).
Meenaghan T. (1998), Current developments & future directions in sponsorship, International Journal of Advertising, 17:1, 3-28.
Men R., Bowen S. (2017), *Excellence in Internal Communication*, BEP, New York.
Mendelow A. (1991), "Proposed model on stakeholder ranking", *Proceedings of 2nd International Conference on Information Systems*, Cambridge, MA.
Mohammad F.N., Lenka U. (2018), "Development and retention of generation Y employees: A conceptual framework", *Employee Relations*, vol. 40, n. 2, pp. 433-455.
Moneta F. (2013), "Sponsorizzazioni e partnership", in Invernizzi E., Romenti S. (a cura di), *Relazioni pubbliche e Corporate communication*, McGraw-Hill, Milano.
Monno S. (2013), *Organizzare eventi. Guida pratica*, Edizioni Dal Sud, Bari.
Morris T., Goldsworthy S. (2008), *PR Today: The authoritative guide to public relations*, Palgrave, Londra (seconda edizione).
Muck Rack & Zeno Group (2018), *The state of journalism today*, disponibile online al link: https://info.muckrack.com/journalistsurvey (consultato il 2/8/2019)
Muzi Falconi T. (2002), Governare le relazioni. Obiettivi, strumenti e modelli delle relazioni pubbliche, Il Sole 24 Ore, Milano.
Nelli R.P. (1999), *La teoria della comunicazione aziendale e la sua evoluzione: la scuola anglosassone*, Quaderno n. 2, Isu – Università Cattolica, Milano.
Noble P. (2017), "Public relations programme research and evaluation", in Tench R., Yeomans L. (eds.), *Exploring Public Relations*, Pearson Education, Harlow, UK.
Oliver S., Riley D. (1996), "Perception and Practice of Corporate Communication in Small Business", *Corporate Communication: An International Journal*, vol. 1, n. 2., pp.12 - 18.
Overdrive Interactive (2019), "Social Media Map 2019", disponibile all'indirizzo https://www.ovrdrv.com/social-media-map/.
Pastore A., Vernuccio M. (2008). *Impresa e comunicazione*, Apogeo, Milano (seconda edizione, prima edizione 2006).
Pattuglia S. (2015), "L'evento sugli eventi: le nuove frontiere della comunicazione "relazionale"", in Cherubini S., Pattuglia S. (a cura di), *Comunicare con gli eventi. Riflessioni e casi di eccellenza,* FrancoAngeli, Milano (seconda edizione, prima edizione 2007).

Pattuglia S. (2017), "Gli eventi e il marketing innovativo", in Masini M., Pasquini J., Segreto G. (a cura di), *Marketing e Comunicazione. Strategie, strumenti, casi pratici*, Editore Ulrico Hoepli, Milano.
Pfeffer J., Zorbach T. e Carley K. M. (2014), "Understanding online firestorms: Negative word-of-mouth dynamics in social media networks", *Journal of Marketing Communications*, vol. 20, n. 1-2, pp. 117-128.
Polo A. (2017), "Relazioni Pubbliche e Media Relation", in Masini M., Pasquini J., Segreto G. (a cura di), *Marketing e Comunicazione. Strategie, strumenti, casi pratici*, Editore Ulrico Hoepli, Milano.
Pompili G. (2018), "Ecco cosa c'è da imparare dal caso Cina vs Dolce & Gabbana", *Il Foglio*, disponibile all'indirizzo https://www.ilfoglio.it/esteri/2018/11/22/news/ecco-cosa-c-e-da-imparare-dal-caso-cina-vs-dolce-gabbana-225933/.
Quesenberry K. A. (2019), *Social Media Strategy. Marketing, Advertising, and Public Relations in The Consumer Revolution* (seconda edizione), Rowman & Littlefield, Londra.
Ravazzani S. (2014), "La sensibilità interculturale per il dialogo con stakeholder eterogenei e mercati internazionali", in A. Mazzei e S. Ravazzani, *Dialogare con gli stakeholder: Ascolto e sensibilità interculturale per le relazioni pubbliche e la comunicazione d'impresa* (pp. 86-104), FrancoAngeli, Milano.
Ravazzani S., Maier C.D. (2017), "Strategic organizational discourse and framing in hypermodal spaces", *Corporate Communications: An International Journal*, vol. 22, n. 4, pp. 507-522.
Rensburg R., de Beer E. (2011), "Stakeholder engagement: a crucial element in the governance of corporate reputation", *Communitas*, vol. 16, pp. 151-169.
Rusbridger A. (2010), *The Hugh Cudlipp lecture: Does journalism exist?,* disponibile online al link: https://www.theguardian.com/media/2010/jan/25/cudlipp-lecture-alan-rusbridger (consultato il 6/8/2019)
Selznick, P. (1957), *Leadership in administration*, University of California Press, Berkeley.
Siano A., Vollero A. (2012), "Il processo di management della corporate communication", *Sinergie*, n. 88, pp. 73-92.
Siano A., Vollero A., Siglioccolo M. (2015), *Corporate communication management: Accrescere la reputazione per attrarre risorse*, G Giappichelli Editore, Torino.
Socialbakers (2019), "Most popular YouTube brand channels as of October 2019, ranked by total number of video views (in billions)", *Statista*, disponibile all'indirizzo https://www.statista.com/statistics/277765/most-popular-youtube-brand-channels-ranked-by-views/.
Sriramesh K., Vercic D. (2001), "International public relations: A framework for future research", *Journal of Communication Management*, vol. 6, n. 2, pp. 103-117.
Stearns J. (2013), *Let's Stop Defining Who Is a Journalist, and Protect All Acts of Journalism*, disponibile online al link: http://mediashift.org/2013/10/lets-stop-defining-who-i-a-journalist-and-protect-all-acts-of-journalism/ (consultato il 16/10/2019).
Stephens K.K., Malone P.C. (2009), "If Organizations Won't Give us Information...: The Use of Multiple New Media in Crisis Technical Translation and Dialogue", Journal of Public Relations Research, vol. 21, n. 2, pp. 229–239.
Tan J. (2017), "Partners in truth", *Communication Director*, n. 1, pp. 78-81.
Tench R., Yeomans L. (2009). *Exploring Public Relations*. 2nd edition. Pearson.
Tench R., Verčič D., Zerfass A., Moreno A., Verhoeven P. (2017), *Communication Excellence. How to Develop, Manage and Lead Exceptional Communication*, Palgrave Macmillan, Cham, Switzerland.
Trimi S., Galanxhi H. (2014), "The impact of enterprise 2.0 in organizations", *Service Business*, vol. 8, n. 3, pp. 405-424.
Turk J.V. (1985), "Information subsidies and influence", Public Relations Review, vol. 11, n. 3, pp. 10-25.
Tuten T. L., Solomon M. R. (2018), *Social Media Marketing* (terza edizione), SAGE Publications, Londra.
Unione Europea (2015), "Il crowdfunding. Cosa è", disponibile all'indirizzo https://ec.europa.eu/docsroom/documents/10229/attachments/1/translations/it/renditions/native, ISBN 978-92-79-45211-6.
Valentini C. (2018), "Social Media", in Heath R.L., Johansen W. (a cura di), *The International Encyclopedia of Strategic Communication* (prima edizione), Wiley-Blackwell.
Van Looy A. (2016), *Social Media Management. Technologies and Strategies for Creating Business Value*, Springer.
van Riel C.B.M. (1995), *Principles of Corporate Communication*, Prentice Hall, Hemel Hempstead, UK.
Veil S. R., Buehner T. e Palenchar M. J. (2011), "A work-in-process literature review: Incorporating social media in risk and crisis communication", *Journal of Contingencies & Crisis Management*, vol. 19, n. 2, pp. 110-122.
Verčič A., Verčič D., Sriramesh K. (2012), "Internal communication: Definition, parameters and the future", *Public Relations Review*, vol. 38, n. 2, pp. 223-230.
We Are Social & Hootsuite (2019). "Global Digital Report 2019", *Hootsuite*, disponibile all'indirizzo https://hootsuite.com/it/pages/digital-in-2019.
Welch M., Jackson P.R. (2007), "Rethinking internal communication: a stakeholder approach". *Corporate Communications: An International Journal*, vol. 12, n. 2, pp. 177-198.

Wenger C., Secher T. (2014), "The Story of Rainbow Warrior: A case study of a successful crowdfunding campaign", *ResearchGate*, disponibile all'indirizzo https://www.researchgate.net/publication/281842353_The_Story_of_Rainbow_Warrior_A_case_study_of_a_successful_crowdfunding_campaign.

Werder K.P., Nothhaft H., Verčič D., Zerfass A. (2018), "Strategic communication as an emerging interdisciplinary paradigm", *International Journal of Strategic Communication*, vol. 12, n. 4, pp. 333-351.

Wilcox D.L., Cameron G. T., Reber B. H., Shin J.-H. (2014), *Think Public Relations*, Pearson, Harlow, UK.

Yeomans L., FitzPatrick L. (2017), "Internal communication", in Tench R., Yeomans L. (eds.), *Exploring Public Relations*, Pearson Education, Harlow, UK.

Zerfass A., Verčič D., Wiesenberg M. (2016), "The dawn of a new golden age for media relations?: How PR professionals interact with the mass media and use new collaboration practices", *Public Relations Review*, vol. 42, n. 4, pp. 499-508.

Zerfass A. (2008), "Corporate Communication Revisited: Integrating Business Strategy and Strategic Communication", in Zerfass A., van Ruler B., Sriramesh K. (eds.), *Public Relations Research*, VS Verlag für Sozialwissenschaften, Wiesbaden.

Zerfass A., Franke N. (2013), "Enabling, advising, supporting, executing: a theoretical framework for internal communication consulting within organizations", *International Journal of Strategic Communication*, vol. 7, n. 2, pp. 118-135.

Zerfass A., Verčič D., Nothhaft H., Werder K.P. (2018a), "Strategic communication: Defining the field and its contribution to research and practice", *International Journal of Strategic Communication*, vol. 12, n. 4, pp. 487-505.

Zerfass A., Verčič D., Verhoeven P., Moreno A., Tench R. (2019), *European Communication Monitor. Exploring trust in the profession, transparency, artificial intelligence and new content strategies. Results of a survey in 46 countries*, EUPRERA/EACD, Quadriga Media Berlin, Brussels.

Zerfass A., Volk S.C., Lautenbach C., Jakubowitz M. (2018b), *Management tools for corporate communications: Relevance, benefits and experiences. Results of an empirical study in communication departments*, University of Leipzig / Lautenbach Sass, Leipzig, Frankfurt am Main.